陳立夫先生孔孟學說論叢

陳 立 夫 著
蔡 信 發主編

中華民國孔孟學會出版
文史哲出版社印行

序

民國三十八年，政府播遷來臺，有識之士，咸以國家局勢敗壞至此，實由傳統文化毀壞有以致之，於是高聲疾呼，大力提倡孔孟學說，以提振人心，復興中華文化。

民國三十九年，先總統　蔣公洞察孔孟學說，乃本於人心，爲世所重，允爲匡時濟世之大經大本，不容忽視。復鑑於與我輔車相依之友邦，若韓國、越南，或崇尚儒學，或信奉孔教，皆亟思能與我儒家學者多事交流，但苦於無適切之單位可以承擔此任務。爰特諭令學術界創立「中華民國孔孟學會」，以資對應。

孔孟學會成立迄今已一甲子矣，首任理事長由先總統　蔣公薦舉國立政治大學校長陳大齊先生出任，其後歷屆理事長有曾約農、陳立夫、朱滙森、潘振球、梁尚勇等諸先生，亦皆耆宿碩儒，或文教政經知名之士，煥則敬陪末座。六十年來，端賴歷屆理事長之策畫運作，乃使孔孟學說、儒家思想，得以發皇光大，其功誠不可沒。尤其立夫先生兩任理事長，貢獻最大。在其任內，開疆闢土，向下紮根，向外發展，其犖犖大者：㈠舉辦孔孟學說研究會；㈡與相關文教機關舉辦暑期青年自強活動國學研究會；㈢每年與教育部合辦中華文化復興論文競賽；㈣舉辦經學講座；㈤與孔子奉祀官府、雪心文教基金會等民間社團聯合舉辦「孔子聖蹟圖」「論語畫解」全省巡迴展；㈥建議郵政單位鑄製孔子廟風景郵戳使用；㈦舉辦中、小學生繕寫《四書》文句競賽等，以期透過諸多活動，使孔孟學術思想得以深入社會大衆，及青年學子之心中。至於向外發展：㈠召開首屆孔孟思想國際學術會議；㈡擴增海外分會，如南美洲阿根廷分會、香港孔孟學會等；㈢積極參加海外各地祭孔大典，以示尊崇。

立夫先生早年所學原是「礦冶」，但終其一生，則是以復興中華文化，推展孔孟學說爲職志，尤其難能可貴者，則是以耆耄之年，於綜理會務之餘，猶孜孜矻矻於孔孟思想之鑽研與闡發，凡有所得，皆發而爲文，刊載於《孔孟月刊》，或發行單篇小册，爲數不少，皆足以啓迪人生，發人深省，可爲青年學子自我修爲之南針。

立夫先生已矣。凡其所作，彌足珍貴，爲恐散軼，特煩請前中央大學文學院院長蔡信發教授，廣爲蒐羅，並予整理，區爲：一、宏揚儒學；二、進德奠基；三、應時啓新；四、策勵來茲。共二十七篇，結集成册，以饗於世。今將付梓，用特略贅數語，以誌立夫先生宏揚孔孟之事功，並以爲序。

武漢 李 煥 序於中華民國九十九年八月十五日

陳立夫先生孔孟學說論叢 目次

肆、策勵來茲

壹、宏揚儒學

中華文化何以優於其他諸文化

壹、前　言

中國歷史久遠，文化崇高，從伏羲氏算起，有六千四百多年之久，眞正有文獻可考，則始於堯、舜，至少亦有五千年。

《易經》是中國一本最偉大的書，我們要了解傳統的中國文化，不能不懂《易經》，其次是《中庸》。

《易經》首先應用於天道，例如天干、地支、天文、氣象、季節等是也。降及孔子，始將人道與天道配稱，例如乾卦「天行健（天道），君子以自強不息（人道）」，其他六十三卦，都是如此，遂有「天人合一」之稱，就是說明天道和人道是一貫的，人道根據天道。人如能效法天，每件事都能達到完美。所謂「順天者昌，逆天者亡」，表示違背天理的人，是一定失敗的。人要效法天，配合天，天地究章給了我們什麼呢？至聖先師孔子歸納起來，認爲人從天道中得到五個字，就是公、誠、仁、中、行。這就是中華文化的特質，也是孔子的儒家思想對中華文化的最大貢獻。

貳、儒家思想對中華文化的最大貢獻

今天我對這五個字，簡單地表示一些淺見如下：

一、人從天道學來的第一個字是「公」，公就是無私。所謂「天無私覆，地無私載，日月無私照」，可以說明完全是天公地道的。天沒有對誰好一點，也沒有對誰壞一點。我們自己不好，自己負責，不能怪別人。如果自己肯努力，天自然會助你；如果自己不爭氣，天也幫不上忙，這是非常公平的，這和外國求神的幫忙不一樣。人法天行道，則大家自能和平共處，自然可以達到孔子所說「世界大同」的目標。我認爲所謂「大同」，就是大體方面相同，小體方面可以相異。國與國、家與家、人與人，都不能做到完全相同，因世界上沒有兩個完全相同的人，就算是雙胞胎，其智慧、性格，可能都有不同的地方，何況是一般人呢！所以強人同己，就是私，不是公。

所以，人與人相處，應抱著「愛其所同，敬其所異」，忍小異而持大同的態度，「公」才能顯現。今天在社會上許多人希望別人完全同他一樣，那都是私心作祟，世界上那會有和平可言！

二、人從天道學來的第二個字是「誠」。天地無時無刻都在動，其原動力，稱之曰「誠」，所以《中庸》說：「至誠無息。」，又說：「誠者，天之道也。」人爲宇宙間的一個小單位，亦秉賦止種動能而生，故又曰：「誠之者，人之道也。」誠用之於人道，爲一切學問道德的根本，所以孔子說：「智、仁、勇三者，天下之達德也，所以行之者一也。」所謂一，就是誠。至誠能感化他人，所以說「精誠所至，金石爲開」。誠是眞實無欺，是智慧，是仁愛，是力量，我們修身，必先正心；正心，必先誠意。

三、人從天道學來的第三個字是「仁」。《中庸》裡說：「修身以道，修道以仁。仁者，人也。」仁這個字從二從人，也就是兩人互存、互助、互愛的意思。是家庭、社會、國家之所以能形成的凝固力。反之，不仁便不是人，則與禽獸無異，故凡能以人的道理待人，乃合乎仁。換言之，人類共生共存的大道，就要「仁」來修治，人與人之間互愛，才能互助互存，無論是長官與部屬，父與子，兄與弟，夫與婦，朋友與朋友都要互相敬愛，才能共生共存共進化，這就是倫理道德的基礎。

仁愛的思想是要從小培養出來的，也就是始於孝悌。《論語》說：「君子務本，本立而道生，孝悌也者，其爲仁之本與！」

《論言》中提到仁，有一百零五次之多，其重要可以想見。孟子甚至說，無仁心者，不能算是人。

四、人從天道學來的第四個字是「中」。天地間每個單位隨時在行動中自我調整，並須和其他單位相互調整，使之不會衝突，各得其所，各遂其生，而恰到好處，稱之爲「中和」，故曰「致中和，天地位焉，萬物育焉」。萬物育，則人道也在其中了。

世間事凡是過與不及都不好，要恰到好處才好，所以說「過猶不及」，如穿衣太多則熱，太少則冷，要恰到好處；又如吃飯，勿太少亦勿太多，適可而止，所以時時刻刻都要調整使之恰到好處——時中，才是好的，且最能持久。

中庸之道，是中國文化中極重要的美德，因爲中則不偏私，不偏私則事無不平，人無不和。人類的知識愈增進，其對事務的兩極觀察得愈清楚，走極端易造成物極必反的錯誤結果。

五、人從天道學來的第五個字是「行」。天無時無刻不在動而向前行動，〈乾卦〉所謂「天行健」，就是叫人天天要向前行進，就是進步，不可中止，要自強不息。所謂「苟日新，日日新，又日新」，我們才能生存。

孔子最討厭的是「坐而言，不能起而行」的人，只說不做就是不誠，也是不仁，所以說「力行近乎仁」，「巧言令色鮮矣仁」。只說不做或言行不符的，稱爲「鄉愿」，孟子稱之爲「德之賊也」。

以上五個字是根據天道而來的人道，是中國文化中做人做事的基礎，自堯舜禹湯文武周公孔子傳承下來數千年，就成爲我們民族的道統。所謂道統，就是把中華民族所創造的人類生存原理流傳下來，爲子子孫孫遵守。中華民族珍視此一道統，數千年來代代相傳，自戰國以迄今日，歷代的治亂興亡，難以盡言，有時政統可斷，而道統始終不斷，所以每次大亂之後，重建國家新秩序者，必是確信儒家思想的人，所以孔孟的思想，可以說是人類共生共存的眞理。

參、孔子思想之優於其他諸文化

我國自漢武帝尊孔以後，以儒家「仁」的教育爲中心，歷代教育皆以明人倫爲主，未嘗稍變。到了清末民初，孫中山先生爲了使一般老百姓易於明白瞭解，把公、誠、仁、中、行五個字演繹成爲忠、孝、仁、愛、信、義、和、平之八德，也就是中國人傳統的美德：蓋誠則忠、信；仁則孝、義、愛；中則和、平。其行也必公。比較詳細地說：「忠孝」是忠於國、孝於親，是做人起碼的條件。仁愛是由忠孝擴展而來，由「親親而仁民」，到「仁民而愛物」。「信義」是由仁愛的實踐而來，若僅空口說仁愛而無實際行動，則無補於事，所以必須「言而有信，行而合義」，表裡一致，言行相符。「和平」是由以上六德的實踐自然發輝人類互愛、互助的精神，而到人「和」事「平」，大同世界始能實踐。

後來，先總統蔣中正先生倡導新生活運動又增加管子的「禮、義、廉、恥（四維）」以配合八德，加強道德教育的實踐。五十多年前，我擔任教育部長時，規定以禮、義、廉、恥四字爲各級學校的共同校訓，當時風行全國，一直到現在，各級學校的共通校訓仍然沒有改變。

最後，我願強調，中華民族之所以能集結十餘億人民在一起成爲一家，持續了五千多年光榮歷史而不墜，是因爲我們的祖先發明了人類共生共存共進化的原理。此一原理稱之曰「道」。其行也，稱之曰「德」，人人重視道德，並能不斷地進取發展，遂成爲最有系統的道統。中華民族之所以能在世界上屹立不搖，日益長大，是基於此「重人兼重德」的道理。與資本主義之「重財而輕德」，與共產主義之「重物而輕人」迥然不同而勝之，苟我中華民族全民能力行四維八德，則不獨國族能強，即世界和平，人類幸福亦將受其賜也。最後我在此舉出兩個實例來證明外國人是如何尊敬孔子，如何推崇孔孟之道。

一、美國近代史哲學家杜蘭博士(Dr. Will Durant)，對我國儒家思想觀察最深，在其所著《Our Oriental Heritage》一書中說：「中國歷史可以孔子學說影響來撰述，孔子著作，經過歷代流傳成爲學校課本，所有學生入學後，即熟讀其書，而領會之。此一古代聖哲的正道，幾乎滲透了全民族。中國文化之強固，歷經外人入侵而巍然不墜，且使入侵者依其自身所受影響而作改造。即在今日，猶如往昔。欲療治任何民族因唯智教育以致道德墮落，個人及民族衰弱而產生的混亂，其有效之方，殆無過於使全國青年接受孔子學說的薰陶。」

世界學者和杜蘭博士持相同見解的，尚有其人，即如蘇俄之索忍尼辛在美國哈佛大學所講的「一個分裂世界」，就有許多論點與儒家思想相通。他主張精神與物質的平衡，以矯正西方社會的物質偏差，正是中國所崇尚的中庸之道，這些都可證明儒家思想的確具有新時代的意義。

二、一九八八年世界各國諾貝爾獎得主，集合於法國巴黎，曾發布共同宣言。其中有云：

「人類要在二十一世紀生存下去，必須要回到二千五百餘年前孔夫子那裡去尋找智慧。」

肆、結論

若謂現在年輕一代對傳統文化，了解較少，這應歸罪於教育。我認爲解決這個問題，仍應從教育著手，不僅是加強學校倫理教育課程，且應著重道德之實踐，家庭及社會都應全力配合，始能奏效，在大陸文化大革命大破壞之後，這一復健工作，更是不可少的。

真理不滅孔孟之道永存

壹、前　言

吾國祖先訓示後人曰：「以人爲鏡，可以知善惡；以古爲鏡，可以知得失。」良以吾國有五千餘年光榮悠久之歷史，其所經歷之種種不同變化，均有詳盡之記載，足以爲後世所借鏡，故今日世界之千變萬化，無一不可在中國歷史中尋得類似之史實，以作比較。其演變之結果如何，當可預測；其挽救之方法如何亦多啓示。若再以　國父之所示，作爲指針，則其測度，當更爲準確矣。

今日之世界情勢，與吾國二千三百餘年前之戰國時代，極爲相似。當時七雄各以武力爲憑藉，擴展疆土，戰勝四鄰爲要務。兵連禍結，民不聊生；社會一般風尚，亦以唯力是視，唯利是圖爲當然；政客從中播弄，促使他國互相火併，從中取利；爾虞我詐，不以爲恥；思想龐雜，毫無中心；個人主義與唯物主義同時發展，達於極點；人欲橫流，不知所屆；仁義道德，幾被全部遺棄；倫理被毀，人與禽獸無分矣。其時幸有孔子遺著《春秋》一書之存在，其微言大義，「上明三王之道，下辨人事之紀，別嫌疑、明是非、定猶豫，善善惡惡，賢賢賤不肖，存亡國、繼絕世、補敝起廢」（司馬遷），因而是非之曙光漸現，弒君之臣、弒父之子不敢妄爲，尤幸有孟子出，以雄辯之口才，對邪說之抨擊；明義利之分別，倡王道之實施；闡揚孔聖之大道，挽救人類之浩劫，雖一時未收績效，而道統幸而中興，其後雖經秦火，而無礙於漢唐之郅治。今世之所不同於彼時者，交通工具與戰爭武器因科學之進入原子時代，而飛速進步而已。若以人之心性而言，則並無絲毫進步，惟見其更較愚妄耳！

貳、釐析世界之弱肉強食

西方人對於自然科學之研究進步，爲時不到三百年；其成績之輝煌，爲世人所公認，由於自然科學之被應用到人類日常生活之所需，人們獲得了極豐富之物質享受，即認爲其自身之文明，高過於其他民族。加以利用機器殺人之有效方法以侵略及壓迫其他弱小民族而見績效，於是更自視不可一世。達爾文(Darwin Charles Robert 1802-1882)之弱肉強食，優勝劣敗之天演論，更助長資本主義者之兇焰與自信；尼采之「強權即公理」學說，更中其下懷，強取豪奪，遍地殖民，帝國主義遂被認爲天經地義，主奴之分，不平之象，日愈顯著矣。惟強弱固可別之以財與力，優劣則必須判之以德與理，而不平乃爲人類一切禍亂之根源。凡不能平其所不平，或和其所不和者，均非解決世界問題之道，而難期和平之實現也。

由於上述之不平現象愈演愈烈，遂產生了另一思想以反抗之。此一思想爲何？即馬克思(Marx Karl 1818-1883)之思想是也。馬克思一如達爾文，化費二十餘年時間以科學方法研究所得之結論，認定了人類文明史，祇可說是隨物質境遇的變遷史，所以物質是人類社會歷史進化的重心，而階級鬥爭是社會進化的原動力。這一理論，顯然是用來對付外來的帝國主義和內在的資本家，而獲得了勞苦群衆的擁護。於是又風靡一時，以後竟成了共產主義者美其名爲解放人民之世界革命，實則用以作奴役人類的理論基礎，將人類蘊藏而不敢發作之獸性復活起來，又將人置諸於物質桎梏之中而不能自拔，這顯然又將人的地位抹殺了。無怪乎馬克斯主義的社會中，充滿了仇恨、殘暴、殺戮、鬥爭、恐怖，而無絲毫生氣存在了。東歐各國共起而擯棄之，勢所然也。

資本主義「重財而輕德」；共產主義「重物而輕人」，二者之思路雖然不同，甚至相反，而其輕視人類尊嚴，毀壞道德基礎，初無二致，三民主義則恰與二者相反，而「重人兼重德」，由於二者均擁有極強大之武力與財力，其一言一行，影響殊大，故其播惡之範圍亦廣，正如孟子所謂：「天下之言不歸楊，則歸墨，楊朱爲我，是無君也；墨子兼愛，是無父也。無父無君，是禽獸也。」蓋資本主義發展到極點，成爲極端個人征利主義，有我無人，「自私」之至，終至無組織而後已，故稱「無君」；共產主義發展到極點成爲極端唯物主義，視人如物，六親不認，「自利」之至，終至無人性而後已，故稱「無父」。無父無君，自私自利，人與禽獸之區別何在？

天佑萬民，尤愛中國， 國父誕生。其時吾國正受上述兩大謬誤思想之影響，淪爲次殖民地。文化大國，竟受野蠻思想之侵凌，何等可恥！由於 國父少習醫學，接受近代科學方法之訓練，加以其好學深思，又復周遊世界若天次，耳聞目睹世界之實情，及其病源之所在，乃因襲吾國固有文化之精華並擷取歐美科學文化之所長，發明人類進化之眞理，創造三民主義五權憲法之宏規，既出吾國於次殖民地之束縛，並能使全世界人類獲得自由平等之幸福，並可進世界於大同。

由於第三時期之進化原則，用之於民族主義，是於今日之聯合國，其組成之國家，已逾一百卌個之多。考其原因，當開端於開羅會議，二次世界大戰結束後，民族平等之曙光始現，蓋若無中國之革命，中國決不敢對日抗戰，則不平等條約絕難取消，中國之自由平等不可得，中國有了獨立自由與平等，乃有亞洲各殖民地國家隨而獲得獨立自由與平等，更進而有非洲各殖民地國家之獨立自由與平等，程序昭然無庸置辯。帝國主義者之氣餒，實非「以暴易暴」之共產主義者宣傳滲透之功，而爲三民主義實現之示範有以致之也。聯合國如不以道德爲基礎，其失敗終不能免也。

蓋彼時　國父認清世界禍亂之中心問題在於「不平」，而造成不平的原因在於「思想」。思想一錯，行動隨之而錯，蓋「思想產生信仰，信仰產生力量」，欲求挽此狂瀾，仍宜從思想入手。思想既正，邪說自歛，暴行乃止。正如孟子所稱「我亦欲正人心，息邪說，距詖行，放淫辭」。又謂「邪說者不得作，作于其心，害于其事，作于其事，害于其政，聖人復起，不易吾言矣」。　國父於是從進化論方面入手，以證明達爾文與馬克斯之進化論，均非人類之進化論，前者列人類於禽獸之林，無以自外，後者陷人類於物阱之中，無以自拔，均不能導引人類走向自由平等博愛之途，惟有認清人之所以爲人之理，庶可有濟，其言如下：

世界進化之時期有三：其一爲物質進化之時期，其二爲物種進化之時期，其三則爲人類進化之時期。元始之時，太極（此用以譯西名以太也）動而生電子，電子凝而生元素，元素合而生物質，物質聚而生地球，此世界進化之第一時期也。今太空之天體尚在此期進化之中，而物質之進化，以成地球爲目的。吾人之地球，其進化幾何年代而始成，不可得而知之也。地球成後而至於今，按科學家據地層變動計算已有二千萬年矣（立夫按最近國際各學會用種種科學方法測量計算地球之年齡爲四十五億年）。由生元之始生以至於成人，則是第二期之進化。物種由微而顯，由簡而繁，本物競天擇之原則，經幾許優勝劣敗，生存淘汰，新陳代謝，千百萬年，而人類乃成，人類初生之時，亦與禽獸無異，再經幾許萬年之進化，而始長成人性，而人類之進化，於是乎起源。此期之進化原則，則與物種之進化原則不同，物種以競爭爲原則，人類則以互助爲原則，社會國家者互助之體也，道德仁義者，互助之用也。人類順此原則則昌，不順此原則則亡，此原則行之於人類當已數十萬年矣。然而人類今日猶未能盡守此原則者，則以人類本從物種而來，其入於第三時期之進化，爲時尚淺，而一切物種遺傳之性，尚未能悉行化除也。然而人類自入文明之後，則天性所趨，己莫之爲而爲，莫之致而致，而向互助之原則，以求達人類進化之目的矣。（孫文學說第四章）

國父又謂物種進化屬於「天然進化」，可稱爲「不知不覺的進化，其進化慢」，而人類進化屬於「人事進化」，可稱爲「有知有覺的進化，其進化快」（見「學生要努力宣傳擔當革命的責任」講詞），蓋人類既爲萬物之靈，自應以人力補救天然之不足，憑其最發達的腦和最靈活的手，來創造物，來發掘能，來控制大自然的偉大力量與物質，繼續不斷創化他自己的前程，所以 國父在發現此一原理之後，對於戰爭認定爲不得已之行爲，無補於人類之進化，其言如下：

戰爭本爲人類之惡性。人類進化愈高，則此惡性愈減。故古昔先進之國，每多偃武修文，鄙棄戰爭而崇禮讓，倘進化前途無此障礙，祗有進而無退，則世界大同，可指日而待。豈非人類之極大福祉耶？無如進化之程度不齊，先進文明之國，每多爲野蠻尚武之種所滅。如羅馬之亡于北狄；中華之阨於韃靼，其退化恆以千百年計，此眞人類之至慘奇禍也。近百年來，白種之物種進化，突超前古，而其心性進化，尚未離乎野蠻，故戰爭之禍，于今猶烈。當此之時，世界種族，能戰則存，不能戰則亡，優勝劣敗，弱肉強食，殆視爲天理之當然，此誠進化前途之大厄也。我中華爲世界獨存之古國，開化最早，蠻風久泯，人好和平，不尙爭鬥，乃逢此禍患滔天之會，有滅國亡種之虞。此志士仁人欲爲人道作干城，爲進化除障礙，有不得不以戰止戰者也。（爲周學時「戰學入門」序）

參、體驗 國父思想之精髓

根據上述 國父之言，吾人應有如下之心得：

一、人之所以異於禽獸者，以其具有人性。所謂人性者，即不復如禽獸僅知「求食」以維持生命，「求色」（偶）以延續生命，而能「求仁」以光大生命。換言之，人能不憑本能（性）而生活，而能以意識或理智導引其本能（率性）以達致人類共生共存共進化（修道）之目的，故曰：「天命之謂性、率性之謂道、修道之謂教。」（中庸）

二、人能發現比他個人生存更崇高更偉大的生命或世界，而能不顧一切向前去追求，甚至於犧牲一己之生命亦所不惜。此種超越其本能之行爲，是謂「求仁而得仁」，故稱之曰「成仁」。小我之利曰「利」，大我之利曰「義」，爲大我而犧牲小我，故亦稱之曰「取義」。能如是，則「人」之條件具備，故曰：

「立人之極，曰仁與義。」（易經）

「仁者，人也。」（中庸）

三、人能創造物，不若禽獸僅知攫取自然界現存之物；人能於分配物而遇到供求不相應時，而能本乎道德以禮讓方法來解決其問題，不若禽獸僅知爭奪鬥爭以達其目的。此一互助之原則，使人能合群以組成社會與國家。支配物爲其所用，定法則共同遵守，以創造人類之文明，故曰：

「天生蒸民，有物有則，民之秉彝，好是懿德。」（詩經）

此一眞理發現以後，達爾文之進化論不能應用人類，至爲明顯， 國父對之有如下之批評：

「循進化原理，由天演而至人爲，社會主義實爲之關鍵，動物之強弱，植物之榮衰，皆收之於物競天擇，優勝劣敗，進化論者遂舉此例，以例人類國家。凡國家強弱之戰爭，人民貧豐之懸殊，皆視爲天演淘汰之公例，故達爾文之主張，謂世界僅有強權而無公理，後起學者，隨聲附和，絕對以強權爲世界唯一之眞理。吾人訴諸良知，自覺未敢贊同，誠以強權雖合於天演之進化，而公理實難泯於天賦之良知。故天演淘汰，爲野蠻物種之進化，公理良知，實道德文明之進化也。社會組織之不善，雖限於天演而改良社會組織，或者人爲之力尚可及乎！」（社會主義之派別及批評）

國父對於馬克斯之進化論以及階級鬥爭，亦指出其謬誤，其言如下：

「照歐美近幾十年來，社會進化之事實看……經濟的社會之所以有進化，是由於社會上大多數的經濟利益相調和，不是由於社會上大多數經濟利益相衝突。社會上大多數經濟利益相調和，就是爲大多數謀利益，社會才有進步。社會上大多數的經濟利益之所以要調和的原因，就是因爲要解決人類的生存問題。古今一切人類之所以要努力，就是因爲要求生存；人類因爲要有不間斷的生存，所以社會才有不停止的進化，所以社會進化的定律，是人類求生存。人類求生存，才是社會進化的原因，階級戰爭，是社會當進化的時候，所發生的一種病症。這種病症的原因，是人類不能生存，所以這種病症的結果，便起戰爭。馬克斯研究社會問題所有心得，衹見到社會進化的毛病，沒有見到社會進化的原理，所以馬克斯只可說是一個社會病理家，不能說是一個社會生理家。」（民生主

義第一講）

以上兩項批評，是十分心平氣和，非常中肯而深刻，達、馬兩氏，苟尚健在，亦不能不心折。此一眞理之發現，眞可謂「爲天地立心，爲生民立命，爲往聖繼絕學，爲萬世開太平」。以上四句余將爲「爲往聖繼絕學」作一簡單之闡述，以明　國父苟非生於中國，不易有此發現耳！

肆、孔子之道永存

吾國文化之最大特點，爲重視本末之分，先後之別。凡屬本者，固執之不使之舍去；凡應始者，宜先之不使之落後，更毋使本末倒置，先後錯亂，否則不合乎道，自亦無所得（德與得通）矣，故《大學》首章即有「物有本末，事有終始，知所先後，則近道矣」之昭示。

然則何者爲本？

曰：「天下之本在國，國之本在家，家之本在身。」（孟子）

身既爲本，應如之何？

曰：「自天子以至於庶人，壹是皆以修身爲本，其本亂而末治，治者否矣。」（大學）是言人無論老幼貪富，身不可不修。

如何修身？修身之目標爲何？

曰：「修身以道，修道以仁，仁者人也。」（中庸）是言修身之目標，在使人具備「人」

的條件，而以「仁」道修之，使之異於禽獸。

「仁」又以何者爲本？

曰：「以孝弟爲本。」故曰：「君子務本，本立而道生，孝弟也者，其爲仁之本與！」（論語）是言情愛之施，應由近及遠，由親及疏，始於父母兄長，其本乃固。

由於以上所述，可知仁義道德爲修身之本，所以別人類於禽獸，奠互助之基礎，而使家齊、國治、天下平，以進人類於文明者也，故最後之結論爲「有德此有人」（大學）、「德者，本也」（大學），此則與　國父之第三時期之人類進化原則，完全吻合，不亦繼往聖之絕學乎！

深知道德爲人類生存之保障，進化之動力，不可須臾離身，遂有下列各點之昭示：

一、道統重於政統，政統可中斷，而道統不可中斷。

二、治道之最高理想爲王道，以其爲「以德行仁」，遠勝於「以力假仁」之霸道，可大可久，且可以進大同。

三、教育之先務爲明人倫，故曰「修道之謂教」。（中庸）

四、「志於道，據於德，依於仁，遊於藝」爲士人之立身；「憂道不憂貧」爲士人之志節。

五、君子與小人之分，在重義與重利之不同。

六、所有人名、地名、物名，莫不以美善之德目字樣稱之，以造成優良之環境，耳濡目染，均受德化。

七、隱惡揚善，毋使播惡于衆，常示優良風範。

八、尊師重道，以友輔仁，俾自身時時進步。

凡此均爲國人一致之信念，而以宏道、明德、居仁由義，爲建立一己人格所必備之條件，自與 國父所發明之人類進化原則相符合，中華文化復興運動之首重倫理建設者，蓋亦求喚醒國人，使知此一直理不滅，故孔子之道永存。 國父繼承此一道統並發揚光大之，余特爲道德作如下之闡釋：

去私心，存公道，為道德之基本精神；

孝父母，敬兄長，爲道德之實踐始基；

不忘本，不忘恩，爲道德之衡量標準；

言忠信，行篤敬，爲道德的事實表徵。

伍、結 論

總之，孔子之道，爲人類共生共存共進化之眞理，重人兼重德，修己以善群，證之以一九八八年全世界諾見爾獎金得主在法國巴黎集會，所共同發表之宣言中，有如下之一段話「人類如果要在二十一世紀生存下去，必須要回到二千五餘年前孔夫子那裏去尋找智慧」，可以知眞理之永存矣。

孔孟學說中之「誠」

壹、前　言

「誠」是孔孟學說中的一個極重要德目，亦是中華文化的特質之一。

我認爲中華文化的特質是誠、仁、中、行四者，凡我國人，尤其是青年必須以誠、仁、中、行四者爲修身立業之本，就是：

一、誠以律己，

二、仁以待人，

三、中以處事，

四、行以成物。

此誠、仁、中、行四者，都是孔孟學說中的重要修身德目，爲人人所應實踐者。孔孟學說是中華文化的主體，也是三民主義中心思想的本源。中共要摧毀中華文化，就是要消滅這誠、仁、中、行的特質，因爲中共的一切作爲，是僞而不誠，暴而不仁，偏而不中，鬥而悖行，正與中華文化的基本精神相背馳，故有文化大革命，有批孔揚秦種種運動。殊不知中華文化是人類共生共存共進化的原理，中共的作為是與生存原理為敵，無異自毀。我們深信：誠必勝偽，仁必勝暴，中必勝偏，行必勝鬥。因此，只要我們認識誠、仁、中、行的要義而實踐之，以復興民族文化，實行三民主義，我們終必能撥亂反正，重光華夏，重建安和樂利的中華民國。

什麼是誠、仁、中、行的要義？我要分別加以敘述，本篇先說明孔孟學說中之「誠」。

貳、誠是孔孟學說中的一個重要德目

關於誠的意義，我在《四書道貫》及《人理學研究》中各有所論述，本刊上期所載〈蔣總統講中庸的要旨〉中亦曾述及。《中庸》一書，相傳是孔門心法的傳授，程伊川以《中庸》之書成於子思、孟子， 蔣總統認為《中庸》全書要旨是一個「誠」字。

《中庸》說：「誠者天之道也，誠之者人之道也。」這天人合德之義，是孔孟學說中的形上思想，誠的觀念涉及天人關係，涵義較深，有時不易為一般青年所了解。不過孔子之道是人道，是倫理道德，重實踐而不空談理論，所以子貢謂「夫子之言性與天道，不可得聞焉。」故《論語》所言，皆日常生活經歷之事；孟子雖言心性，亦祇就其切近人事處言之。

《論語・述而篇》說：「子以四教：文、行、忠、信。」文是指古代的文獻，就是禮、樂、射、御、書、數六藝，禮、樂即德育之教，射、御即體育之教，書、數即智育之教，都可以增廣見聞。行就是德行，要謹守禮義，循規蹈矩。忠是忠誠任事，忠厚待人。信是不詐僞，做事說話要有信用。這四者日常生活中必須做到的事，四者之中，忠和信就是誠。程伊川解釋此句謂：「教人以學文脩行而存忠信也，忠信本也。」丘濬的《大學衍義補》說：「用功之要何先？曰誠而已。忠信、誠也。脩辭立其誠，誠即忠信也。」由此可見孔子學說中之「誠」是何等重要！因爲孔子是注重社會中人與人正正當當相處之道，故《論語》中屢言「主忠信」；「言忠信，行篤敬，雖蠻貊之邦行矣」，而其政治學說則主張爲政在人，這個人必須以誠意正心修養人格爲推行政治的根本，所以特別重視誠的作用。

孟子私淑孔子之道，故其誠的觀念，亦與孔子相似。〈盡心篇〉上說：「誠者天之道也，思誠者人之道也。」孟子深信人性本善，誠是天理，也是人的本性，皆眞實而無僞。思誠之意，蓋謂：「耳目之官不思而蔽于物，……心之官則思，思則得之，不思則不得也。」人能思誠存誠，則知人道而盡天理；能盡天理，就能去人欲；能去人欲，就能不蔽于物，不役于物，身心愉快，無往而不自得，故曰：「萬物皆備於我矣，反身而誠，樂莫大焉。」所謂「反身而誠」，就是「思誠」。孟子教人要自己反省，要注重自得，反省就是思誠，自得就是存誠，所以說：「行有不得者，皆反求諸己。」「有人於此，其待我以橫逆，則君子必自反焉。……」又說：「君子深造之以道，欲其自得之也。自得之，則居之安；居之安，則資之深，資之深，則取之左右，逢其源。」取之左右，逢其源，是萬物皆備於我矣，自然不勉而中，不思而得，樂莫大焉。

由上所述，孔子教人忠信，孟子教人思誠（荀子亦言「君子養心莫善于誠」），都就切近人事處言之，也就是「修道之謂教」的意思，可知「誠」字在孔孟學說中是一個實而不妄的眞理，是一個非常重要的道德觀念，所以清儒王船山在讀《四書大全》中說：「盡天地只是箇誠。」又在《尙書引義》中說：「夫誠者實有者也，前有所始，後有所終也。實有者天下之公有，有目所共見，有耳所共聞也。」

參、誠之之道在於擇善固執

誠的意義頗爲廣泛，主要的是擇善固執，故《中庸》謂：「誠之者，擇善而固執之者也。」

我認爲學問雖無止境，然終不能離開致用；道德爲求達致人類的共生共存，亦貴能實行。無論用或行，必須先確定一個目標。確定目標就是普通所謂立志，也就是擇善而固執之。

擇善固執是一件事，可是在程序上是要先擇善而後固執。先說如何擇善？這在《大學》、《中庸》兩書中有不同的說法：《大學》謂：「欲誠其意者，先致其知；致知在格物。物格而後知至，知至而後意誠。」《中庸》則謂：「博學之，審問之，愼思之，明辨之，篤行之。」所以致知格物以及學問思辨，都是擇善所必需的工夫。上文所述子以四教，文行忠信，文行亦可以是致知格物；孟子思誠之思，亦就是愼思的思，思的前後當然亦需要博學審問和明辨，所以《四書》中對於誠的觀念，文字說明上雖有不同，而誠之之道可以說是一致的。

其次是如何固執？這是說在知道何者爲善之後，就要認定目標，恆久不移，這就是《大學》書中所說的「知止」。「知止而后有定，定而后能靜，靜而后能安，安而后能慮，慮而后能得」。無論學問德業，都需要經過定、靜、安、慮、得的程序，而後達成人生的眞義與價值。「知止」就是擇善固執，《大學》又說：「爲人君，止於仁；爲人臣，止于敬；爲人子，止于孝；爲人父，止于慈；與國人交，止于信。」所謂仁、敬、孝、慈、信五者，都是人類共生共存生活中最需要的道德，君臣父子要各就其身分，擇善而固執之，久久不移，以完成德業。如果擇善而不能固執，這樣的人對於道德行爲不堅強，信仰不篤實，就是沒有誠意，也不會有任何成功的希望，所以《論語》裡子張說：「執德不弘，信道不篤，焉能爲有，焉能爲亡（無）。」

蔣總統在其〈三民主義之體系及其實行程序〉中說：「誠之一字有幾種含義：所謂誠則明矣，就是說無誠不智；所謂成己成物，就是說誠通于仁；所謂至誠無息，就是說惟誠乃勇。至于整個誠字的意義，則是擇善固執，貫徹始終的意思。因爲惟有誠乃能盡己之性，盡人之性；惟有誠乃能爲物之終始，乃能一往無前，貫徹到底；惟有誠乃能創造，能奮鬥，能犧牲。一個三民主義的信徒，必須要對于主義有固執性，有貫徹到底的毅力，無論在任何種危險困難的環境當中，甚至于要犧牲性命的時候，也不能動搖我們對于主義的信仰，完全做到富貴不能淫，貧賤不能移，威武不能屈的地步，而且是行乎其所不得不行，盡乎其所不得不盡，更沒有什麼外力所能夠阻擾，所能夠使其停止。一切革命先烈之決心成仁，純然是出乎一片至誠，所以說誠是革命的原動力。」這一段話，對于擇善固執的意義更說得透闢，是我們所必須知道的。

肆、誠是道德的源泉

學問與道德相因相成，然論及內涵時亦可感到相反。學問是分門別科的知識，由一本而萬殊，到了現代愈演愈繁，例如工程學，先有土木工程，後有礦冶；後來土木工程又分出道路、建築，礦冶又分出金屬、非金屬，而金屬礦又可分爲銅礦、金礦以至今日的鈾礦等等，故學問科目愈分愈多。道德是人類共生共存共進化之原理的實踐，則由萬殊而一本，愈講而愈約。如人類彼此的關係極爲錯綜複雜，在孔孟學說中歸納之爲五類，稱爲五倫。由於五倫之不同，其須實踐的道德，亦因而有異，如〈禮運〉所謂：「父慈、子孝、兄良、弟悌、夫義、婦聽、長惠、幼順、君仁、臣忠十者，謂之人義。」又如孟子所說：「父子有親，君臣有義，夫婦有別，長幼有序，朋友有信。」其最普通的說法是君仁、臣敬、父慈、子孝、兄友、弟恭、夫婦和順，朋友信義。可是，不論那一種道德，最後歸納到一個「誠」字，沒有誠便不能成立，所以《中庸》說：「天下之達道五，所以行之者三。曰：君臣也，父子也，夫婦也，昆弟也，朋友之交也，五者天下之達道也。知、仁、勇三者，天下之達德也，所以行之者一也。」朱子註謂「一則誠而已矣」。這可知誠是一切道德的源泉。

誠爲道德的源泉，故凡成己成物的道德，都要誠爲原動力。《論語・憲問篇》孔子答子路問君子說：「修己以敬……修己以安人……，修己以安百姓。」孔孟學說的長處是道德與政治合一，成己即所以成物，莊子變易其辭爲「內聖外王」，修己以敬，內聖也；安人安百姓，外王也。《中庸》論誠沒有擴充《論語》的意義，只改修己爲成己。《中庸》說：「誠者非自成己而已也，所以成物也。成己、仁也，成物、知也，性之德也，合內外之道也，故時措之宜也。」可知惟有誠意而能正心、修身，而後能齊家、治國、平天下，故《中庸》說：「凡爲天下國家有九經，所以行之者一也。」一即誠也，這就是說治理天下國家的事雖有九經，可是實行九經，卻只是一個「誠」字。因爲萬事的實行，自始至終，都要有誠意，不誠就是虛僞，就沒有一切了。做人更要誠，不誠就如鄉愿：虛僞，所以孔子說：「鄉愿，德之賊也。」故《中庸》說：「誠者物之終始，不誠無物。是故君子誠之爲貴。」

伍、至誠如神

誠既爲道德的源泉，又是一切行爲的原動力，所以俗語說：精誠所至，金石爲開。我曾借用理學中聲光電力的作用，以說明誠的意義。我認爲誠是動能(Energy)，動能的表現爲波(Wave)，如光波、聲波、電波、力波。波可以集中，光波集中於一點，謂之焦點，最爲明亮，此乃人人皆知；誠亦然，故曰「誠則明」。聲波集中於一點，復轉換成電波，則可以廣播至遠處，故至誠能成其大，能及其遠。電波透過電路，可以生熱，故誠之至亦稱熱誠。用之以解析物質，謂之電化，故「惟天下之至誠爲能化」。力波集中於一點，則力大可以推動他物，而且銳不可當，無堅不摧，故「至誠而動者，未之有也；不誠，未有能動者也」。

動能的波集中於一點，可以發生大力量，可知至誠的效用是無可限量的，故《中庸》謂

「至誠如神」。因爲誠則明，愈明愈誠，愈誠愈明，有如朱子所謂：「已知之理而愈窮之，以求至乎其極，至於用力之久，而一旦豁然貫通焉，則萬物之表裏精粗無不到，而吾心之全體大用無不明矣。」故《中庸》說：「至誠之道，可以前知。國家將興，必有禎祥；國家將亡，必有妖孽，見乎蓍龜，動乎四體。禍福將至，善，必先知之，不善，必先知之，故至誠如神。」

《中庸》認爲聖人具有實在的聰明智能而通達六德的人，故能「不勉而中，不思而得，從容中道。」故能「經綸天下之大經，立天下之大本，知天地之化育」。故能使人受其感化，受其同化，所謂「大德敦化」，「君子所過者化」，「大而化之之謂聖」。凡此都是由於至誠所生的力量，故能「不見而章，不動而變，無爲而成」，所以《中庸》說「唯天下至誠爲能化」。這就是說只有天下最誠的人，「可以贊天地之化育，所以贊天地之化育，則可以與天地參矣」。這可知至誠如神，並非虛誇之辭。《易經》謂「夫易，聖人之所以極深而研幾也」，「知幾其神乎」，「君子知微知彰，知柔知剛」，這都可說明至誠如神的意義，所以丘濬的《大學衍義補》謂誠意正心之要爲「審幾微」，又分爲「謹理欲之初分」、「察事機之萌動」、「防姦萌之漸長」、「炳治亂之幾先」四目，也都是至誠如神的說明。

總之，孔孟學說中之「誠」，就其切近人事者而言之，大要如此。歷代學者，尤其是宋儒對於「誠」字的形上思想及道德觀念，頗多闡述，要未有超出孔孟學說的範圍。最後，所要附帶說明者，就是誠與仁、中、行三者之間，互有密切的關係，下次論述孔孟學說中之「仁」、之「中」、之「行」時，自當擇要述及，以供參考。

孔孟學說中之「仁」

壹、前　言

上次，我在〈孔孟學說中之誠〉一文中，曾說「仁以待人」，仁字从二从人，是指二人相處應互相以「人」的道理相待，才合乎仁，故曰：「仁者人也。」這是仁字最簡要的意義。換言之，是說以愛己的愛人，利己的利人，如果只知利己而損害他人，便是不仁。仁以待人，好像是很容易做到的事，可是　總統蔣公曾說：「現在我們中國一般青年、尤其是學校青年，最大的弊病，就是對中國做人的道德缺乏講究，特別對仁愛的德性，學校訓育既完全忽略，家庭教育更不知注重。一般教師偶然講授，學生亦不願聽受，甚至認爲教師講授仁愛的道理爲陳腐、爲落伍。殊不知我們青年所要學的，……連做人的道理都不明瞭，那無論你有怎樣高深的學問，亦永遠不能成人。」（哲學與教育對青年的關係）此是何等剴切的訓示，所以我此次要爲大家略述「孔孟學說中之仁」的要義。

貳、仁是孔孟學說的中心思想

國父論世界進化，分爲物質、物種、人類三時期。人類進化時期，人性始逐漸發展，以互助爲原則，「社會國家者互助之體也，道德仁義者互助之用也」。「道」是人類共生共存共進化之原理或大路，「德」是此一原理之應用或通行，道賴「仁」以修，故曰「修身以道，修道以仁」，仁之用曰「義」，故曰義路也。互助就是使人與人間的情感相溝通，利益相調和，社會上大多數人的情感相溝通，利益相調和，社會才有進步。道德仁義是互助之用，可知道德仁義是人類生存進化的原理與應用。

中華民族的祖先早就認識人類生存進化的原理而善於應用之，所以數千年來，繼繼繩繩，生生不息，成爲世界上最古最大的民族。孔子集古代文化之大成，始闡發仁義的意義及效用，孟子更以仁心仁政爲號召，所以仁是孔孟學說的中心思想。

《論語》一書論仁最詳，清阮元謂：「《論語》論仁凡五十八章，仁字見于《論語》者凡百有五。」（論語論仁論）所以有人說《論語》是仁學。孔子的基本思想是人道，人道的基本原則在於互助相愛，故樊遲問仁，子曰：「愛人。」又告曾子曰：「仁者莫大於愛人。」可知孔子的倫理道德以仁爲中心，所謂孝弟、忠恕、禮樂、義利等觀念都由此而生。孔子以後，此一仁字便作爲儒家思想的中心，貫通各項道德，而成爲道德的總稱。

孟子私淑孔子之道，亦以仁義爲中心思想，其時七雄並峙，時君惟知富國強兵是務，孟子鼓勵時君施行仁政，以爭取民心，其態度更較孔子爲積極，故當齊宣王問及齊桓、晉文之事，孟子告以保民而王之說。他認爲「人皆有不忍人之心，……以不忍人之心，行不忍人之政，治天下可運之掌上」。他以淺近道理說明王道的出發點，在「不忍人之心」。此不忍人之心，亦稱同情心，就是仁心，是人人所固有，不必外求，所以他說：「仁、人心也、義、人路也。舍其路而弗由，放其心而不知求，哀哉！……學問之道，無他，求其放心而已矣。」（告子上）此與孔子所說：「仁遠乎哉？我欲仁，斯仁至矣。」（述而）完全相同。

參、求仁是人類獨具的特性

孔孟認爲仁是人之天性，與飲食男女的大欲相同，而求仁比之飲食男女的求食、求偶，更爲重要。這些道理，歷代儒者都沒有說得透澈，直至　國父與　蔣總統始予以融會貫通，而　國父的人類進化論更爲明白的啓示。

人類，一如其化動物，具有天賦的生存本能，求食以維持生命，求偶以延續生命，所以說「食色、性也。」（孟子告子上）求食求偶是生物共有的本能，如果供求不能相應，不免發生爭奪，爭奪的結果，而致殘殺，優勝劣敗，適者生存，這就是達爾文進化論的根據。在人獸混戰的時期，人的體力不及獸，爪牙更不及獸類的銳利，然而人爲萬物之靈，由於合群互助而獲得勝利，合群互助遂亦成爲人類天性。此即　國父所說的人類進化時期，進化的原則已從競奪進爲互助。所謂互助，上文已說過，就是道德仁義，《易經》所說的「立人之道、曰仁與義」，正是此意。人類知道合群互助，所以求仁是人類獨具的特性，人之所以異於禽獸者在此。

我在《人理學研究》中曾以公式說明人性，也就是說明孔孟學說所以重視仁義的意思，爲使讀者更易明白起見，現在再用公式加以簡略的說明。

$$X = (A + B) + C$$

X 性（生存本能）
A 求食以維持生命
B 求偶以延續生命
C 求仁以光大生命

公式中的生存本能(X)，是人類與其他生物所共有。不過其他生物幾乎只知求食(A)、求偶(B)，以持續其生命，人類則能控制A與B的限度，而發展C的作用，以求達到人類共生共存共進化的目的。這就是孔孟所說的「率性」、「克己」、「忍性」、「盡性」及「修道」。世界上一切宗教，均重視人類心性問題，儒家主張正心率性，道家主張持心適性，釋家主張明心見性，無非要將A與B減至最低程度，而增高C的程度，(A＋B)小則C大，(A＋B)大則C小，兩者互爲消長。學問與道德的目的是要$(A+B)<C$。顏淵問仁，孔子告以「克己復禮爲仁」，克己復禮就是要減底A與B而增高C，人能降低自己的享受，以謀他人的福利，就是「仁以待人」。人與禽獸的分別，固以C的有無爲準則，人與人的區別，亦可以C的大小爲衡量。重利(A＋B)輕義(C)者爲小人；反之，則爲君子。君子重義輕利，故能

安貧樂道，故孔子曰：「士志於道，而恥惡衣惡食者，未足與議也。」（里仁）又曰：「君子憂道不憂貧。」孟子亦曰：「守約而施博者，善道也。」（盡心下）又曰：「從其大體爲大人，從其小體爲小人。」（告子）從其大體即$(A+B)\wedge C$，從其小體即$(A+B)\vee C$。但如遇生死緊要關頭，亦有完全犧牲A與B而獨留C者，這是求仁而得仁的最高表現，故稱「成仁」，也是文天祥「衣帶贊」中所謂「孔曰成仁，孟曰取義……讀聖賢書，所學何事……」。

肆、孝悌爲仁之本

求仁是人類的本性，所以孟子說：「孩提之童，無不知愛其親也。及其長也，無不知敬其兄也。」父子兄弟的親愛，是一個人從小在家庭中最先接觸到的，子女幼時全賴父母的慈愛撫育，雙方親愛，是必然的結果；兄弟姊妹本是同根生，同一處生長，相聚之時久，自然特別親愛，所以孝與悌是仁的根源。《論語》謂：「君子務本，本立而道生。孝悌也者，其爲仁之本與！」（學而）孟子亦謂：「仁之實、事親是也；義之實、從兄是也。」（離婁）這些話最屬切當，故孔孟學說永遠適用與配合後世的思想。試看現代社會上凡是對父母兄弟不能行孝悌的人，則對他人必不愛，對國家必不忠，亦就永遠不能成人。因爲仁者愛人，愛莫先於親親，親莫親於父母兄弟，孝順友愛是家庭關係中最基本的合理行爲，是青年教育的首要，人倫道德之本，其他一切合理行爲皆由此擴充而出。這就是說：父子、夫婦、兄弟三倫是家庭的組合條件，由此擴展，則父慈子孝爲君仁臣敬，兄友弟恭則爲朋友信義，都是愛與敬之由小而大、由近及遠、由私而公的發展，故《大學》說：「孝者所以事君也，悌者所以事長也，慈者所以使衆也。」古人常說「求忠臣於孝子之門」，可知忠便是孝由私而公的發展，故有子曰：「其爲人也孝弟，而好犯上者，鮮矣。不好犯上，而好作亂者，未之有也。」

國父在講民族主義時說，曾經看到過許多祠堂把忠字拆去，推究原因，一定是一般人民的思想，以爲到了民國，便可以不講忠字，而不知在民國之內，要忠於國，要忠於民、要爲四萬萬人去效忠。講到孝字，世界各國沒有像中國進步，所以他認爲國民要能把忠孝二字講到極點，國家自然可以強盛。由此更可明白孝悌爲仁之本的意義，而爲現代教育青少年最宜注意的一點。

伍、忠恕爲仁之實施

忠恕之道就是「仁以待人」，我在《人理學研究》中曾提出立志、好善、克己、復禮及忠恕五項爲青年修身的方法，對於忠恕的意義及實行講得最詳。

子貢問曰：「有一言而可以終身行之者乎？」子曰：「其恕乎？己所不欲，勿施於人。」（衛靈公）仲弓問仁，孔子亦告以「己所不欲，勿施於人」。曾子謂孔子之道，忠恕而已矣。忠者盡一己應盡之責，恕者推己及人之謂，修身方法能做到忠恕之道，正是「克己復禮爲仁」的工夫。

不過「己所不欲，勿施於人」，還是消極的推己及人，消極的恕道，僅僅做到不侵害他人而已，未爲完美。孔子答子貢問曰：「夫仁者，己欲立而立人，己欲達而達人，能近取譬，可謂仁之方也已。」朱註謂：「以己及人，仁之心也。近取諸身，以己所欲，譬之他人，知其所欲，亦猶是也，然後推其所欲以及於人，則恕之事而仁之術也。」這就是積極的推己及人，是積極的恕道。孔子的爲之不厭，是立己達己；誨人不倦，是立人達人，孟子亦樂於教人，諄諄不倦，他以「得天下英才而教育之」爲樂事，且教人「無爲其所不爲，無欲其所不欲」，「人能充其無欲害人之心，而仁不可勝用也」（皆盡心上）。皆與孔子的忠恕相似，這「充其無欲害人之心」，正是「己所不欲、勿施於人」的註腳。

陸、成仁取義爲人生之崇高目標

孔孟學說中之仁的最高表現，是成仁取義。孔子曰：「志士仁人，無求生以害仁，有殺身以成仁。」（衞靈公）所謂志士仁人，就是曾子所說的弘毅之士，仁以爲己任，可以託六尺之孤，受百里之命，臨大節而不可奪，鞠躬盡瘁，死而後已。

孟子更重視氣節，故當生與死不可兼得之時，寧舍生命以全義理。他說：「魚，我所欲也，熊掌亦我所欲也；二者不可兼得，舍魚而取熊掌者也。生，我所欲也，義亦我所欲也；二者不可兼得，舍生而取義者也。生亦我所欲，所欲有甚於生者，故不爲苟得也。死亦我所惡，所惡有甚於死者，故患有所不避也。」（告子上）

孔孟這些話為歷代的志士仁人所遵奉，遂以養成中華民族的正氣。從歷史上看，每當國家民族多難的時候，總有不少的仁人志士「見危授命」，「求仁得仁」而無怨，岳武穆的〈滿江紅〉，文天祥的〈正氣歌〉，更是慷慨激昂，為世人所傳誦。蔣總統對於民族正氣的解釋，更為詳盡。他認為正氣是配道與義二種因素而成，至大至剛，以直養而無害，則塞於天地之間。我們為人，只要秉持著這種浩然之氣，事事皆能配道與義，那無論遇到如何危險失敗，乃至生死關頭，都不會氣餒、灰心，更無所畏懼、疑慮。這就是孔子所謂「知者不惑，仁者不憂，勇者不懼」（憲問）。孟子所謂「富貴不能淫，貧賤不能移，威武不能屈」（滕文公下）。志士仁人的立身處世，自有其特立獨行，堅守志節之處，即依於仁，立於禮，行於義，這就是正義，是青年們立志為學的第一重要工夫。

柒、仁是政治上得民心的要道

仁字最大的效用是治國平天下，也是孔孟學說中之仁的最終目的。孔孟都主張親親而仁民，仁民而愛物，能行仁政則得民心，得民心則得國，進而得天下。要得民心必須行仁政，要行仁政必須仁者在位，故孔孟的政治思想，最要的是一、為政在人，二、以德行仁。

「為政在人」是中國政治哲學的重要原理，在《大學》中〈哀公問政〉一章，完全是以人為本的政治哲學之精義所在，故說：「其人存則其政舉，其人亡則其政息。」《中庸》亦說：「故為政在人，取人以身，修身以道，修道以仁。」這更說明為政者必須要以修明的人格影響他人，感召他人，政治才可以推行無阻。所謂治國九經，都是爲政在人的要義。在《論語》中，孔子更明顯的說：「政者，正也。」（顏淵）「其身正，不令而行；其身不正，雖令不從」。（子路）「苟正其身矣，於從政乎何有？不能正其身，如正人何」（子路）！孟子亦曰：「君仁莫不仁，君義莫不義。」（離婁）「不信仁賢，則國空虛；無禮義，則上下亂」（盡心）。「是以惟仁者宜在高位，不仁而在高位，是播其惡於衆也」（離婁）。言些對於爲政在人的意義，說得十分明白。

其次「以德行仁」是王道政治的原則，如以力假仁，則是霸道而非王道。孔子論王道之治，歸納之爲寬、信、敏、公四大要義，「寬則得衆，信則民任焉，敏則有功，公則說」（堯曰）。孟子則曰：「以力假仁者霸，霸而有大國。以德行仁者王，王不待大，湯以七十里，文王以百里。以力服人者，非心服也，力不贍也。以德服人者，中心悅而誠服也，如七十子之服孔子也。」（公孫丑）以德行仁，至誠能化，人民遵從政令，完全出於自動，所謂「民之歸仁焉，猶水之就下，獸之走壙也」。至於以力假仁，全憑壓力，人民服從政令，多出於被動，壓力大則反抗力亦大，民心一失，終必覆亡。考諸我國歷史，霸道暴虐的政治，都難以持久，故孟子說：「三代之得天下也以仁，其失天下也以不仁。國之所以廢興存亡者亦然。」這是中國政治的治亂興亡之道，就是孔子所說的「道二，仁與不仁而已」。

總之，孔孟學說以仁爲本，自修身齊家以至治國平天下，幾乎無一事可以違背仁義，以個人論，雖造次顚沛，無終食之間違仁，本文祇能就其切合時代者略述其要義而已。

孔孟學說中之「中」

壹、前　言

上期已略述孔孟學說中之「誠」及「仁」，茲當依次敘述孔孟學說中之「中」。「中」以名詞言，是中點，是重心；以動詞言，是中的，恰好中著所希求的；以形容詞言，是經調整而至恰到好處，是不偏不倚，無過亦無不及，蓋天下事物，都是相對的，而且同時存在，不過彼此消長不同罷了，譬如沒有長，怎會有短？沒有大，怎會有小？沒有老，怎會有少？餘可類推，但是何時需要長，何時需要短，則因時因地而異，太長或太短，往往不是最合大多數人長期間所需要的，「恰到好處」（和），才是大家所追求的。因此，調整（中）是片刻所不可少的了。

我在《人理學研究》中曾說誠與中的關係，認為要正心先須把握「中」；要把握「中」，先須誠其意，所謂「誠者，不勉而中」。又說仁與中的關係，大意是說宇宙間萬有生命，無時無刻不在動變，自然難免有所衝突，故必須隨時隨地各自調整、互助互讓，才可以各得其所，各遂其生。國父發明人類進化以互助為原則，並謂社會國家是互助之體，道德仁義是互助之用，人類順此原則則昌，不順此原則則亡。依此推論，則互助之用，先須人性有道德仁義的修養，而道德仁義的修養，必須正心誠意，凡此都有賴於時時調整的「中」，才能適合，故曰「時中」，這可見「中」的重要。我常說：「中以處事。」因爲「中」則不偏私，不偏私則事無不平，人無不和，舉凡修齊治平，欲求達致中正和平，必須要符合「中」的運用，所以「中」字所蘊含的精義，可謂吾國哲學思想中極重要的部份，而在孔孟學說中，尤足見「中」之可貴。

貳、孔子發揮中庸之道

「中」的思想，由來已久，在孔子之前一千七百餘年，堯以「允執厥中」四字傳諸舜，舜以「人心惟危，道心惟微，惟精惟一，允執厥中」十六字傳諸禹，此後禹湯文武，聖聖相傳，均重視此一「中」道。至孔子而集其大成，在中字之外，更加一庸字。庸者，用也，平凡也，惟其實用與平凡，更可見中庸之道之可貴。中庸之道，由曾子傳之子思，其時異端紛起，處士橫議，子思恐怕道學失傳，乃推本堯舜以來相傳之意，更互演繹，作《中庸》一書。《中庸》是闡發「中」的思想之重要著作，論述最爲詳盡，前此曾在《孔孟月刊》刊載〈蔣總統講中庸的要旨〉一文，對此已有所敘述，可供參考。

中國文化起源甚早，至春秋而大盛，惟其時王室已衰，綱紀廢弛，四夷內侵，諸侯強弱相陵，政治社會已見混亂散漫的現象。孔子傷世道之衰，曾慨歎的說：「中庸之爲德也，其至矣乎！民鮮久矣！」（論言雍也）又說：「道之不行也，我知之矣，知者過之，愚者不及也。道之不明也，我知之矣，賢者過之，不肖者不及也。人莫不飲食也，鮮能知味也！」（中庸）又說：「人皆曰『予知』，驅而納諸罟擭陷阱之中而莫之知辟也。人皆曰『予知』，擇乎中庸而不能期月守也。」（中庸）中庸是最好的品德，中正和平，不偏不倚，無過與不及之弊；過與不及，都不合中庸之道，所以當子貢問：子張（師）與子夏（商）的品德那一個好些？孔子回答說：「師也過，商也不及。」子貢還以爲過比不及爲優，於是再問：那麼子張比較好？孔子說：「過猶不及。」因爲子張爲人聰明有才氣，好高鶩遠，是狂者進取的性格。子夏爲人篤實而謹守禮法，可是胸襟狹隘，缺乏開展，好像有所不爲的狷者。孔子認爲子張過分，而子夏不及，都不是中庸的品德，就是說兩人都有缺點。孔子知道門弟子之中能守中道的，只有顏回一人，他說：「回之爲人也，擇乎中庸，得一善，拳拳服膺而弗失之矣。」

因此，孔子要傳其所學，不得已而求其次。他曾說：「不得中行而與之，必也狂狷乎？狂者進取，狷者有所不爲也。」（子路）孟子深體此意，所以也說：「孔子豈不欲中道哉？不可必得，故思其次也。如琴張、曾晳、牧皮等，孔子之所謂狂也，其志嘐嘐然，曰：古之人，古之人！夷考其行而不掩者也。狂者又不可得，欲得不屑不潔之士而與之，是狷也，又其次也。」（盡心）

由上所述，可知中庸之難能可貴，所以孔子謂「君子中庸，小人反中庸」。其教人求學的方法，學與思要兼顧，不可偏重，偏重則過猶不及。他說：「學而不思則罔，思而不學則殆。」因爲能思可以旁通互證，如果學而不思，所得的只是誣罔之學；反之，如果思而不學，沒有範圍的胡思亂想，那麼所得的只是不穩妥不正確的妄想，所以孔子說：「吾嘗終日不食，終夜不寢，以思，無益，不如學也。」因此，孔子要人「博學之，審問之，慎思之，明辨之，篤行之。有弗學，學之弗能，弗措也；有弗問，問之弗知，弗措也；有弗思，思之弗得，弗措也；有弗辨，辨之弗明，弗措也；有弗行，行之弗篤，弗措也。人一能之，己百之；人十能之，己千之。果能此道矣，雖愚必明，雖柔必強」（中庸）。博學、審問、慎思、明辨，都是要人用恆心毅力來調整自己的缺點——愚與柔，而達致明與強之目的，所以處理兩人或多數人的事，亦得調整到雙方或大家滿意，則就成了，所以中是處事所必須具備的條件，果能如此，自可減免過與不及的毛病了。

孔子不但以「中」處事修德，即其日常生活都要有規律，合中道，以保養身體。在《論語‧鄉黨篇》中，對其衣食住行都有記述，例如說：「肉雖多，不使勝食氣。」「惟酒無量，不及亂」。「不撤薑，不多食」。這是說他吃肉、飲酒、用薑，都不過量。他平時穿衣服，「不以紺緅飾，紅紫不以爲褻服」，就是說不用紅色和綠色鑲邊，也不用紅紫色做便服，式樣顏色必求其合適環境和用處。住的但求舒適愉快，適應環境。平日居家，神色愉悅，「申申如也，夭夭如也」。言行尤其注意，「溫而厲，威而不猛，恭而安」（述而）。「行必中正，道塗不爭險易之利」（禮記儒行）。說話則「不疾言」，「時然後言」，「樂然後笑」，一切都恰到好處，合乎「文質彬彬」的理想標準。

所以孟子說：「仲尼不爲已甚者。」（離婁）如伯夷之清，柳下惠之和，不免被批評爲「伯夷隘，柳下惠不恭」，隘與不恭各有所偏，在德性上不是中和；惟孔子能集合諸聖品格之長，稱爲「聖之時者」。蓋謂其能永久代表人格的極致，而不受時間的限制。因爲孔子對於至聖的說明，有肆應的才識（有臨），有寬容的度量（有容），有堅定的信仰（有執），有端莊的儀態（有敬），有高深的學問（有別），所以對於個人的出處、進退、取與之間，「可以速則速，可以久則久，可以處則處，可以仕則仕」，「素其位而行」，對於學問道德，則謂「尊德性而道學問，致廣大而盡精微，極高明而道中庸」。時時注意中道，久而久之，自然不勉而中，不思而得，從容中道，無入而不自得焉，此其所以道冠古今，而稱爲萬世師表。

參、孟子崇尚中道

孟子所處時代，是充滿憂患的時代，有如今日世界的情勢，群雄割據，各以武力爲憑藉，兵連禍結，民不聊生。社會風氣以惟力是視、惟利是圖爲當然，鮮顧信義。思想龐雜，楊墨的個人主義與功利主義，應運而生，同時發展，道義不伸，道德淪喪，已成爲普遍現象。孟子認爲楊墨兩種思想太偏，不如孔子的中道思想，他說：「楊墨之言盈天下，天下之言不歸楊則歸墨。楊氏爲我，是無君也；墨氏兼愛，是無父也。無父無君，是禽獸也。」「楊墨之道不息，孔子之道不著，是邪說誣民，充塞仁義也。仁義充塞，則率獸食人，人將相食，吾爲此懼」。於是他以正人心、息邪說、距詖行，放淫辭爲己任，展開兩面作戰的衛道精神。他文理密察，詞鋒銳利，所言皆洞中要害，使邪說者不得行，結果楊墨思想大受打擊，到了戰國末期，便逐漸衰微了。

孟子的性格與孔子不同，氣魄雄壯，「居天下之廣居，立天下之正位，行天下之大道」，是很容易走極端的人，所以對於政治之本，孔子但言正名，而孟子則單刀直入，提出「民爲貴、君爲輕」的驚人之論。在人性問題上，孔子但言「性相近也，習相遠也」，孟子則力主性善，與主張性惡及調和之說者展開大爭辯。在學與思問題上，孔子主張兼顧，孟子則認爲仁義禮智爲人人固有之性，其蔽在不思，故側重思，他說：「心之官則思，思則得之，不思則不得也。」又說：「仁義禮智非由外鑠我也，我固有之也，弗思耳矣。故曰；求則得之，舍則失之。」可是孟子認爲養心，仍能執中。養心工夫以寡欲最爲重要，情欲可使心失其正，養心寡欲，所以減少外力的引誘，亦所以增強內力的克制，俗謂「無欲則剛」，剛則更能抵禦外力的侵陵。孟子自言四十歲不動心，持其志，無暴其氣，所以他的理智能權衡輕重，對於當時盛行的堅白異同與墨辯，自可從容肆應，發而中節，所以他說：「養心莫善於寡欲。其爲人也寡欲，雖有不存者寡矣；其爲人也多欲，雖有存焉者寡矣。」又說：「權然後知輕重，度然後知長短，物皆然，心爲甚。」權衡即爲適當的度量，自可無過與不及，而且孟子自謂知言，「詖辭知其所蔽，淫辭知其所陷，邪辭知其所離，遁辭知其所窮」。因此，孟子雖本性剛毅，有時不免偏激，但能養氣、寡欲、知言，效法孔子，隨時而處其中，無過無不及，故崔東壁《考信錄》謂「孟子之于孔子，猶周公之于文武；文武非周公則制作不詳，孔子非孟子則傳流多失。甚矣孟子之有功于道者大也」。

我在《孟子之政治思想》一書中曾列舉孟子修己教人的條件，對於出處、去留、取與的辨別，無不崇奉中道。《孟子》七篇中對其適梁、游齊、之滕、至魯的事實，各有所述，關於去就取與之義，頗多說明。戰國之時，生民塗炭，孟子目擊時艱，急欲拯民於水火之中，而是時大國之君，惟齊宣王猶足用爲善，故孟子在齊國時的去留，頗多周折，所以有人問他要怎樣纔出去做官？他說出「所就三、所去三」的原則，大概要看能否實行仁政爲去就的主要因素，他對答齊宣王的話，有時固不免有些牽就迎合，亦是由於急於用世以救民的苦衷，並不是爲個人的利祿，所以他說：「說大人則藐之，勿視其巍巍然。堂高數仞，榱題數尺，我得志弗爲也。食前方丈，侍妾數百人，我得志弗爲也。般樂飲酒，驅騁田獵，後車千乘，我得志弗爲也。」（離婁）同時，他認爲執中固重要，但亦不可過份執一，所以對於「段干木踰垣而避之，泄柳閉門而不納」，認爲「是皆已甚，迫、斯可以見矣」。又魯國賢人子莫能執中，近於正道，比楊墨之徒爲勝，孟子卻認爲子莫「執中無權，猶執一也。所惡執一者，爲其賊道也，舉一而廢百也」（盡心）。這些批評都很恰當。

肆、中庸之道以禮義爲準

中庸之道影響中華民族的心理深而且遠，久而彌著，實由孔孟學說的啓示而成。孔子說：「舜其大知也與！舜好問而察邇言，隱惡而揚善，執其兩端，用其中于民，其斯之爲舜乎！」（中庸）故凡事欲求其中，必先知其兩端或兩極，然後能執兩以用中。如何執兩用中，則須以禮義爲準。

「禮也者，理也」（禮記仲尼燕居）。凡制度儀文，動止行爲，皆須求合理，這就是「禮」，也就是「中」。孔子對顏淵問仁，答以「克己復禮爲仁」，復禮就是恢復合理的行爲，合理的行爲當然無過與不及，顏子能克己復禮，所以孔子稱顏子能守中道。朱子解釋「復禮」說：「爲仁者必有以勝私欲而復于禮，則事皆天理，而本心之德復全于我矣。」程子亦說：「非禮處便是私意，既是私意，如何得仁？須是克盡己私，皆歸于禮，方始是仁。」程朱所謂「克盡己私」、「勝私欲」，就是孟子的「寡欲」，所以求中與求仁相同，亦必須克盡私欲，皆歸於禮。「夫禮者，所以定親疏、決嫌疑、別同異、明是非也。禮不妄說人，不辭費，禮不喩節，不侵侮，不好狎」（曲禮）。所謂「不踰節」等等，就是中道；墨子兼愛，就是不能定親疏，不合理。又「禮之用，和爲貴」（學而）。故孔子對林放問禮之本，謂「禮與其奢也寧儉，喪與其易也寧戚」。奢侈浪費和輕易治喪，是太過和不及，均非禮之本意，發而皆能中節，無過亦無不及，乃是禮之大用。亦如恭、愼、勇、直都是美德，如果不以禮節制，結果反成爲惡德，所以孔子說：「恭而無禮則勞，愼而無禮則葸，勇而無禮則亂，直而無禮則絞。」禮之體在敬，其用則在和，小自個人間往來，大至於國家與國際間大事，都必須用禮來節制，才可得到公正和平。

「義者，宜也」，（中庸）即韓愈〈原道〉所稱「行而宜之之謂義」。人類在集體生活中一切行動，只有宜與不宜的兩面。當爲而爲之，即爲宜；不當爲而爲之，即爲不宜。宜者合於眞理，又與時空相適應，這就是時時調整的「中」，所以孔子說：「君子之于天下也，無適也，無莫也，義之與比。」鄭康成註：「君子之交，當無往而不以道義爲準，切不可任意與人相牾，亦不可輕易愛慕他人而相親。」《論語・雍也篇》都敘述出處、進退、取與、辭受、往來之道，亦即義利之辨，孔子皆會乎中道而無所失。

孟子先義後利之旨，更爲明顯。他以義爲人生行爲所必由的途徑，所以說：「義，路也。」（萬章）「義，人路也」（告子）。「義，人之正路也」（離婁）。「路惡在？義是也」（盡心）。其教人行義的要訣，是要人知道何者當爲，必先認清何者不當爲，這就是執兩用中，所以他說：「人皆有所不爲，達之于其所爲，義也。」「人有不爲也，而後可有爲」（離婁）。不爲與有爲，似是相反，實則相成，一正一負，無非義之兩方面。有所爲是義，有所不爲亦是義。不應貪污，即應廉潔，所以他又說：「人能充無穿窬之心，而義不可勝用也。人能充無受爾汝之實，無所往而不爲義也。」「非其有而取之，非義也」（盡心）。後儒對於禮義尤多闡明，周濂溪《通書》謂「動而正曰道，用而和曰德，非仁非義非禮非智非信，悉邪也，邪動辱也，甚焉害也，故君子愼動」。這是說人類行動合於中道，始爲有道德，始有仁義禮智信，否則便是邪動，不合中庸之道。

伍、中必勝偏

由於孔孟學說發揮中庸之道，益見「中」的重要。所謂忠恕之道、絜矩之道，均出於中的基本原理。人與人間相處之道，雙方滿意，事乃克通，方爲正道。如有所偏，則不能平，不平則不和，不和則亂，所以說中必勝偏。

我在《人理學研究》中，曾說「中」對於我們要有五點啓示：㈠事理是相對的，各有兩端，我們不能只固執一端，而忽略他端。㈡走向極端，就是走向相反的一端，繼續不停向東飛，最後將到達西方。此即表示走極端並不是進步，反是退步，走得太遠，等於回頭。最好執中，「中」可以產生穩定而眞正的進步。㈢如果不知兩端，便把握不到中點。中點就是物理學上重心點，如果不能把握此點，便永遠不能保持穩定平衡的狀態，此理甚明。㈣事理的兩端經常在變動，故中點需要隨時調整。如果我們不能注意兩端的變動，不能辨別邪正、善惡，不作適切調整應付，便不能「執兩用中」。㈤「中」是永遠不走極端的，能長期滿足大多數人的需求，所以較偏爲優。《中庸》說：「中也者天下之大本也；和也者天下之達道也。致中和，天地位焉，萬物育焉。」故能致中和，則於己可收正心之功，於人可達忠恕之效，于事可得合理之果，進而修齊治平，肆應萬事萬物，無不發而中節，此「中」之所以必能勝偏也。

上文曾說「中」是中國哲學思想中極重要的部份，中華民族接受此項思想，大都不喜走極端，對於兩個相對或相反的事物，往往會顧到兩方面；對於只顧一時痛快的理論，大都不加重視；認爲過分刺激的東西，大都有害，所以儒家思想最能適應時代的演變，在大變動的時代，始終堅持不變的原則，這就是「中」的時時調整。三民主義是中道文化，而共產主義是偏而不中，與中華文化的基本精神相背馳，所以三民主義必可戰勝共產主義。　蔣總統深明《中庸》的要旨，故以「精一執中」四字傳給蔣院長，蔣院長亦深明此理，故其歷年施政以誠仁爲本，得到民衆的一致支持。他在施政報告中曾指出當前政治的缺點，如㈠口是心非的虛僞者，㈡假公濟私的行爲，㈢高高在上的官僚化，㈣蒙上欺下的小人作風，㈤各自爲政的本位主義，㈥利用特權，㈦追求享受的媚外心理，深中時弊。這些缺點都不合禮義的標準，也就是「反中庸」，所以肆無忌憚，必須徹底革除。我深信「中必勝偏」，我們實行三民主義，復興民族文化，必能達成必勝必成的大業。

孔孟學說中之「行」

壹、前　言

我國祖先，早就發現宇宙是一個大動體，無時無刻不在動變，從千變萬化（變易）中尋找出動變的法則（不易），遂有《易經》之著作，以求對於宇宙之萬象，易知易行（簡易），故由此而產生的文化是一個「行」的文化，不斷創新的文化，「行」字對於中國歷史文化的發展，有著重要而密切的作用，可以說是有關於歷代的興衰治亂，而對於個人的成敗得失，關係尤深，所以　國父在《孫文學說》自序中說：「國者人之積，人者心之器，而國事者一群人心理之現象也。是故政治之隆污，係乎人心之振靡，吾心信其可行，則移山倒海之難，終有成功之日；吾心信其不可行，則反掌折枝之易，亦無收效之期也。心之爲用大矣哉！夫心也者萬事之本原也。」因此，　國父主張「革命須先革心」，「先奠國基于方寸之地，以爲去舊更新之始」。因而發明知難行易之說，以振奮人心，推行革命工作。　蔣總統更予以闡揚、發揮，倡導力行哲學，以完成北伐、抗日及廢除不平等條約等偉大動業。這實在都是孔孟學說中「行以成物」思想的成效。我現在當接著敘述孔孟學說中之「行」。

貳、行以成物

我在《人理學研究》中，曾講述「人生之意義與責任在成己、成物」，不論成己之修身與成物之齊家，治國與平天下，都要力行始能有成，而成己只是成物的準備工作或必要條件，不能成己，絕不能成物，可見成己是體，成物是用，不能成物亦應獨善其身以善其體，所以我曾說「行以成物」。

至於如何方能成己？如何方能成物？《大學》一書中有極爲完美而且簡易可行的方法。國父曾說：「《大學》中所說的格物、致知、誠意、正心、修身、齊家、治國、平天下那一段話，把一個人從內發揚到外，由一個人的內部做起，推到平天下爲止，像這樣精微開展的理論，無論外國甚麼政治哲學家都沒見到，都沒有說出，這就是我們政治哲學的知識中獨有的寶貝。」我曾就大學所說格、致、誠、正、修、齊、治、平八目的相因相成，說明其與成己、成物的關係，以爲格、致、誠、正、修五者是成己，而齊、治、平三者是成物，在《四書道貫》及《人理學研究》兩書中，均有詳細的論述。

這成己、成物可以說是仁與智的具體化，亦就是孔孟學說中積極有爲的人生觀，固無一不需要力行的。孔孟所要造就的「士」，是要得君行道，治理國家，爲人群造福，所以曾子說：「士不可以不弘毅，任重而道遠。仁以爲己任，不亦重乎？死而後已，不亦遠乎？」此一理想，到了漢代，由董仲舒、公孫弘爲之實現，使孔孟學說成爲中國歷代仕宦者的正統思想。不過歷代儒者由於有仕途可循，常趨於浮華不實的形式主義，集中思想於官僚政治的技巧，而忘卻孔子的「行以成物」的高尚理想，所以歷代儒者眞能達成治平的成效者，寥寥可數，這是因爲歷代儒者對於「行以成物」的「行」字，多未能踐履篤實，流弊百出。漢代儒者祇知解經、訓詁；唐代儒者側重道德而忽略哲理；宋代儒學固大放光彩，但朱陸皆重知輕行，空談廢事。王陽明的知行合一，確較漢宋爲進步，其個人的事功亦非漢宋儒者所能及，但其末流趨於空疏，故明末大儒多一反王學，注重躬行實踐，惜以明室滅亡，已無得君行道的機會。清儒重校勘訓詁之學而忽義理，雖有得君而不知行道。直至　國父倡知難行易之說，蔣總統更闡明「行的道理」，世人始瞭解行的意義及其重要。　蔣總統認爲「古今來宇宙之間，只有一個行字纔能創造一切」。「行無分于動靜，在跡象上看雖然是有動有靜，但整個行的進程中，向外表現發展的時候固然是行，生機潛蘊成長的時候也是行。只要是合乎天理，順乎正軌，動亦是行，靜亦是行。宇宙與人生無時不在行進之中。我們爲改善人生而力行，應該認識行是經常的和恆久的」。這些說法正包括成己成物的行爲在內，完全是淵源于孔孟學說的，所以孔孟學說中之「行以成物」，至　蔣公而大明，這是現代青年所應了解而努力奉行的。

參、學不厭、教不倦

學不厭，所以成己；教不倦，所以成物。孔子認爲人有「生知」、「學知」、「困知」

之別，故行亦有「安行」、「利行」、「勉行」的，但是其結果都是一樣的。不過生知的人不多，一般的人都要學而知之或困而知之，所以孔子不但教人好學，而自己更是學不厭、教不倦。當時的人都以爲孔子博學多聞，異乎常人，必得之於生知，孔子卻說他不是生而知之的人，只是喜歡古代的文獻，而且很勤快的求得，唯恐失之。他曾說：「十室之邑，必有忠信如丘者焉，不如丘之好學也。」（公冶長）所以當葉公問孔子的爲人於子路而子路不對時，孔子就告訴子路說：「其爲人也，發憤忘食，樂以忘憂，不知老之將至云爾。」（述而）又說：「若聖與仁，則吾豈敢？抑爲之不厭，誨人不倦，則可謂云爾而已矣。」（里仁）爲之不厭就是成己，發憤忘食，樂以忘憂，不知老之將至，可知他是何如自強不息。因爲孔子認爲多聞多見算不得知，必須經過愼思明辨，方能得到眞知，所以他說：「博學之，審問之，愼思之，明辨之，篤行之。」（中庸）又說：「蓋有不知而作之者，吾無是也；多聞，擇其善者而從之，多見而識之，知之次也。」

至誨人不倦，是「己欲立而立人，己欲達而達人」。孔子唯恐他人不好學，所以循循善誘，以立人達人。他說：「德之不修，學之不講，聞義不能徙，不善不能改，是吾憂也。」他的學生冉求是遇事畏縮，自己承認並非不悅孔子之道，只是力量不足，不能實行；孔子不以爲然，當即告訴他說：「力不足者，中道而廢；今女畫。」（雍也）「今女畫」是責備冉求不能力行而文過飾非，如同孟子所說「是不爲也，非不能也」。

孟子師承孔子之道，認爲求學做事，都要專心致志，以奕秋教二人奕爲例。他說：「奕之為數，小數也。不專心致志，則不得也。」可見他自己必是專心致志的。他認為探求眞理，要循序漸進，不可躐等以求，到了功深養到之時，自然左右逢源，無往不利。他說：「君子深造之以道，欲其自得之也，自得之則居之安，居之安則資之深，資之深則取之左右逢其源，故君子欲其自得之也。」這就是孔子的學不厭，說得更為明白。

孟子亦誨人不倦，他以「得天下英才而教育之」為樂事，他教人不可自暴自棄，勉勵有志氣的人必須持之以恆，鍥而不舍，至功成而後止，決不可半途而廢，功虧一簣。他說：「自暴者不可與有言也，自棄者不可與有為也。」（離婁上）「有為者譬如掘井，掘井九仞而不及泉，猶為棄井也」（盡心上）。他教人為學之道，亦以先要多學，然後詳加研究，乃能融會貫通，回到簡單的本原，他說：「博學而詳說之，將以反說約也。」（離婁下）這與孔子所說「博學以文，約之以禮」的意思相同。他認為要成物必先成己，如果自己對於事物的道理都未明白，如何能教人？他說：「賢者以其昭昭，使人昭昭；今以其昏昏，使人昭昭。」（盡心）「人之患，在好為人師」，就是指以其昏昏使人昭昭的人。

肆、言顧行、行顧言

現代青年的缺點，社會心理學家認為信念與行為不相一致，其不一致的程度甚或大到脫節的地步，是值得顧憂的問題。這信念與行為的脫節現象，就是古代所謂言行不相一致，孔子對此甚為注意，他認為一個人要「庸德之行，庸言之謹」，「言顧行，行顧言」。言行相符，先行後言，是爲正途；言行不當，非獨容易開罪他人，且足以損害自己。他說：「言行、君子之樞機，樞機之發，榮辱之主也。言行、君子之所以動天地也，可不愼乎？」（易繫辭）他認爲言多必失，行爲要謹愼，踏實認眞，以事實取信於人，遠勝於以言取信，所以說：「敏於事而愼於言。」（學而）「訥於言而敏於行」（里仁）。「古者言之不出，恥躬之不逮也」（里仁）。無不以謹行愼言爲戒。最透徹的是他答「子張問行」時說：「言忠信，行篤敬，雖蠻貊之邦行矣。言不忠信，行不篤敬，雖州里行乎哉？」（衛靈公）子張憂慮事阻滯不如意，故有此問，聽了後便把這些話寫在衣帶上，時時注意行，後來他已能做到，所以也說：「執德不弘，信道不篤，焉能爲有？焉能爲亡？」

孔子最討厭言行不相顧的人，宰予本是孔子得意的學生，可是當孔子窮于陳蔡之間時，七日不嘗食，藜藿不糝，宰予疲極而晝寢。孔子便責備他說：「始吾于人也，聽其言而信其行；今吾于人也，聽其言而觀其行。」（公冶長）其次，對於大言不慚的人，尤多訓斥。他說：「其言之不怍，則爲之也難。」「君子恥其言而過其行」（憲問）。子貢問君子。子曰：「先行其言，而後從之。」（爲政）所以他主張「爲政不在多言，但視其力行何如耳」！

孟子亦重視言行相符，白圭大言不慚，自謂其治水之術勝於禹，孟子就責備他是「以鄰爲壑」。他說：「所惡于智者，爲其鑿也。」「如智者若禹之行水也，則無惡于智矣。禹之行水也，行其所無事也，如智者亦行其所無事，則智亦大矣」（離婁）。所以他認爲舜明於庶物，察於人倫，由仁義而行，並不是要行仁義，這如同禹之行水，行其所無事也。不過孟子主張良能良知，認爲「人之所不學而能者，其良能也；所不慮而知者，其良知也」。所以他說：「行之而不著焉，習矣而不察焉，終身由之而不知其道者衆也。」（盡心下）因此，他對於言行不相一致，不似孔子的重視，有時他認爲言不必信，行不必果，惟義所在。對於不可中止之事，如中止而不行，則其人對於無論何事，皆可半途而廢，孟子對此種人則不予諒解，所以他說：「於不可已而已者，無所不已。」（盡心上）

伍、至誠無息，不息則久

《中庸》謂：「至誠無息，不息則久，久則徵，徵則悠遠，悠遠則博厚，博厚則高明。博厚所以載物也，高明以覆物也，悠久所以成物也。」由此可知欲成物必須經過相當時間，非一蹴而就，故曰悠久，故行貴有恆。其理由在此。　蔣總統說：「人生自少至老，在宇宙中間，沒有一天可以脫離行的範圍。可以說人是在行的中間成長，由行的中間而充實了人格，而提高了人格，一切聖賢英傑，革命志士，因爲能有目的、有決心的去行，所以能達到他們的志願，完成最高尚的人格。我們要認識行眞諦，最好從《易經》上『天行健，君子以自強不息』一句話上去體察。……吾人取法天體的運行，就自然奮發興起，黽勉不輟，明白了人生在宇宙間的地位和價値，而行乎其所不得不行。這樣就必然做到至誠專一，態度極自然而步驟極堅定的地步，一天天的向前進取。這就是《中庸》所說的『至誠無息，不息則久』，宇宙人類所以能永久生存，能不斷進步，全賴於此。」所以　蔣總統經常告誡大家，無論做什麼事，如果一曝十寒或有始無終，一定得不到好的結果。他希望大家要有恆，遇著艱難危險，就愈要勇往直前，百折不扣的做去，如此才能達到目的，成功偉大事業。這些思想實在是淵於孔孟學說的。

孔子在川上，看見川流不息，晝夜不停，因說：「逝者如斯夫！不舍晝夜。」（子罕）這是喻天行健，君子當剛強中正而自強不息。孟子對此有詳細解釋，勉人當力行不息。孔子以爲任何事都得不斷努力，方有成功之日，他說：「譬如爲山，未成一簣，止、吾止也。譬如平地，雖覆一簣，進、吾往也。」（子罕）這個譬喻和「愚公移山」的故事相似，都是勉人力行。顏淵最能自強不息，所以孔子說他：「吾見其進也，未見其止也。」孔子有至誠之德，而又有無息之功，所以成其至聖而爲萬世師表。

孟子亦以有恆則事功自成，學問自增，猶如山間小路，人常行走，成爲坦途；否則茅草叢生，不復成爲道路了。人心亦應時時運用，始不至於閉塞。他曾向高子說：「山徑之蹊間，介然用之而成路，爲間不用，則茅塞之矣。今茅塞子之心矣。」（盡心下）故孟子教人要能誠、能仁、能中，而後以行健不息、達成成己成物的功業，所以他說：「至誠而不動者，未之有也。不誠，未有能動者也。」（離婁）聖賢志士皆能至誠無息，有時雖因處境不同，而行動隨之稍異，惟不背離乎道則一，所以他說：「禹、稷、顏回同道。禹思天下有溺者，由己溺之也；稷思天下有飢者，由己飢之也；是以如是其急也。禹、稷、顏子，易地則皆然。」（離婁）所謂至誠當然是擇善固執，所以行要有正確的目的，這就是孟子所說的義利之辨。

「雞鳴而起，孳孳爲善者，舜之徒也。雞鳴而起，孳孳爲利者，蹠之徒也。欲知舜與跖之分，無他，利與善之間也」（盡心）。

總之，孔孟學說中之「行」是分爲成己與成物兩方面，而從格、致、誠、正、修以成己，再從齊、治、平以成物，爲達成人生之目的。孔孟都教人力行，力行以改善社會國家。《大學》之教，在明明德，進而新民，就是己德既立，亦宜幫助他人進步。曾子說：「君子己善，亦樂人之善也；己能，亦樂人之能也。」（大戴禮制言）已立立人，已達達人，乃求達到仁道的境界，故曰：「力行近乎仁。」如自己一味求進，而不顧社會，則社會環境不進，勢必至覆巢之下無完卵，所以「行以成物」，力行以近仁，以助人進步，改良環境，這是力行的要義。子夏說：「博學而篤志，切問而近思，仁在其中矣。」（子張）所謂博、篤、切、近，都是力行之意，上文特別提出「學不厭、教不倦」及「言顧行、行顧言」兩點，亦是此意。力行固以成物爲的，而成己尤爲急要，孔孟學說中的政治思想，都主張「爲政在人，取人以身，修身以道，修道以仁」。而成己成物，要以學問道德爲其基礎，學問的探究以明道益智爲始基，以福國利民濟世爲終極；道德的修養以修成君子爲初階，以達到聖人人格最高理想而後止。古今賢哲所論者甚多，對孔孟學說多所闡述，本文僅就孔孟學說中之「行」略述其要義而已。

孔孟之人生哲學

壹、前　言

所謂人生哲學，就是人生理想的別稱。人生何以必須有理想？是因爲有了理想，才有目標與方向，照著方向前進終能達到目事業成功，無忝所生。

所以《大學》裡說：「知止而後有定，定而後能靜，靜而後能安，安而後能慮，慮而後能得。」「知止」就有了理想目標，「有定」就是有了確定的方向，方向定則心才能靜下來，心靜下來才能「安祥」，安祥了才能思「慮」進行的方法步驟，最後終能「得」達目的而成其願望。換言之，就是「有志竟成」。

由此可知，人生哲學，對於人之重要，人的一生，其成敗全賴於此。

貳、儒家是樹人工程師

其次，談到何謂儒家？簡言之，儒家就是教育家站在工程師的觀點來說，儒家是樹人的工程師。一般工程師的對象是「物」，所修的是房屋、鐵路、公路、機械、電器等，惟有儒家的對象是「人」，所修的是「身」，故曰「自天子以至於庶人，壹是皆以修身爲本」。前者比較容易，後者比較艱難，因爲人是活的，容易變化，所以更需要如工程師先有幾張藍圖，先奠定其基礎，然後依照美麗的建築圖案分期施工，而達完成。

一、儒家樹人的五大要件

常言道：「欲得乎中（君子）取法乎上（聖人）。」所以儒家樹人的最高標準是聖人中的「至聖」，其條件如下：

㈠聰明睿智，足以有臨也——才識足以應變。
㈡寬裕溫柔，足以有容也——度量足以容人。
㈢發強剛毅，足以有執也——信仰足以堅守。
㈣齊莊中正，足以有敬也——儀態足以受尊。
㈤文理密察，足以有別也——學問足以判別。

具此五者，則人格之最高標準乃備。惟最高標準絕非人人所能修致，則具體而微的賢人或君子必須修成，其條件：①上達而不下達。②喻於義而不喻於利。③求諸己而不求諸人。④改過而不文過。⑤和而不同而非同而不和。⑥周而不比而非比而不周。⑦時中而發而中節。⑧安貧而不濫。⑨居易以俟命，而不行險以徼倖。⑩有三畏（天命、大人、聖人之言）。⑪學道而愛人（仁）。⑫非義勿取。以上略舉十二項，如能做到，則可以稱爲君子；反之，則爲小人矣。惟如何能達致上述爲聖人與君子之條件，則須根據《易理》所指示：「立人之道，曰仁與義而勤修之。」故曰：「好學近乎智，力行近乎仁，知恥近乎勇。」（見義勇爲）知斯三者，則知所以修身。換言之，「智所以知仁，勇所以行仁」（行仁即義也），而此三者之原動力，稱之曰「誠」，誠才是修身之首要基礎。修身是成己，成己之目的爲成物，成物由小而大，由近及遠，即由齊家進而治國，更進而平天下。爲達成此三大目標，其聰明才智小者，至少可服一二人之務，造一二人之福——由修身而齊家。聰明才智較大者，至少應服百十人之務，造百十人之福——由齊家而治國。聰明才智極大者，自應服千萬人之務，造千萬人之福——由治國而平天下。平天下，即王天下。王字上畫爲天，中畫爲人，下畫爲地。中間一直即貫通天地人之道而爲一，亦稱「天人合一」。換言之，人「體天行道」，故稱之曰王道，亦即「以德行仁」之謂也。其人不但自身修成居仁由義的聖人，且能行王道以造福人群，儒家稱之曰「內聖外王」，亦即儒家理想的人生觀人生哲學。

二、儒以德修身成己為務

儒家本身雖爲教育家，以道德修身，成己爲先務，但其所教育之範圍甚廣，包括倫理學、社會學（齊家）、政治學、法律學、歷史學、心理學（治國）、外交學、國際政治學（平天下），其所造就者，爲通才也。因爲成己，不是他的目的，成物才是他的眞正目的，所以說：「知所以修身，則知所以治人；知所以治人，則知所以治天下國家矣。」

三、儒以九經治國與安邦

儒家對於治天下國家，亦提出了具體辦法，名曰九經：即㈠修身。㈡尊賢。㈢親親。㈣敬大人。㈤體群臣。㈥子庶民。㈦來百工。㈧柔遠人。㈨懷諸侯。此九經之首仍爲修身，蓋治人必須以身作則也，故曰：「有諸己而後求諸人，無諸己而後非諸人。」又曰：「其身正不令而行，其身不正，雖令不從。」儒家理想中的人，不但本身健全，而且能與其上下左右前後之人都能和善相處，故倫理道德尚焉。倫理者，即 國父所稱「互助爲人類進化時期之進化原則是也」。倫理之分類爲五，稱之爲五倫，或五達道。即父（母）慈、子（女）孝、兄（姊）友、弟（妹）恭、夫婦和順、君（長官）仁臣（部屬）敬、朋友信義。君臣與父子均爲上下之關係，兄弟與朋友均爲前後之關係，夫婦與朋友均爲左右之關係，如人能信守道德倫理之正道而行，則「人和」之目的已達，此之謂「忠」（盡己之謂忠）。其能不以己所不欲者施於人，則謂之「恕」，亦稱「絜矩之道」。其言曰：「所惡於上，毋以使下；所惡於下，毋以事上；所惡於前，毋以先後；所惡於後，毋以從前；所惡於左，毋以交於右；所惡於右，毋以交於左，此之謂絜矩之道。」苟能推廣此偉大之人和大道，則不但家齊、國治、而天下亦平矣。人類一切紛爭源於不平（國父語），平則公，公則和，和則能忍小異而持大同。大同世界之理想實現矣。儒家所理想中的人，絕非柔弱者，爲了衛道，而可以殺身成仁，舍生取義。理直時振其浩氣，雖千萬人吾往矣。平時之修養，亦以培養其內在之力量，足以抗拒外在之一切力量，故其教育以禮、樂、射、御、書、數之六藝爲教，即德智兼修，文武合一之教，自能「富貴不能淫、貧賤不能移、威武不能屈」，而不愧爲大丈夫，故儒家爲外柔內剛頂天立地之強者。

四、儒家崇尚至善之目標

儒家所最厭惡者，爲巧言令色與言而不行之人，而崇尚自強不息，日新又新之創造者，故大學之道，除在「明明德」之外，又要「在新民、在止於至善」。「苟日新、日日新、又日新」，才能創造不已，向至善之目標前進。

參、結　論

綜上所述，儒家必具有偉大的愛（仁），勇毅的行（義），事事洽到好處的中（禮），致廣大而盡精微的智識（智），所以孟子稱此四者爲「四端」，爲認定其與生俱來者，擴而充之，足以保四海而有餘。

國父自承爲中華文化道統之繼承者，其所創造之三民主義、五權憲法之思想基礎，源於儒家，故其信徒，能追隨　國父革命，不怕犧牲，十次失敗，而不灰心，卒能推翻數千年的專制，創造亞洲第一個民主共和國，人人能爲國服務，能爲國奮鬥，日新又新，卒能使吾國成爲世界上五強之一。

因此，我常說：「儒家的人生哲學，爲『內聖外王』，能創造，能服務，能奮鬥，能犧牲。」

孔孟之政治思想

壹、前　言

國父稱：「政治是管理眾人之事。」眾人之事，千頭萬緒。簡而言之，爲管、教、養、衛四類，每類需要專才與通才來管或來理，故必須有學問、有道德、有能力者，才能勝任愉快，被管者乃能心悅誠服，故曰：「賢者在位，能者在職，國家閑暇。」又曰：「有諸己而後求諸人，無諸己而後非諸人。」而且要大公無私，竭智盡忠，始可見到成效，孔孟教人重在治人之學，而以「修己善群」爲依歸者，其義易明。由此道所產生之文化性質，勢必「重人兼重德」。

貳、政治哲學

國父稱《大學》一書爲「中國政治哲學，爲最有系統之學，無論外國任何政治哲學家，都未見到，都未說出，爲中國獨有的寶貝」，共三綱領，八條目，於人生之目的以及達致此目的之步驟與方法，修理分明，闡述無遺。簡言之，以格物致知以成智，以誠意正心以成德，德智兼備，乃稱身修，亦曰「成己」，復以己修之身，以齊其家，進而治其國，更進而平天下，合而言之，稱之曰「成物」。

一、內聖外王

成己之最高標準爲「至聖」，其條件如下：㈠聰明睿智，足以有臨也；㈡寬裕溫柔，足以有容也；㈢發強剛毅，足以有執也；㈣齊莊中正，足以有敬也；㈤文理密察，足以有別也。

成物之最高標準爲「王天下」，「王」字上畫爲天，下畫爲地，中畫爲人，其中一直指人能貫通天地之道，以行事臨民，則人和而事平矣。蓋王道以德行仁，而天道無所不公也，故曰「天人合一」、「內聖外王」亦即以最好的人來爲全民做最好的事。

二、治國九經

九經者，一曰修身。二曰尊賢。三曰親親。四曰敬大臣。五曰體群臣。六曰子庶民。七曰來百工。八曰柔遠人。九曰懷諸侯是也。

由此而知，爲政者仍應以身爲先決，庶能以身作則，其次則爲求賢才而尊之，庶幾佐理有人，再其次崇倫理以爲民表率，使諸臣各安其職，愛民好子，毋奪其農時，獎勵工藝，懷柔遠人，使諸侯敬服，古今政制雖有不同，甚治理原則，則無異也。

三、大同之治

我國祖先對世界早有一崇高之理想，稱之曰大同世界，《禮記・禮運篇・大同章》曰：「大道之行也，天下爲公。選賢與能，講信脩睦，故人不獨親其親，不獨子其子，使老有所終，壯有所用，幼有所長，矜寡孤獨廢疾者，皆有所養。男有分，女有歸。貨惡其棄於地也，不必藏於己；力惡其不出於身也，不必爲己。是故謀閉而不興，盜竊亂而不作，故外戶而不閉，是謂大同。」

由上而知，如欲達致大同之理想，必須先有道德之大行，而道德之基本精神，爲去私心存公道，亦即人之具有天下爲公之精神，然後賢者在位，能者在職，其爲衆人服務與造福。國與國互愛所同，互敬所異，忍小異而持大同，則講信修睦之功自見，人之不獨自親其親，自子其子，則倫理之基奠，而博愛之道弘，老壯幼三者，自能各得其所，各遂其生，而社會上內無怨女，外無曠夫，物資無使浪費而供人用，人力不容私藏而爲社會服務，則國富而民安，自無盜竊亂賊之作矣，路不拾遺，夜不閉戶，人人享太平之幸福矣。

參、結　論

此一崇高之政治理想，應爲全人類所企求者，而孔子已於二千五百餘年前宣告之矣，不亦偉哉！

孔孟之經濟思想

壹、前　言

吾國自昔所謂經濟也者，爲經世濟民之學。其範圍甚廣，包括政治在內。如《宋史·王安石傳》，稱其「文章節行高一世，而尤以道德經濟爲己任」。於此可知經濟不離乎政治，而政治不離乎道德。蓋道德爲經濟精神之所在，以言經濟，不可不兼重道德也。今則沿用日本之定義，凡人類利用種種財貨以充足其慾望之一切行爲及狀態，均謂之經濟。而經濟之範圍較狹，僅偏重於物質方面，已無視乎道德，是則失去經濟之眞正精神矣。不亦大可哀乎。

孔子周遊列國，欲爲世用，以展其經世濟世濟民之抱負，然所遇不淑，志未得伸。乃返魯刪詩書、定禮樂、贊周易、修春秋，與弟子講學論道，而其所涉及者，亦都爲經世濟民之語。孟子受業於其孫伋子思之門，私淑孔子，故於七篇之中，群弟子所記載者，亦有不少經世濟民之說，而其意總以道德之精神爲歸也。玆將孔孟二聖所言有關於經濟方面者，分門別類，掇拾成章，亦以窺當時聖賢之經濟政策，而足以爲吾人所取法焉。

貳、一般經濟政策

一、人力資源不可忽視

一國經濟之成長，是有賴於人力與資源，然人力資源，非隨時可得，故在上者必須先愼修其德，而後能得人心，人心既得，則國土乃有人保衛，故曰有德此有人，有人此有土，土地有人利用，自能從事耕種與開採，則五穀生焉，寶藏興焉，由是財富自至，而可以利用矣，故曰有土此有財，有財此有用。即《書經・大禹謨篇》所謂「正德、利用、厚生」，即先正其德，後利其用，而民生享樂和平也，故德及爲經濟政策之本，而財爲經濟政策之末，否則本末倒置，在上者與民爭利，甚而施以有似刼奪民財之政策，則財聚而民自散矣。

是故君子先愼乎德；有德此有人，有人此有土，有土此有財，有財此有用。（大學第十章）

德者，本也。財者，末也。外本內末，爭民施奪；是故財聚則民散，財散則民聚。是故言悖而出者，亦悖而入；貨悖而入者，亦悖而出。（大學第十章）

是以冉有御孔子以適衛，孔子見其人民之繁庶而稱之。冉有問，既庶矣，又何加焉。孔子曰：「富之。」既富矣，又何加焉？孔子曰：「教之。」蓋人民繁庶，而不使其富足，則無以維生。富而不教，則飽食煖衣，逸居而無教，將近於禽獸矣。故舜帝使契爲司徒，教以人倫，而後父子有親，君（長官）臣（部屬）有義，夫婦有別，長幼有序，朋友有信，人民既知倫理道德，則經濟政策之施行，自上軌道矣。

子適衛，冉有僕。子曰：「庶矣哉！」冉有曰：「既庶矣，又何加焉？」曰：「富之。」曰：「既富矣！又何加焉？」曰：「教之。」（論語子路）

后稷教民稼穡，樹藝五穀，五穀熟而民人育。人之有道也，飽食煖衣，逸居而無教，則近於禽獸。聖人有憂之，使契為司徒，教以人倫，父子有親，君臣有義，夫婦有別，長幼有序，朋友有信。（孟子滕文公上）

二、應重仁義而輕利

經濟政策，既以德（仁義）為本而財（利）為末，故孟子初見梁惠王，王以將利吾國為問。孟子則力言利之為害，而勸其行仁義之政，至宋牼欲以利勸秦楚二國罷兵，孟子許其志大，而以利為號召，則期期以為不可，必也以仁義進言，使二國之君民上下，以及三軍之士，皆重仁義而輕利，則國之經濟政策亦必以德為本而財為末，此《大學》所謂國不以利為利，而以義為利也。

孟子見梁惠王。王曰：「叟！不遠千里而來，亦將有以利吾國乎？」孟子對曰：「王，何必曰利，亦有仁義而已矣！王曰：『何以利吾國？』大夫曰：『何以利吾家？』士庶人曰：『何以利吾身？』上下交征利而國危矣。萬乘之國弒其君者，必千乘之家。

千乘之國弒其君者，必百乘之家。萬取千焉，千取百焉，不爲不多矣。苟爲後義而先利。不奪不饜。未有仁而遺其親者也，未有義而後其君者也，王亦曰仁義而已矣！何必曰利。」（孟子梁惠王上）

宋牼將之楚，孟子遇於石丘，曰：「先生將何之？」曰：「吾聞秦楚構兵，我將見楚王說而罷之；楚王不悅，我將見秦王說而罷之。二王我將有所遇焉。」曰：「軻也請無問其詳，願聞其指。說之將何如？」曰：「我將言其不利也。」曰：「先生之志則大矣，先生之號則不可。先生以利說秦楚之王，秦楚之王悅於利，以罷三軍之師；是三軍之士樂罷而悅於利也。爲人臣者，懷利以事其君；爲人子者，懷利以事其父；爲人弟者，懷利以事其兄；是君臣父子兄弟，終去仁義，懷利以相接，然而不亡者，未之有也。先生以仁義說秦楚之王，秦楚之王悅於仁義，而罷三軍師；是三軍士樂罷而悅於仁義也；爲人臣者，懷仁義以事其君；爲人子者，懷仁義以事其父；爲人弟者，懷仁義以事其兄；是君臣父子兄弟去利，懷仁義以相接也。然而不王者，未之有也；何必曰利！」（孟子告子下）

長國家而務財用者，必自小人矣。彼爲善之，小人之使爲國家，菑害並至，雖有善者，亦無如之何矣。此謂國不以利爲利，以義爲利也。（大學傳十章）

蓋義利之喻，君子與小人之所重者，所見不同，故雞鳴而起，孳孳爲善者，孟子稱爲舜之徒也，如孳孳爲利，則爲蹠之徒也。此凡以經濟觀點評人者，不可不察也。

子曰：君子喻於義，小人喻於利。（論語里仁）

孟子曰：雞鳴而起，孳孳爲善者，舜之徒也。雞鳴而起，孳孳爲利者，蹠之徒也。欲知舜與蹠之分，無他，利與善之閒也。（孟子盡心上）

三、制民之產

我國自古以農立國，故在上者欲行經濟政策，必自土地經界始，於是治地分田，畫其溝塗封植之界，使無爭奪，而耕種所得，仰足以事父母，俯足以畜妻子，樂歲終身飽，凶年亦免於死亡。蓋民有常產，自有恆心以守之，然後驅使爲善，其從之也輕。否則田無定分，豪強者將從事兼併，使弱者無以爲生，此非經濟政策之所宜有也。

王曰：「吾惛，不能進於是矣！願夫子輔吾志，明以教我。我雖不敏，請嘗試之。」曰：「無恆產而有恆心者，惟士爲能。若民，則無恆產，因無恆心；苟無恆心，放辟邪侈，無不爲已。及陷於罪，然後從而刑之，是罔民也。焉有仁人在位，罔民而可爲也！是故明君制民之產，必使仰足以事父母，俯足以畜妻子；樂歲終身飽，凶年免於死亡；然後驅而之善，故民之從之也輕。」（孟子梁惠王上）

此制，全民一體，公平合理，所謂「不患寡而患不均，不患貧而患不安，蓋均無貧，和無寡，安無傾」（論語），是以分田雖寡而均平，使民無怨言，即 國父平均地權之主張也。

丘也聞有國有家者，不患寡而患不均，不患貧而患不安；蓋均無貧，和無寡，安無傾。

（論語季氏）

四、阜民之財

在上者既已制民之產，使其所得者均，而尤貴於充實民財，於是生財之首尚矣，其道不外乎人人皆有工作，而無游手好閒之輩，則生產者衆，坐食者寡，復能不奪人民工作之時，則爲之者疾，而收入自豐，然後用時亦自舒暢，無匱乏之虞矣。

> 生財有大道，生之者衆，食之者寡，爲之者疾，用之者舒，則財恆足矣。（大學傳十章）

他如山之廣大，民可採伐其所生之草木，搜捕其所居之禽獸，進而開掘其礦產，以興寶藏。至於河水深廣，民亦可取其黿鼉蛟龍魚鼈之生，貨財之殖，凡此皆所以阜民之財焉。

> 今夫山，一卷石之多，及其廣大，草木生之，禽獸居之，寶藏興焉。（中庸二十六章）
>
> 今夫水，一勺之多，及其不測，黿鼉蛟龍魚鼈生焉，貨財殖焉。（中庸二十六章）

五、足食足衣為王道之始

人生日用所最不可少者莫如水火，故家家戶戶常備之，昏暮叩人之門戶，求水火，無弗與者，以其至足故也。而聖人治天下，不違農民耕種收穫之時，故菽粟亦如水火之多，則人民安居富有，焉有不仁者乎。五畝之宅，樹之以桑，以供蠶事，五十者得以衣帛矣。雞豚狗彘之畜，無失其孕育之時，因之滋生繁衍，七十者得以食肉矣。百畝之田，匹夫耕之，數口之家，可以無飢矣。而又施以庠序之教，申之以孝悌之義，使人民養生喪死無憾，此爲王道之始也。王道以德行仁，稱爲王政，亦稱仁政，即愛民之政也。

民非水火不生活，昏暮叩人之門户，求水火，無弗與者，至足矣。聖人治天下，使有菽粟如水火；菽粟如水火，而民焉有不仁者乎！（孟子盡心上）

不違農時，穀不可勝食也。數罟不入洿池，魚鼈不可勝食也。斧斤以時入山林，材木不可勝用也。穀與魚鼈不可勝食，材木不可勝用，是使民養生喪死無憾也。養生喪死無憾，王道之始也。五畝之宅，樹之以桑，五十者，可以衣帛矣！雞豚狗彘之畜，無失其時，七十者，可以食肉矣！百畝之田，勿奪其時，數口之家，可以無飢矣！謹庠序之教，申之以孝悌之義，頒白者不負載於道路矣！七十者衣帛食肉，黎民不飢不寒，然而不王者，未之有也！（孟子梁惠王上）

六、貨惡其棄於地也不必藏於己

地下之礦藏甚多，如各種金屬以及油煤玉石等，皆爲有用之材，若任令其蘊藏而不開採，豈不可惜！故一己如無能力或不思開採之，則不必藏爲私有，而應公開讓人開採，供爲世用，則工業得以發展，民生得以繁榮，其經濟價值，至深且鉅，以達「天下爲公」之理想，進而成「世界大同」之治矣。

大道之行也，天下爲公。選賢與能，講信脩睦，故人不獨親其親，不獨子其子，使老有所終，壯有所用，幼有所長，矜寡孤獨癈疾者皆有所養。男有分，女有歸。貨惡其棄於地也，不必藏於己；力惡其不出於身也，不必爲己。是故謀閉而不興，盜竊亂賊而不作，故外户而不閉，是謂大同。（禮記禮運篇）

參、財　政

一、富民即所以富國

財爲治理國政之所必需，然國庫之財，莫不征之於民，民爲邦本，本固邦寧，民與國之關係，其密切有如此者，故在上者應力謀民財富裕，而後所征之稅亦必比例地豐裕，國力自日臻強大矣。否則民窮財盡，國稅將何從征取乎。昔魯哀公以年饑用不足，問有若如之何？有若答以盍行徹之稅制，即什征其一也。哀公謂什征其二，吾猶不足，如之何其徹也。有若則以「百姓足，君孰與不足；百姓不足，君孰與足」對之。蓋深言國與民爲一體，貧富共之，正不必厚斂焉。

哀公問於有若曰：「年饑用不足，如之何？」有若對曰：「盍徹乎？」曰：「二，吾猶不足，如之何其徹也！」對曰：「百姓足，君孰與不足；百姓不足，君孰與足！」（論語顏淵）

是以在上者之於人民，應易其田疇、薄其稅斂，使民得以富足，此賢君之所以取於民有制也。

> 孟子曰：易其田疇，薄其稅斂，民可使富也。食之以時，用之以禮，財不可勝用也。（孟子盡心上）
>
> 是故賢君必恭儉禮下，取於民有制。（孟子滕文公上）

二、什一之征為最合理

夏商周三代之授田與民，其多寡不同，而征賦之名稱亦異，如夏后氏一夫授田五十畝，而每夫計其五畝之入以爲「貢」。商代始行井田之制，以六百三十畝之地，畫爲九區，中爲公田，外八家各受一區，同耕公田，而不復稅其田，謂爲七十而「助」。周代一夫授田百畝，八家同井，耕則通力而作，收則計畝而分，故謂之「徹」，然其實皆於十份之中，征取其一份，以爲軍國之所需，此種稅制，在當時最爲合理，故孟子舉以告滕文公，欲其遵行也。

> 夏后氏五十而貢，殷人七十而助，周人百畝而徹，其實皆什一也。徹者徹也。助者，藉也。（孟子滕文公上）

乃周人白圭欲改稅制，於二十份之中取其一份，以減輕人民負擔，問孟子之意何如。孟子斥其貉國之道。蓋貉國五穀不生，惟黍生之，無城郭宮室宗廟祭祀之禮，無諸侯幣帛饔飧，無百官有司，故二十取一而足也。今居中國，去人倫，無君子，如之何其可也？

白圭曰：「吾欲二十而取一，何如？」孟子曰：「子之道，貉道也。萬室之國，一人陶，則可乎？」曰：「不可，器不足用也。」曰：「夫貉，五穀不生，惟黍生之。無城郭宮室宗廟祭祀之禮，無諸侯幣帛饔飧，無百官有司，故二十取一而足也。今居中國，去人倫，無君子，如之何其可也！陶以寡，且不可爲國，況無君子乎？欲輕之於堯舜之道者，大貉小貉也。欲重之於堯舜之道者，大桀小桀也。」（孟子告子下）

三、重征則擾民

孟子謂征賦之法有三：爲布縷、粟米、力役，然君子僅用其一而緩其二；如用其二，則民有饑殍；用其三，則父子離。此戒在上者之不可橫征暴斂也。

孟子曰：有布縷之征，粟米之征，力役之征。君子用其一，緩其二。用其二，而民有殍；用其三，而父子離。（孟子盡心下）

四、聚斂尤為不可

魯之季公，富於周公，而冉求爲之宰，復聚斂附益之。孔子惡其黨惡而害民，故不欲認其爲徒也，且命小子鳴鼓而攻之。孟子並謂君不行仁政而富之，皆棄於孔子者也。

季氏富於周公，而求也爲之聚斂而附益之。子曰：「非吾徒也，小子鳴鼓而攻之，可也。」（論語先進）

孟子曰：「求也爲季氏宰，無能改於其德，而賦粟倍他日。孔子曰：『求，非吾徒也，小子鳴鼓而攻之可也。』由此觀之，君不行仁政而富之，皆棄於孔子者也，況於爲之強戰？爭地以戰，殺人盈野；爭城以戰，殺人盈城；此所謂率土地而食人肉，罪不容於死！故善戰者服上刑，連諸侯者次之，辟草萊任土地者次之。」（孟子離婁上）

故爲臣者，如曰我能爲君辟土地，充府庫，今之所謂良臣，古之所謂民賊也。蓋君不嚮道，不志於仁，而臣爲之求富，是眞助桀爲虐，孟子所深惡痛絕者也。

孟子曰：「今之事君者，曰：『我能爲君辟土地，充府庫。』今之所謂良臣，古之所謂民賊也。君不鄉道，不志於仁，而求富之，是富桀也。」（孟子告子下）

五、官吏不應經商

身爲官吏，得食國祿，應以廉潔自持，不可經營商業，與民爭利。是以孟獻子謂，大夫之畜有馬乘者，不察於雞豚，卿大夫於喪祭時得用冰者，不畜牛羊，而百乘之家，不畜聚斂之臣，其自制自克之道，因職位高低而互異也。

孟獻子曰：畜馬乘，不察於雞豚，伐冰之家，不畜牛羊。百乘之家，不畜聚斂之臣。與其有聚斂之臣，寧有盜臣，此謂國不以利爲利，以義爲利也。長國家而務財用者，必自小人矣；彼爲善之。小人之使爲國家，菑害並至，雖有善者，亦無如之何矣。此謂國不以利爲利以義爲利也。（大學傳十章）

肆、土地政策

一、耕者有其田

我國昔時，人民多以耕種爲業，安土重遷，形成大家族制，勢所必然。蓋農民苟無恆產，佃人之田以耕種，一遇荒年，勢必無恆心以守，於是流離求食，放僻邪侈，無所不爲，此農民之所以必須有恆產者在此，庶幾安心耕種，仰足以事父母，俯足以畜妻子，樂歲五穀豐收，全家得以飽食，即遇凶年，亦可免於死亡。蓋農民若士之有學識、知義理，雖無恆產而仍有恆心也。

> 無恆產而有恆心者，惟士爲能。若民，則無恆產，因無恆心；苟無恆心，放辟邪侈，無不爲己。及陷於罪，然後從而刑之，是罔民也。焉有仁人在位，罔民而可爲也！是故明君制民之產，必使仰足以事父母，俯足以畜妻子；樂歲終身飽，凶年免於死亡，然後驅而之善，故民之從之也輕。（孟子梁惠王上）

二、平均地權

欲使農民所得田地平均而無軒輊之分，是在於實行井田制，方一里爲一井，井內有田九百畝，畫爲九區而成一井字形，其中百畝爲公田，即國家所有也，外八百畝爲八家農民私有之田，各得百畝，平時八家共爲公田耕種，迨公事畢，然後敢治私事，是爲周之徹法，即九征其一也；惟此法必自經界始，治地分田，畫其溝塗封植之界，由是農民出力以耕公田，不必再行納稅是以天下之農，皆悅而願耕於其野矣。　國父主張平均地權，曾謂：「與井田制同其意而異其法。」云。

鄉田同井，出入相友，守望相助，疾病相扶持，則百姓親睦。方里而井，井九百畝，其中爲公田；八家皆私百畝，同養公田。公事畢，然後敢治私事，所以別野人也；此其大略也。（孟子滕文公上）

夫仁政，必自經界始。經界不正，井地不均，穀祿不平。是故暴君汙吏，必慢其經界。經界既正，分田制祿，可坐而定也。（孟子滕文公上）

孟子曰：耕者；助而不稅；則天下之農，皆悅而願耕於其野矣。（孟子公孫丑上）

三、改善民生，反對侵略

孟子主張以仁政得民心，故反對戰爭、反對侵略，人臣之逞能爲國君闢土地者，孟子斥之爲民賊。蓋爭地爭城之戰鬥，往往殺人盈野與盈城，是率土地而食人肉，非仁者之所願見也，故隨時隨地，勸說時君，發展經濟，改善民生，以王道行仁政，作他國之模範，苦口婆心，期挽狂瀾，其浩氣與毅力，足爲後世效法也。

孟子曰：「求也爲季氏宰，無能改於其德，而賦粟倍他日。孔子曰：『求非吾徒也，小子鳴鼓而攻之可也。』由此觀之，君不行仁政而富之，皆棄於孔子者也。況於爲之強戰？爭地以戰，殺人盈野；爭城以戰，殺人盈城；此所謂率土地而食人肉，罪不容於死！故善戰者服上刑，連諸侯者次之，辟草萊。任土地者次之。」（孟子離婁上）孟子曰：「今之事君者，曰：『我能爲君辟土地，充府庫。』今之所謂良臣，古之所謂民賊也。君不鄉道，不志於仁，而求富之，是富桀也。『我能爲君約與國，戰必克。』今之所謂良臣，古之所謂民賊也。君不鄉道，不志於仁，而求爲之強戰，是輔桀也。由今之道，無變今之俗，雖與之天下，不能一朝居也。」（孟子告子下）

伍、農　業

一、貸款與農民

上章土地政策，既言以井田制平均地權，使耕者都有恆產，以盡仰事俯畜之責，而八口之家，可以無飢矣，然天時之旱乾與水潦，非人力所盡可挽回者，以致禾稻或枯萎、或淹沒，是以在上者應於春秋巡視阡陌間，春則省察耕種情形，以補其所不足，秋則省察收穫多寡，以助其所不給，而農民得此貸款，可解一時之困窘，迨遇豐年，則償還國家以清債務，使農村經濟得以調節。

孟子謂齊宣王曰：「昔者，齊景公問於晏子曰：『吾欲觀於轉附朝儛，遵海而南，放於琅邪，吾何修而可以比於先王觀也？』晏子對曰：『善哉！問也。天子適諸侯曰巡狩，巡狩者，巡所守也。諸侯朝於天子曰述職，述職者，述所職也。無非事者。春省耕而補不足，秋省斂而助不給。』」（孟子梁惠王下）

二、注重水利

五穀之生長，全賴乎水之灌溉，然水過多或過少，均非所宜，此農田之於水利，不可不重視之也。是以夏禹卑宮室之建築，而致力於田之溝洫暢通，則旱乾時可引河流之水以入於田，水潦時可洩田水以入於河，水利既修，禾稻自無枯萎淹沒之患，而歲歲得豐收矣。

子曰：禹，吾無閒然矣。菲飲食，而致孝乎鬼神；惡衣服，而致美乎黻冕；卑宮室，而盡力乎溝洫；禹，吾無閒然矣。（論語泰伯）

三、使民以時

農民作業，春則耕，夏則耘，秋則穫，惟獨冬令，爲農隙之時，國家如欲其力役，則以多令爲宜，故孔子謂道千乘之國，而使民力役，應在冬時，孟子亦謂不違農時，穀不可勝食也。蓋春夏秋三季農民多致力於田間非使之之時也。

子曰：道千乘之國，敬事而信，節用而愛人，使民以時。（論語學而）

孟子曰：不違農時，穀不可勝食也。（孟子梁惠王上）

四、薄其稅斂

古之賢君，取於民有制，大抵什一而賦，故孟子勸梁惠王行仁政，以薄其稅斂爲要務。又曰：「薄其稅斂，民可使富也。」乃宋大夫戴盈之有薄斂之意，欲於什取其一之稅，而去關市之征，其意甚善，惜未能即時施行，須待至來年而後可，孟子窺其意不誠，因以日攘鄰雞爲喻，而告以如知其非義，何待來年？於此可見聖賢之重視薄斂也。

孟子對曰：「地方百里，而可以王。王如施仁政於民，省刑罰，薄稅斂，深耕易耨；壯者以暇日，修其孝悌忠信，入以事其父兄，出以事其長上；可使制梃，以撻秦楚之堅甲利兵矣！」（孟子梁惠王上）

孟子曰：「薄其稅斂，民可使富也。」（孟子盡心上）

戴盈之曰：「什一，去關市之征，今茲未能；請輕之。以待來年，然後已，何如？」孟子曰：「今有人，日攘其鄰之雞者，或告之曰：『是非君子之道。』曰：『請損之，月攘一雞，以待來年然後已。』如知其非義，斯速已矣，何待來年？」（孟子滕文公下）

陸、林　業

一、造　林

自嫘祖發明蠶絲，我國農民，都栽桑於居宅之畔，以爲飼蠶所需，一方面可使老者足以衣帛，無慮寒威之侵襲，另一方面，亦可同時鼓勵造林也。

孟子曰：「五畝之宅，樹牆下以桑，匹婦蠶之，則老者足以衣帛矣。五母雞，二母彘，無失其時，老者足以無失肉矣。百畝之田，匹夫耕之，八口之家，足以無飢矣。」（孟子盡心上）

二、護　林

森林之經濟價値至鉅，如房屋之建築，橋樑之架構，以及凡百器具之製造，莫不有賴於木材，故匠人入山伐林，應在秋冬樹木凋零之時，毋戕賊其欣欣向榮，順天地之自然以生長，如此護林，材木自不可勝用也。

孟子曰：斧斤以時入山林，材木不可勝用也。（孟子梁惠王上）

至齊國之牛山，其樹林原甚葱蘢茂盛，頗爲美觀，然以位在大國之郊區，匠人旦旦而伐之，致失其美。但猶得日夜之所息，雨露之所潤，非無萌蘗之生焉，乃牛羊又從而牧之，是以若彼濯濯而光禿，人見其濯濯狀，以爲未嘗有材焉，此豈牛山之本來面目哉！故森林應加愛護，而不可任令摧殘也。

孟子曰：牛山之木嘗美矣！以其郊於大國也，斧斤伐之，可以爲美乎？是其日夜之所息，雨露之所潤，非無萌蘗之生焉。牛羊又從而牧之，是以若彼濯濯也。人見其濯濯

也，以爲未嘗有材焉，此豈山之性也哉！（孟子告子上）

柒、漁　業

一、聖賢多從事於漁

水族之中，如魚鼈等，種類繁多，可供人食，若捕以出售，其值不貲，故亦爲經濟事業之一，昔舜帝微時，耕於歷山，陶於河濱之外，復漁於雷澤，而膠鬲避商紂之亂，鬻販魚鹽以營生，於此可見漁業之有關於經濟也。

大舜有大焉。善與人同，舍己從人，樂取於人以爲善。自耕稼陶漁，以至爲帝，無非取於人者。取諸人以爲善，是與人爲善者也。故君子莫大乎與人爲善。（孟子公孫丑上）

孟子曰：膠鬲舉於魚鹽之中。（孟子告子下）

二、數罟不入洿池

惟若竭澤而漁，使魚鼈一網打盡，有失經濟原則，故孟子謂數罟不入洿池，魚網必以法律規定，祗准用四寸之目，使幼小魚鼈，得以漏網逃生，從此生生不息，而魚鼈不可勝食也。

孟子曰：數罟不入洿池，魚鼈不可勝食也。（孟子梁惠王上）

捌、工業

一、來百工

一國經濟之發展，其關鍵固不止一端，而凡百工藝亦屬重要（古時雖無大規模之工業如今日者，然其重視工藝則一），因食衣住行有關之建築製造，在在皆需工人，工人既多，出品亦夥，而經濟亦隨之發達，是以治國平天下之九經中，以來百工爲一經，而稱來百工則財用足。爲日求精進，則必須每日省察其作業之勤惰，每月試驗其成品之優劣，以視所事而予適度之薪給，則公帑不致虛糜，百工亦知所奮勉精進也。

凡爲天下國家有九經，曰：修身也，尊賢也，親親也，敬大臣也，體群臣也，子庶民也，來百工也，柔遠人也，懷諸侯也。……來百工則財用足，……日省月試，既稟稱事，所以勸百工也。（中庸第二十章）

二、百工居肆以成其事

工藝品之製造必須有固定之處所，是以百工必先爲之準備適當的造作之肆，庶能成其器，猶若君子必先力學，然後能致其道也。

子夏曰：百工居肆以成其事，君子學以致其道。（論語子張）

三、器非求舊惟新

厭故喜新，爲人之常情，故百工之製器，應力求其式樣新穎，運用靈活，使人見而喜愛，爭相購置，則購買力自增強，而經濟之目的可達成矣。

遲任有言曰：人惟求舊，器非求舊，惟新。（書經盤庚上）

四、工欲善其事必先利其器

惟工欲善其事功，必先利其所用之工具，方今科學昌明，機械日新月異而歲歲不同，其成品自亦精益求精矣。

子貢問爲仁。子曰：「工欲善其事，必先利其器。居是邦也，事其大夫之賢者，友其士之仁者。」（論語衛靈公）

玖、商　業

一、反壟斷

商人之買賣交易，出於雙方自願，不可有所要挾強迫也。我國古之爲市者，以其所有，易其所無，國家初不征稅，有司惟治其爭訟而已，乃有賤丈夫者，竟登壟以左右望而招徠雇客，如漁人之張網捕魚然，人皆賤其所爲，國家乃開始征商人之稅，而孟子亦不直其壟斷之卑鄙行動也。

孟子曰：「古之爲市也，以其所有，易其所無者，有司者治之耳。有賤丈夫焉，必求壟斷而登之，以左右望，而罔市利，人皆以爲賤，故從而征之。征商，自以賤丈夫始矣！」（孟子公孫丑下）

二、市廛而不征法而不廛

國家既征商人之稅，而行仁政者，不欲苛擾其民，乃於商市之中，或賦其市廛，而不復征貨物之稅，或治以市官之法，而不復賦其廛，其顧恤民瘼也若是，故天下之經營商業者，皆悅而願藏於其市矣。

孟子曰：市，廛而不征，法而不廛；則天下之商，皆悅而願藏於其市矣。（孟子公孫丑上）

三、物價不應齊一

商品質料之優劣、工藝之精粗，以及長短大小多寡，都未能一致，故其價值亦各異，此經濟上不易之原理也。乃戰國時有爲神農之言者許行，竟主張物價齊一，孟子斥其所言，是相率爲僞，惡能治國家。蓋物價之不能齊一，爲商業之常情，故其價之相差，或倍蓰，或什佰，甚至達仟萬倍者。否則巨屨小屨同價，復有誰願爲巨屨耶！

> 有爲神農之言者許行，自楚之滕，踵門而告文公曰：「遠方之人，聞君行仁政，願受一廛而爲氓。」文公與之處。其徒數十人，皆衣褐，捆屨織席以爲食。陳良之徒陳相，與其弟辛，負耒耜而自宋之滕。曰：「聞君行聖人之政，是亦聖人也，願爲聖人氓。」陳相見許行而大悅，盡棄其學而學焉。陳相見孟子，……「從許子之道。則市賈不貳，國中無僞。雖使五尺之童適市，莫之或欺。布帛長短同，則賈相若；麻縷絲絮輕重同，則賈相若；五穀多寡同，則賈相若；屨大小同，則賈相若。」曰：「夫物之不齊，物之情也。或相倍蓰，或相什佰，或相千萬，子比而同之，是亂天下也。巨屨小屨同賈，人豈爲之哉？從許子之道，相率而爲僞者也，惡能治國家？」（孟子滕文公上）

四、重視交通

履行經濟之要旨，於人盡其才，地盡其利與物盡其用外，尤貴乎貨暢其流，故文王之治岐也，關市之吏，僅查察異言異服之人，而不征其商賈之稅。澤梁亦無禁，任人往來自如，由是貨物擁至，而經濟亦自繁榮矣。

> 齊宣王問曰：「人皆謂我毀明堂。毀諸？已乎？」孟子對曰：「夫明堂者，王者之堂也。王欲行王政，則勿毀之矣！」王曰：「王政可得聞與？」對曰：「昔者文王之治岐也，關市譏而不征，澤梁無禁。」（孟子梁惠王下）

且周制十一月徒杠成，供人步行臨時之小橋以渡河，十二月輿梁成，可有通車輛之大橋以達於彼岸，而不必患涉水也。蓋其時農事漸畢，可用民力，而氣候又將沍寒所以建橋樑以利交通，而發展經濟也。

子產聽鄭國之政，以其乘輿，濟人於溱洧。孟子曰：「惠而不知爲政。歲十一月徒杠成，十二月輿梁成，民未病涉也。君子平其政，行辟人可也。焉得人人而濟之？故爲政者，每人而悅之，日亦不足矣！」（孟子離婁下）

拾、結論

孔孟之經濟思想、精神與物質並重。所謂精神也者，道德是也，故於注重物質之中，都有道德精神蘊藏於其內，如曰德者本也，財者末也，非其明證乎？而於民既物質享用富有之後，則亟施以教育，使知倫理道德之可貴，而不致淪爲禽獸。至制民之產，使有恆心於耕種，仰足以事父母，俯足以畜妻子，盡子孝父慈之責，自不爲放辟邪侈之惡事矣，蓋足食足衣，爲行王道之始也，並勗人具天下爲公之胸懷，貨棄於地，不藏諸一己，而與人共之，供爲世用，以臻於大同之治矣。

他若財政方面，薄稅斂，以行什一之征，蓋富民即所以富國也。至土地方面，行井田制，以平均地權，並貸款與農民，以補助其不足，又致力於溝洫之暢通，俾免旱潦之災，使民力役，則於冬令農隙之時，不妨礙其春耕夏耘秋穫也。林業則限制斧斤，以時入山林，使材木不可勝用。漁業則數罟不入洿池，使魚鼈不可勝食。工業則日省月試，既稟稱事，以明瞭其工作進度，而給與俸祿，並求其日日惟新，以饜人之所好。商業則反對壟斷之卑鄙行爲，且力斥物價之不能齊一，而又重視交通，使貨暢其流，經濟自日趨於繁榮矣。

總之，孔孟之經濟思想，固注重物質以供人之享用，而無匱乏之虞，然隨時隨地，莫不寓有道德之精神在焉。余故曰：

人盡其才，士之事也；
地盡其利，農之力也；
物盡其用，工之責也；
貨暢其流，商之功也；
四者齊進，則經濟之全體大用顯矣。

孔孟之軍事思想

壹、前　言

先秦時代，諸子勃興，有所謂儒、道、墨、法、陰陽、名、雜、農、縱橫、小說等九流十家。在此諸子百家當中，以儒家思想最能切合人心之需要，因能成爲我國傳統思想的主流。然則何謂儒家？簡言之，凡是崇尚孔、孟學說，注重性理之學，並且身體力行之者，即爲儒家。

儒家實際上就是教育家，亦可稱爲樹人的工程專家，其所實施之教育，乃是以禮、樂、射、御、書、數爲內容，其中有道德、有知識、有技能，使接受教育者能達到文武合一，德智兼修，亦即使其成爲兼具智、仁、勇三達德之人才。儒家施教內容雖然廣泛，然其所重則在道德，故其樹人之奠基工作乃在《易經・說卦》所云：「立人之道，曰仁與義。」能在仁義上有所立之人，稱之爲士，士能衛道、能殉道、能成仁取義。道德之外，又有知識、技能，亦即有體有用，是故儒家教育之目標，厥爲造就一能修身、齊家、治國、平天下之全才。此種全才以成己成物爲最高理想，所謂成己，即是希望達到至聖之境界，至聖之境界，至聖之條件，即《中庸》所云：「聰明睿知，足以有臨也。寬裕溫柔，足以有容也。發強剛毅，足以有執也。齊莊中正，足以有敬也。文理密察，足以有別也。」故曰：「聖人，百世之師也。」所謂成物，即是希望達到王天下之境界，王天下之條件，即《中庸》所云爲天下國家之九經：修身、尊賢、親親、敬大人、體群臣、子庶民、來百工、柔遠人、懷諸侯。既能成己，又能成物，故曰內聖而外王。

貳、孔孟對戰爭的看法

儒家宗師孔子、孟子均生於戰亂頻仍之春秋戰國時代，既身懷治平之才能，抱治平之大志，又親身目擊戰爭之不斷發生，其對於戰爭因其深刻之體驗，而抱有其卓越之見解，茲分以下各點述之：

一、孔孟均具有弭戰之思想

孔子生於春秋時代，春秋時代，諸侯爲爭城爭地，每每互相攻伐，百姓深受戰亂之苦，孔子爲解除百姓之痛苦，乃依魯史而作《春秋》，目的在「撥亂世而反之正」，期望能消弭戰爭。至於孟子則生於戰國時代，當時戰爭已益頻繁，戰禍亦益激烈，故孟子對於以戰爭爲手段爭取霸業之霸王，每加貶抑，曰：「春秋無義戰，彼善於此，則有之矣。征者，上伐下也，敵國不相征也。」（盡心篇）對於善戰者，則指爲大罪，譏爲民賊，曰：「有人曰：『我善爲陳，我善爲戰。』大罪也。」（盡心篇）又曰：「『我能爲君約與國，戰必克。』今之所謂良臣，古之所謂民賊也。」（告子篇）因主張對於此種人，給予嚴厲之處罰，曰：「善戰者服上刑。」（離婁篇）凡此皆可看出孟子之弭戰思想。

二、孔孟對立國之大本——軍事並無偏見

孔孟雖均具有弭戰之思想，然亦深知國家欲保持安全，維繫生存，端在國防力量之強大，而要消弭戰爭，亦唯有依賴軍事，故曰：「止戈爲武。」（說文解字）孔子著春秋，嚴夷夏之防，對能抵禦外侮者，每深表敬意，魯國汪踦雖爲孩童，然能執干戈以衛社稷，爲國家犧牲生命，孔子即主張以成人之禮葬之。對管仲之輔佐齊桓公尊王攘夷，以維持華夏民族之命脈，則特別讚揚曰：「管仲相桓公，霸諸侯，一匡天下，民到于今受其賜。微管仲，吾其被髮左衽矣！」（論語憲問篇）孟子亦曰：「無敵國外患者，國恆亡。」（告子篇）意謂國家若無敵國外患之刺激，則民心必定渙散、武備必定鬆弛，則隨時有被滅亡之危險。依此而論，孔孟對於軍事，實並無偏見也。

三、戰爭為國之大事，必須十分慎重

《左傳》謂：「國之大事，唯祀與戎。」蓋戰爭之成敗關係國家之存亡，故不可不十分慎重，故曰：「子之所慎：齊、戰、疾。」（論語述而篇）孔子亦嘗云：「以不教民戰，是

謂棄之。」（論語子路篇）《孟子・告子篇》記載：「魯欲使愼子爲將軍，孟子曰：『不教民而用之，謂之殃民。』」皆認爲如不先教民，即貿貿然而驅使人民赴沙場與敵人爭戰，不啻驅羊撲虎，作無謂之犧牲而已，故孔子主張：「善人教民七年，亦可以即戎矣！」（論語子路篇）蓋國防武備既爲國家所不可或缺，所以對於人民，平時即應加以訓練，而且必須經過長期之磨礪，使能明白禮義，熟悉戰技，始可負起捍衛國家之重責大任。

參、孔孟所採用之致勝戰略

戰爭之目的，在求取勝利，欲求取勝利則不能不講求戰略，儒家所採用之致勝戰略有下列數端：

一、不戰而屈人之兵在於德

孔孟不主張戰爭，然繫於國家存亡，非戰不可時，則亦主張用兵，用兵之上策在不戰而屈人之兵。孔孟教育奠基於道德，深知道德力量之廣大，孔子曰：「德不孤，必有鄰。」（論語里仁篇）又曰：「德之流行，速於置郵而傳命。」（孟子公孫丑篇）孟子亦曰：「天時不如地利，地利不如人和。三里之城，七里之郭，環而攻之而不勝；夫環而攻之，必有得天時者矣，然而不勝者，是天時不如地利也。城非不高也，池非不深也，兵革非不堅利也，米粟非不多也，委而去之，是地利不如人和也，故曰：城民不以封疆之界，因國不以山谿之險，威天下不以兵革之利。得道者多助，失道者寡助，寡助之至，親戚畔之；多助之至，天下順之。以天下之所順，攻親戚之所畔，故君子有不戰，戰必勝矣！」（公孫丑篇）又曰：「城郭不完，兵甲不多，非國之災也。田野不辟，貨財不聚，非國之害也。上無禮，下無學，賊民興，喪無日矣！」（離婁篇）無德則將遭致喪亡，有德則能爭取與國，獲得戰爭之勝利。

二、修德在於位信，信則民從

德之力量，既如上述，然欲修德，將如何而可，曰在於立信，《論語．顏淵篇》記載：「子貢問政，子曰：『足食、足兵、民信之矣。』子貢曰：『必不得已而去，於斯三者何先？』子曰『去兵。』子貢曰：『必不得已而去，於斯二者何先？』子曰：『去食。自古皆有死，民無信不立。』」蓋能立信於民，則民能效死勿去，爲國賣力，故《中庸》曰：「雖善無徵，無徵不信，不信民弗從。」是政府苟失信於民，雖足食足兵，亦不能挽救國家之敗亡，信之重要由此可見。

三、以德行仁則仁者無敵

孔孟認爲惟有「以德行仁」之王道，才能治國與強國，且能以小勝大，才是不戰而勝人之戰略，即使非戰不可，亦必戰無不勝、攻無不克，此即所謂「仁者無敵」，最後且能達致治國平天下之目的，故《孟子》曰：「以力假仁者霸，霸必有大國。以德行仁者王，王不待大。湯以七十里，文王以百里。以力服人者，非心服也，力不贍也。以德服人者，中心悅而誠服也，如七十子之服孔子也。詩云：『自西自東，自南自北，無思不服。』此之謂也。」（公孫丑篇）又曰：「湯一征，自葛始，天下信之。東面而征西夷怨，南面而征北狄怨。曰：『奚爲後我？』民望之，若大旱之望雲霓也。歸市者不止，耕者不變，誅其君而弔其民，若時雨降，民大悅。」（梁惠王篇）又曰：「地方百里可以王，王如施仁政於民，省刑罰，薄稅斂，深耕易耨；壯者以暇日，修其孝悌忠信，入以事其父兄，出以事其長上，可使制梃以撻秦楚之堅甲利兵矣！彼奪其民時，使不得耕耨以養其父母；父母凍餓，兄弟妻子離散。彼陷溺其民，王往而征之，夫誰與王敵？故曰仁者無敵。王請勿疑。」（梁惠王篇）

王道之功效既如此之大，而可以無敵於天下，然則欲施行王道，當以何者爲始基？孟子曰：「夫仁政必自經界始。經界不正，井地不均，穀祿不平，是故暴君汙吏，必慢其經界。經界既正，分田制祿，可坐而定也。」（滕文公篇）此即　國父所主張平均地權，使耕者有其田也。又曰：「不違農時，穀不可勝食也。數罟不入洿池，魚鼈不可勝食也。斧斤以食入山林，材木不可勝用也。穀與魚鼈不可勝，食材木不可勝用，是使民養生喪死無憾也。養生喪死無憾，王道之始也。」（梁惠王篇）此即民生主義之求均富，以發展經濟，使民安居足食也。

至於王道之具體內容，則孟子曰：「五畝之宅，樹之以桑，五十者可以衣帛矣；雞豚狗彘之畜，無失其時，七十者可以食肉矣！百畝之田，勿奪其時，數口之家可以無饑矣！謹庠序之教，申之以孝悌之義，頒白者不負載於道路矣，七十者衣帛食肉，黎民不饑不寒，然而不王者，未之有也。」（梁惠王篇）又曰：「尊賢使能，俊傑在位，則天下之士，皆悅而願立於其朝矣，市廛而不征，法而不廛，則天下之商，皆悅而願藏於其市矣，關譏而不征，則天下之旅，皆悅而願出於其路矣！耕者助而不稅，則天下之農，皆悅而願耕於其野矣，廛無夫里之布，則天下之民，皆悅而願為之氓矣！信能行此五者，則鄰國之民，仰之若父母矣！率其子弟，攻其父母，自生民以來，未有能濟者也。如此則無敵於天下，無故於天下，天吏也，然而不王者，未之有也。」（公孫丑篇）經濟繁榮，教育發展，時使薄斂，使民安居樂業，使他國之民仰望來歸，則又有誰能與之為敵哉！

四、民心向背為政權成敗之主要因素

施行王道之所以能使天下之民仰望來歸者，蓋由於民心之趨向也，故欲爭取天下，最主要在爭取民心，孟子曰：「桀紂之失天下，失其民也；失其民者，失其心也。得天下有道，得其民斯得天下矣。得其民有道，得其心斯得其民矣。」（離婁篇）又《孟子・梁惠王篇》記載：鄒與魯鬨，穆公問曰：「吾有司死者三十三人，而民莫之死也。誅之，則不可勝誅；不誅，則疾視其長上之死而不救，如之何則可也？」孟子對曰：「凶年饑歲，君之民，老弱轉乎溝壑，壯者散而之四方者，幾千人矣，而君之倉廩實，府庫充，有司莫以告，是上慢而殘下也。曾子曰：『戒之！戒之！出乎爾者，反乎爾者也。』夫民今而復得反之也，君無尤焉。君行仁政，斯民親其上，死其長矣！」可見民心歸向，則國無不興，即不得已而戰，亦必能戰無不勝、攻無不克，然若民心背棄，則國家將趨於崩潰瓦解矣。若猶不自量而窮兵黷武，是自速其崩潰耳，故欲爭取民心，當然必從施行王道著手，此孟子之所以津津樂道以德行仁之王道也。

肆、結　論

綜合以上之說明，吾人可見孔孟並不輕易言戰，惟於平時則頗重視國防之準備，故其教育為文武合一之教育，尤重視仁義之培養，使人人具有衛道、殉道之精神，在必要時能成仁取義，以衛護社稷。至其戰略，則包括政治、經濟、教育、軍事之整體戰，亦即文化戰。其要為修己以德，以德行仁，既具有堅定之操守，又能實施教民養民之王道，使天下之民仰望來歸，則孰敢侮之？必要時，尚能發動義師，為救民於水火之中而征戰，以仁者無敵，行治國平天下之事，以達成內聖外王之最高理想，故儒家之軍事思想實即　蔣公重光華夏之「三分軍事，七分政治」之戰略思想也。

貳、進德奠基

孔孟學說中之「忠孝」

壹、前　言

倫理道德是中華文化的中心，中華民族所以能持續五千年而生生不息，實以我民族祖先發明人類共生共存的原理，傳之後世，遵守勿渝。此一原理就是倫理道德。 國父的救人救世之新文化理想，是以我國固有的倫理道德爲基礎，而以西方的物質科學爲輔佐，因爲他深知人類的進化，有賴于仁義道德的互助；而物質文明有善果，也有惡果，須要取那善果，避那惡果。歐美各國，善果被富人享受，貧民反食惡果，總是少數人把持文明幸福，故成此不平等的世界。我國五四運動之後，有新文化運動提倡民主和科學，其走極端者則主張推翻舊禮教，打倒孔家店。 國父不以爲然，乃主張恢復固有道德，而以忠孝、仁愛、信義、和平的八德爲救國的道德。他在〈民族主義〉講詞中說：「講到中國固有的道德，中國人至今不能忘記的，首是忠孝，次是仁愛、其次是信義，其次是和平。這些舊道德，中國人至今還是常講的，但是現在受外來民族的壓迫，侵入了新文化，那些新文化的勢力，此刻橫行中國，一般醉心新文化的人，便排斥舊道德，以爲有了新文化，便可以不要舊道德。不知道我們固有的東西，如果是好的，當然要保存，不好的才可以放棄。」又說：「我們現在要恢復民族的地位，……就要把固有的舊道德先恢復起來；有了固有的道德，然後固有的民族地位才可以圖恢復。」

貳、忠孝爲八德之首

惟所謂固有道德，自古以來，名目繁多，單就《論語》一書而言，有人舉出全書有三十九個德目，就是敬、信、儉、愛、孝、悌、謹、仁、重、忠、溫、良、恭、讓、莊、慈、友、寬、禮、愼、勇、直、弘、毅、清、正、和、剛、木、訥、智、義、遜、敏、惠、廉、恥、恕、公等，如果把相近的莊重、遜讓、謹嚴、剛毅、木訥合起來算，也還有三十四個。也有人舉出近五十種。也有人說《論語》、《中庸》是講知、仁、勇三達德；孟子是講仁、義、禮、智四德。至漢儒爲配合五行，乃講仁、義、禮、智、信五常之德；宋儒繼承漢儒思想，亦講五常。　國父乃取其適用現代的舊道德而歸納之爲八德，復依其性質相近分爲四組，而以忠孝爲首，其次是仁愛、信義、和平。

蔣總統接受　國父遺教，亦認爲忠孝、仁愛、信義、和平的八德都是倫理道德的準繩。他說：「倫理建設的工作，即應以培養救國的道德爲基礎。五千年來，我中國國民所以能夠保持民族的生命，維護國家的生存，亦能屢從危亡喪亂之中拯救國家民族，致之于復興的境域，就是我們國民所蘊積而益厚的、所鍛鍊而益精的救國道德的功能。……這種德性即四維八德之所由表現，而四維八德又以忠孝爲根本，爲國家盡全忠，爲民族盡大孝，公而忘私，國而忘家，實爲我們中國教忠教孝的極則。」（中國之命運）這可見忠孝的重要。

我常說　國父是繼承孔子之道者：就政治思想言，民族主義的最終目的，在求全世界各民族一律平等，興滅國，繼絕世，講信修睦，進於大同，此乃因襲孔子的平天下思想；就道德思想言，恢復固有道德，舉出八德爲準繩，更明顯的繼承孔子之道。這可見孔子的道德思想雖經過二千五百年，而仍可適用於現代社會。本文試先述孔孟學說中之「忠孝」。

參、孔孟學說中之「忠」

忠的意義本來甚爲廣泛，正如　蔣總統所說：「忠孝就是要忠於黨國，忠於朋友，忠於上官和部下，孝敬父母，敬重祖先，擴而充之，就是要敬愛我們民族的歷史和文化。」（軍人精神教育之精義）孔孟學說中之忠，如果列舉而加以分析，要亦可分爲忠於國家、忠於己、忠於人及忠於事各項，至於忠君的觀念，是從董仲舒提出君爲臣綱之說後始有，歷代專制皇帝更變本加厲，遂使忠的意義偏重在忠於事君一方面，這實在不是孔孟所說的忠。

孔子是主張忠於國家的，所以對於管仲、晏嬰及子產等都加以稱讚。他說：「子產有君子之道四焉：其行己也恭，其事上也敬，其養民也惠，其使民也義。」令伊子文三仕三已，孔子認爲他是忠於君，忠於事，忠於國，又能爲人謀而忠，故稱之曰：「忠矣。」（公治長）。楚成王八年，申公鬥班殺子元，子文能自毀其家以救楚國之難，實在是忠之至。孔子時代君臣相處還重視禮儀，立則皆立，坐則皆坐，行禮皆答禮，可是春秋之世，君弱臣強，政在私門，臣事君已多簡慢無禮，但孔子仍然守禮，「君在、踧踖如也，與與如也」（鄉黨），於是時人或以為孔子討好於君，所以孔子說：「事君盡禮，人以為諂也。」此乃傷時世之衰，亦以見孔子認為事君忠敬是理所當然的，故子張問政，答以「居之無倦，行之以忠」（顏淵），不過孔子以為臣事君固然要忠，君待臣亦應以禮，所以當魯定公問：「君使臣、臣事君如之何？」便對以「君使臣以禮，臣事君以忠」（里仁）。又季子然問大臣，孔子告以「大臣者以道事君，不可則止」（先進）。以道事君是大忠，孟子是主張「民為貴，社稷次之，君為輕」，也說：「君子之事君也，務引其君以當道，志於仁而已。」（離婁）由此可知孔孟所說的忠都是以人民國家為重，並不是後世儒者所說忠君觀念。

其次，孔孟學說在修己，《易》曰：「君子進德修業，忠信、所以進德也。」孔子常連舉「忠恕」「忠信」，朱子解釋：「盡己之謂忠，推己及人謂之恕。」又「忠信只是一字，但是發于心而自盡則為忠，驗於理而不違則為信。」是則「忠恕」「忠信」的忠都是修己、立己，能忠於己而後能忠於人，忠於事，故曾子每日省察自己：「為人謀而不忠乎？與朋友交而不信乎？」（學而）孔子教人以文、行、忠、信，而且說：「主忠信，徒義、崇德也。」（顏淵）又說：「主忠信，無友不如己者。」子張問行，子曰：「言忠信，行篤敬，雖蠻貊之邦行矣。言不忠信，行不篤敬，雖州里、行乎哉？」（衛靈公）這是說一個人能言行一致，則任何地方都可以去，就是說對任何人要忠。孟子則注重自反，他說：「有人於此，其待我以橫逆，則君子必自反也，我必不仁也，必無禮也，此物奚宜至哉？其自反而仁矣，自反而有禮矣，其橫逆由是也；君子必自反也，我必不忠。自反而忠矣，其橫逆由是也；君子曰：『此亦妄人而已矣。』」（離婁）這些忠字可以說就是「誠以律己」的意思，如果不誠，則如同鄉愿的「居之似忠信，行之似廉潔」，而其實爲德之賊。

肆、孔孟學說中之「孝」

《大學》說：「孝者所以事君也。」孔子對季康子問，亦說「孝慈則忠。」（爲政）或問孔子何以不爲政，子曰：「書云，孝乎惟孝，友於兄弟，施於有政。是亦爲政，奚其爲爲政？」（爲政）這是說用孝友推展至於衆事，是即爲政，可知修齊治平是孔子一貫之道，故能孝悌忠信，即能爲政。有子說：「孝弟也者，其爲仁之本與？」（學而）孟子說：「堯舜之道，孝弟而已矣。」（告子）故孝弟不獨是齊家之要，亦是治國之本，所以《孝經》說：「事君不忠、非孝也；涖官不敬、非孝也；戰陣無勇、非孝也。」孝弟是人之天性，故孔孟學說是由孝弟以培養仁愛信義的德性，而擴大之及於社會國家，也就是「親親而仁民，仁民而愛物。」所以孔孟學說中的忠孝，也可以說只是一事，因爲孝是對親長的愛與敬，內則父子，外則君臣，其原理則一，所以孝是忠之本，忠是孝之用。

春秋之時，齊桓公葵丘之會，諸侯束牲載書而不歃血，初命曰：「誅不孝，無易樹子，無以妾爲妻。」再命曰：「尊賢育才，以彰有德。」三命曰：「敬老慈幼，無忘賓旅。」……

（告子）恒公與諸侯盟誓，而以誅不孝爲先，可見其時孝道之衰；五霸是以力假仁的，他們所訂盟約的第一條，先說誅不孝，亦可見無論是王天下或霸天下，都要教孝。春秋爲名教之書，尤重視君臣父子之倫，故孔子作《春秋》而亂臣賊子懼。可知孔子的提倡孝道，亦是葵丘之盟的深意，並不是世俗所說的孝。子貢問曰：「何如，斯可謂之士矣。」子曰：「行己有恥，使於四方，不辱君命，可謂士矣。」曰：「敢問其次？」曰：「宗族稱孝焉，鄉黨稱悌焉。」曰：「敢問其次？」曰：「言必信，行必果，硜硜然小人哉，抑亦可以爲次矣。」曰：「今之從政者何如？」子曰：「噫！斗筲之人，何足算也。」這是說「宗族稱孝」的士不及「使於四方、不辱君命」的士，可知孔子所要培養的士，不獨能齊家，而是要能治國。

蔣總統說：「四維八德以忠孝爲根本，爲國家盡全忠，爲民族盡大孝。」正是發揚孔孟學說中「忠孝」的精義。

伍、忠孝皆以敬爲本

上文說過曾子每日省察自己的第一件事，「爲人謀而不忠乎？」舊註謂「忠、敬也，在貌爲敬，在心爲忠。」朱子說敬，「只是收拾自家精神，專一於此」，爲人謀而不忠，是說助人沒有盡心力，也就是對於所做的事，未能專一。《大學》亦說：「爲人臣止於敬」，這可知忠以敬爲本。敬是儒家的傳統工夫，孔子和孟子都重視敬。孔子對子路說「修己以敬」（憲問）仲弓說「居敬而行簡」（雍也），子夏對司馬牛說「君子敬而無失」（顏淵），都是要人莊敬自持，不要輕慢放肆，敬以修身，內心自然正直光明。對一般人都要敬重，則人臣對於君主自然要敬重，孔子說子產「其事上也敬」，就是說子產事鄭君以忠。孟子說「陳善閉邪謂之敬」（離婁），陳善閉邪是要君主爲善去惡，就是上文所說「君子之事君也，務引其君以當道、志於仁而已」。所以亦可說陳善閉邪謂之忠，這與「教人以善謂之忠」（滕文公）相同。

孔子不但以莊敬守禮訓示其弟子，他自己的行動也處處表示敬，「入公門，鞠躬如也，如不容。立不中門，行不履閾。過位、色勃如也，足躩如也，其言似不足者。攝齊升堂，鞠躬如也，屏氣不息者」（鄉黨）。「言思忠，事思敬」（季氏）。孟子所說的求放心，也是敬，也有所主，不爲外物所誘，對於所做的事，常可專一，這是正心誠意的工夫。

至於孝更是以敬爲本，通常都說孝敬父母。子游問孝，子曰：「今之孝者，是謂能養，至於犬馬，皆能有養；不敬，何以別乎？」（爲政）孟子亦謂「食而不愛，豕畜之也；愛而不敬，獸畜之也」。這正是「人之所以異於禽獸者幾希」的最好說明。孟子曾對公都子說：「世俗所謂不孝者五：惰其四支，不顧父母之養，一不孝也。博弈好飲酒，不顧父母之養，二不孝也。好貨財，私妻子，不顧父母之養，三不孝也。縱耳目之欲，以爲父母戮，四不孝也。好勇鬬很以危父母，五不孝也。」此五種不孝行爲，有三種是不顧父母之養，可知世俗之所謂孝，多偏重口體之養，而不知有敬。這五種不孝現在社會上還是多見，可知孔孟學說中之孝的眞義，已非世人所能普遍了解。

由上所述，可見孔孟學說中的忠孝，皆以敬爲本，不過敬的範圍也很廣泛，《朱子語錄》謂「如今看聖賢千言萬語，大事小事，莫不在乎敬。」孔子說：「安上治民，莫善於禮，禮者敬而已矣。」（孝經）孟子亦說：「恭敬之心，禮也。」（告子）禮是恭敬的表現，敬與禮互相表裏，不可分離。春秋之世，已是禮崩樂壞，恭敬已無由表現，故孔孟提倡忠孝皆以敬爲本，亦以勸世人守禮致敬也。

陸、頂天立地之謂忠，繼往開來之謂孝

總之，忠，是指直接對事，間接對人而言；孝，是指直接對人，間接對事而言，責任負得起曰「頂天」，立場站得穩曰「立地」，二者是忠的基本條件，所以說：「頂天立地謂之忠」；能繼志述事是孝，能不使無後亦曰孝，前者是繼往，後者是開來，二者是孝的基本條件，所以說「繼往開來謂之孝」，惟其有頂天立地之精神，故能富貴不淫，貧賤不移，威武不屈，必須將責任盡到，事情做成，否則於必要時，亦可以身殉之，人之能如此，則國家必外能禦侮內能富強。惟其有繼往開來之信念，故在家能承先啓後，使前人志事可繼，不致功虧一簣，子孫昌盛，代代進步，在文化方面，自能緜延不斷，日新又新，吾國之所以能集結八億人民爲一家，並有五千年一脈相承之文化，孝實爲最大之原因，故教忠教孝，豈僅爲修身齊家而已哉！實爲國家民族之悠久無疆而謀也。

柒、教孝教忠復興國家民族

國父對於固有道德中之忠孝，有深刻的認識，在〈民族主義第六講〉中，對於現代不講忠孝的人，有一段很沉痛的批評。國父說：「現在一般人民的思想，以爲到了民國，便可以不講忠字。以前講忠字，是對於君的，所謂忠君。現在民國沒有君主，忠字便可不要。這種理論，實在是誤解。因爲在國家之內，君主可以不要，忠字是不能不要的。如果說忠字可以不要，試問我們有沒有國呢？我們的忠字可不可以用於國呢？我們到現在，說忠於君，固然是不可以；說忠於民，是可不可呢？忠於事，又是可不可呢？我們做一件事，總要始終不渝，做到成功；如果做不成功，就是把性命去犧牲，亦所不惜，這便是忠，所以古人講忠字，推到極點，便是一死；古時所講的忠，是忠於皇帝。現在沒有皇帝，便不講忠字，以爲什麼事都可以做出來，那便是大錯。現在人人都說，到了民國，什麼道德都破壞了，根本原因就在此。我們在民國之內，照道理上說，還是要盡忠，不忠於君，要忠於國，要忠於民，要爲四萬萬人去效忠，爲四萬萬人效忠，比較爲一人效忠，自然是高尚得多。故忠字的好道德，還是要保存。」故國父以忠爲八德之首，是有重大的意義。其次講到孝字，國父說：「講到孝字，我們中國尤爲特長，尤其比各國進步得多。《孝經》所講孝字，幾乎無所不包，無所不至。現在世界中最文明的國家講孝字，還沒有像中國講到這麼完全，所以孝字更是不能不要的。國民在民國內，要能把忠孝二字講到極點，國家便自然可以強盛。」國父的識見，實在是繼承孔孟之道，而發揚光大之。

蔣總統復繼承　國父遺教，認爲對於忠字，特別要發揚光大，要大家忠於職責，忠於團體社會，忠於國家民族，「如果大家盡忠於國家民族，國家民族便自然可以復興起來」。他認爲「以前因爲中共對我們的固有道德加以詆毀，加以攻擊，大家也就隨聲附和，認爲落伍，視爲頑固。……中共爲什麼要詆毀我們中華民族優良傳統精神和固有道德呢？這正因爲他們要出賣我們的民族，就先要毀滅我們民族傳統的精神，更要毀滅我們固有的倫理道德，否則他就不能使我們青年鄙棄其自己的國家民族的文化和歷史。所以中共的青年教育從根本上就不能不反對忠孝了。……現在我們爲著要重光華夏，復興民族，就不能不先召回我們的民族靈魂，我們要驅除俄國，肅清中共，就應更堅持更發揚我們固有的道德來打擊民族敗類的中共這些萬惡的陰謀奸計。」（時代考驗青年，青年創造時代）

由?　國父及　蔣總統的教忠教孝，近數年來，各方都注意中華文化復興運動的推行，有闡揚孔孟學說者，有研讀《孝經》重加注釋印行者，有發起齊家報國運動者，率皆有關忠孝大義的重振。孟子對梁惠王說：「地方百里而可以王。王如施仁政於民，省刑罰，薄稅斂，深耕易耨，壯者以暇日修其孝悌忠信，入以事其父兄，出以事其長上，可使制梃以撻秦楚之堅甲利兵矣。」近數年來，自　蔣院長主政，可謂已施仁政於民，省刑罰（屢次慰問犯人），薄稅斂（如免除鹽稅），深耕易耨（改進農業，發展農村），如再注意發展民族精神教育，使青少年修其孝悌忠信，入以事其父兄，出以事其長上，則復興國家民族，當爲期不遠矣。

孔孟學說中之「仁愛」

壹、前　言

幾個月前，我在本刊（孔孟月刊）分述中華文化的特質——誠、仁、中、行四者，其中曾述及「孔孟學說中之仁」；現在爲要說明　國父所提出的八德，又要述及「孔孟學說中之仁愛」，前後兩文不免有所重複。其實，仁的涵義非常廣大而精微，並不是幾篇短文所能闡述。試查閱孔孟學會編印的《四書章句速檢》中之仁與愛兩字：《大學》、《中庸》中共用了十六個仁字，三個愛字；《論語》中用了一百零七個仁字，九個愛字；《孟子》中用了一百五十八個仁字，四十個愛字；可見孔孟對於仁愛的重視。上次所述「孔孟學說中之仁」，是側重於「仁以待人」的要義，本文當就仁與愛的相互關係及其作用加以敘述。

貳、仁與愛之同異

仁與愛是孔孟學說的中心思想。「樊遲問仁，子曰：『愛人』」（顏淵）。孟子發揮孔子的仁愛思想，對於仁愛的意義說得較多，亦說「仁者愛人」（離婁下）。和孔子所說的一樣，這兩句話是仁與愛最切近的關係，可以說仁就是愛，愛就是仁，二者完全一致。可是仁與愛在八德中是分爲兩個德目，其意義應有所區別，程伊川曾說：「將聖賢所言仁處，類聚觀之。」我在這裏當就所知道的略加分析。

漢代大儒董仲舒釋仁說：「仁者惻怛愛人。」又說：「故仁者所以愛人類也。」唐代大儒韓愈說：「博愛之謂仁。」這還是守著孔孟所說，至宋儒對於仁與愛的意義始有較爲深入的研究。程伊川論仁，以大公無私爲仁，他說：「仁道難名，惟公近之，非以公爲仁。」「仁之道，要之祇消道一公字。公只是仁之理，不可將公便喚做仁，公而以人體之，故爲仁。只爲公，則物我兼照，故仁所以能恕，所以能愛。恕則仁之施，愛則仁之用也」。他最先提出「愛則仁之用也」的解釋，不贊成以愛爲仁，因爲愛是一種感情，他說：「孟子曰：『惻隱之心，仁也。』後人遂以愛爲仁。惻隱是愛也，愛自是情，仁自是性，豈可專以愛爲仁？」（伊川語錄）伊川分別得非常明顯，公不是仁，愛也不是仁。朱子繼承伊川的思想，但是以愛爲仁，不以愛之情爲仁，而以愛之理爲仁，仁發爲德乃是愛，他說：「仁者愛之體，愛者仁之用。」「仁者愛之理，愛者仁之事」「愛之理，愛自仁出也，然亦不可離了愛去說仁」（朱子語錄）。但同時張南軒則說仁不是愛，「問以愛名仁者，指其施用之迹也。……愛固不可以言仁，然體所以愛者，則固求仁之要也」（五峰語錄）。

程朱等的說法，莫衷一是，此後似也未有明確的解釋。國父既明定八德的德目，對於愛字始有進一步的說明，他引用「博愛之謂仁」一語時說：「博愛云者，爲公愛而非私愛，即如天下有飢者，由己飢之，天下有溺者，由己溺之之意，與夫愛父母、愛妻子者有別。以其所愛者在大，非婦人之仁可比，故謂之博愛，能博愛即可謂之仁。」（民族主義）總統　蔣公更加以發揮說：「現在中國青年對於仁愛的愛字更不瞭解了。我這裏所講的愛，當然不是指的戀愛或婦人女子之愛，然而戀愛亦是人生天性之表現。不過戀愛必須合乎禮法，循乎正道。須知愛的眞正意義，我們中國哲學所謂『仁民愛物』，所謂『民胞物與』，就是這種愛的哲學最高表現與其精義之所在。愛與仁的德性是完全一致，仁愛兩字在用語上也常是相連的，所以講到仁，就有愛，仁愛是我們中國哲學的中心思想所在，但現在我們中國一般青年完全缺乏這種眞正愛的修養與德性，無形中養成怨恨、嫉妒、刻薄、殘暴的風氣，無論處人處事，不僅不能互助合作，而且處處表現偏激、狹窄、攘奪、自私；不僅不能與人爲善，取人爲善，而且看到同事或朋友有一點學問長處，就要誹謗、傾軋、妨害、排擠。學校機關如此，普通社會更屬如此。既無同胞之愛，就不能發揮高尙的民族思想與國家觀念，更不知如何愛國家、愛民族！如此，一個人不仁不愛，無仁無愛，那就是泯滅了人性。」（哲學與教育對於青年的關係）　國父把愛字分爲公愛、私愛，才說明了愛的精義，再經過　蔣公的闡明，大家當可明白仁與愛的分別所在。

其實，孔孟學說中之愛，早已有所區別，例如孔子說：「道千乘之國，敬事而信，節用而愛人，使民以時。」（學而）這「節用而愛人」的愛，當然是公愛。又「汎愛衆而親仁」（學而），與「尊賢而容衆」（子張）意義相同，也是公愛。至於「愛之欲其生，惡之欲其死」（顏淵）的愛，則是私愛。孟子所說的：「君子之於物也，愛之而弗仁；於民也，仁之而弗親。親親而仁民，仁民而愛物。」則是愛有差等，對於仁與愛已有所分別。又「仁者無不愛也，急親賢之爲務，……堯舜之仁不偏愛人，急親賢也」。這和孔子的「汎愛衆而親仁」的意義相同。「孩提之童，無不知愛其親者」之愛，則是私愛。因爲愛有公愛和私愛，私愛如不合理，爲溺愛、偏愛、錯愛，或愛財如命，反而有害，這種愛當然不是仁，所以仁與愛是有分別的兩種德性。

參、倫理道德以仁愛爲中心

仁與愛雖然是兩種德性，但誠如總統　蔣公所說「講到仁，便有愛」，所以孔子和孟子都說仁就是愛人，其實「仁」是人之所以爲人的基本條件，所以說「仁者人也」（中庸）。「仁也者人也」（孟子）。到了近代仁愛兩字在用語上常是相連。　蔣公說：「我們民族主義的基礎，是以仁愛爲中心的道德，這道德的力量，就是從家庭愛到國家愛、民族愛的倫理之中，在在都能具體的表現發揚出來的。這是我們中華民族立足亞洲，屢經喪亂，仍能生存和發展的基本力量。」（反共抗俄基本論）又說：「四維和八德，都是包括在仁愛範疇之內的，一個人只要能夠行仁，能夠泛愛，就一定懂得忠孝，懂得信義與和平爲可貴的，所謂『未有仁而遺其親者也』，就是這個道理。明乎此，我們就可確信，民族主義是以倫理爲立足點，而以仁愛爲我民族倫理所發揮的極致了。」（三民主義的本質）這就是說孔孟學說中之仁愛，是可以統攝諸德的一種德性。

《論語・里仁篇・邢疏》：「仁者善行之大名也。」朱子說仁，認爲人得天地之心爲心，天地之心是生生不息的仁，人心也就是仁，仁是心之理，也是心之德，「所以爲心之全體，不是心外別有仁」。「故人之爲心，其德亦有四：曰仁義禮智，而仁無不包。其發用焉，則爲愛恭宜別之情，而惻隱之心無所不貫」（朱子仁說）。又說：「心之德，是統言愛之理，是就仁義禮智上分說，如義便是宜之理，禮便是別之理，智便是知之理。但理會得愛之理，便理會得心之德。」（朱子語類）依朱子所說，一切德行和愛人愛物的道理都從仁出。孔孟學說中之德目，如上次〈孔孟學說中之忠孝〉一文內所舉之數，不下數十種，要可分爲對己、對人、對事、對物，如細加研究，無一不是與仁愛有關，故孔子曾對魯哀公說：「溫良者仁之本也，敬愼者仁之地也，寬裕者仁之作也，遜接者仁之能也，禮節者人之貌也，言談者仁之文也，歌樂者仁之利也，分散者仁之施也。」（禮記儒行）樊遲問仁，孔子說：「居處恭，執事敬，與人忠。」（子路）子張問仁，孔子說：「恭、寬、信、敏、惠。恭則不侮，寬則得衆，信則人任焉，敏則有功，惠則足以使人。」（陽貨）又子夏說：「博學而篤志，切問而近思，仁在其中矣。」（子張）曾子說：「士不可以不弘毅，任重而道遠，仁以爲己任，不亦重乎？」凡此種種，不勝枚舉，都從仁愛之心來的，所以仁愛可以總攝諸德，諸德可以歸結於仁。我在講人理學時亦曾說「仁爲全德之名」。人之一切正當的動作云爲，都是仁之表現於外，與誠之存養於內，以達成人類共生共存共進化之目的。

肆、仁愛爲接物之本

人類乃屬於營群居生活的動物，任何人不能脫離人群而獨居生存，否則，不獨其個人不能生存，人類之緜延將因此而中斷，更無論於人類今日高度發展的文明了，所以人生在世，與其周遭的人群，莫不有密切的關係及交互的影響，人類愈進化，人與人的關係愈形複雜，於是人與人或人與事物的相處之道，亦愈應注意。 國父主張服務的人生觀，謂個人應以一己的聰明才智爲人群服務；總統 蔣公亦謂「生活之目的在增進人類全體之生活，生命之意義在創造宇宙繼起之生命」。這種偉大的認識，實淵源於孔孟學說，一脈相承。孔子之教是人生日常生活所必經諸問題的解答，以及人與人相處所必備的條件。曾子說：「夫子之道，忠恕而已矣。」忠恕者推己及人，就是仁愛。 蔣公說：「仁愛是接物之本，是講我們待人接物，應有博愛的精神。」「博愛之謂仁」，所以孔子早就教人應該「仁以待人」，他說：「弟子入則孝，出則弟，謹而信，汎愛衆，而親仁，行有餘力，則以學文。」（學而）子貢問：「有一言而可以終身行之者乎？」他說：「其恕乎？己所不欲，勿施於人。」（衛靈公）仲弓問仁，孔子亦告以「己所不欲，勿施于人」。

孟子的待人接物亦注重恕道，他對於楊墨之言攻擊不遺餘力，可是他認爲待異端的人也要有恕道，楊墨邪說，人或一時爲其所惑，但如能覺悟其非正道而擯棄之，孟子仍取寬大胸懷，樂與爲善，許其歸儒，且認爲不必約束之，慮其復入歧途。他曾說：「逃墨者必歸於楊，逃楊者必歸於儒，歸，斯受之而已矣。今之與楊墨辯者，如追放豚，既入其笠，又從而招之。」聖賢之待人以仁愛也如此。又如陳相迷信許行的邪說，孟子乃語以堯舜治天下之道，斥責許行的謬論，以糾正陳相的思想。墨者夷之葬其親厚，一反墨子的薄葬理論，孟子因乘機反復說明儒者之道，親疏有別，厚薄有分，以糾正墨子兼愛爲不足法，使夷之悅然有悟，接受教言。這都是孟子以仁愛待人接物之故。

孔孟設教，皆因材而施，使各有所成。孔子解答弟子所問，因人資質而不同，分別開導，這在《論語》中很多事例。孟子則所以教者五：「有如時雨化之者，有成德者，有達財者，有答問者，有私淑者。」（盡心下）又「夫子之設科也，往者不追，來者不拒，苟以是心至，斯受之而已矣」。此與孔子的「有教無類」相似。即對於不可教誨的人，一時憤而摒棄之，然此一行動，實寓有激勉之意，使其反省內疚，知所悔改，而漸進於善。是則雖曰不教，實即教之，仍是出於仁愛作用，可謂用心良苦。他說：「教亦多術矣，予不屑之教誨也者，是亦教誨之而已矣。」（告子下）如曹交得聞孟子勉爲堯舜之道，願意留而受業，孟子勸其歸而求師，亦含有不屑教誨之意，然聖賢待人以仁愛，不欲明言以挫其爲善之心。

伍、汎愛衆而親仁——仁政

孔子這句話本來是說一般人的修己工夫，但可用之於爲政之道，爲政者如果能博愛群衆，又能親仁尊賢，則國家必治。所謂「爲天下得人者謂之仁」，仁愛最大的作用在達致國治與天下平，孔孟都主張仁民而愛物，能行仁政則得民心，得民心則得國，進而得天下。要得民心必須行仁政，要行仁政必須仁者在位，故孔孟的政治思想，最要的是爲政在人及以德行仁，「汎愛衆」就是以德行仁，「而親仁」就是使賢者在位，能者在職，所以說：「惟仁者宜在高位，不仁而在高位，是播其惡於衆也。」

汎愛衆在得民心，民心之得失，即政權之得失，其重要概可想見。得民心之道，要爲「民之所好好之，民之所惡惡之」，「所欲與之聚之，所惡勿施爾也」。反之，則失民心，桀紂即可爲例。若就人與人而言，仍爲「己所不欲，勿施於人」之道的擴展而已。孟子說：「桀紂之失天下也，失其民也；失其民者，失其心也。得天下有道，得其民，斯得天下矣。得其民有道，得其心，斯得民矣。得其心有道，所欲與之聚之，所惡勿施爾也。民之歸仁也，猶水之就下，獸之走壙也。」（離婁）人民出錢出力，以供國家必需的用途，取之有道，不致怨尤。人民固應盡國民的義務，爲政者如果缺少仁愛之心，不能以德行仁，減輕徭役賦稅，便有失愛民之道。

至於爲政在人，尤其重要，「人存政舉，人亡政息」。爲政者本身雖能修身而道立，德行足爲人民的表率，而能得全國上下的尊敬與信仰，但仍應親仁尊賢，故求才是第一要務。如能知人善任，使賢者在位，能者在職，則智慧集中於左右，對於施政方面，自無所疑惑不決的問題，所以孟子說：「尊賢使能，俊傑在位，則天下之士，皆悅而願立於其朝矣。」（公孫丑）反之，則人才空虛，雖欲有爲，亦不可得。孟子說：「不信仁賢，則國空虛。無禮義，則上下亂。無政事，則財用不足。」（盡心）又說：「故將大有爲之君，必有所不召之臣，欲有謀焉，則就之。其尊德樂道，不如是，不足與有爲也。故湯之于伊尹，學焉而後臣之，故不勞而王。恒公之於管仲，學焉而後臣之，故不勞而霸。」（公孫丑）這是說親仁尊賢要有誠意。能如此，則主政者處於崇德好善的環境中而樂善不倦，遇大事則垂詢於賢者智者，是以政令措施，無不足爲民衆所樂從，所以說：「爲人君，止於仁。」

總之，爲政者能汎愛衆而親仁，對內能得民心，對外可無敵於天下，孟子說：「當今之時，萬乘之國，行仁政，民之悅之，猶解倒懸也，故事半古之人，功必倍之，惟此時爲然。」（公孫丑）故孔孟學說宣揚王道之行，保民而王，莫之能禦。　國父繼承中國固有的正統思想，認定仁愛是救世的基本，一切決心和努力都是以仁愛爲出發點，一切智慧勇氣和道德也都由仁愛發生，所以總統　蔣公說：「革命的本務在行仁。」就是以仁愛的心，行仁愛之道，以求仁愛之普遍圓滿的實現；仁愛的普遍圓滿實現，就是革命的成功，所以說：「仁愛是中國的好道德。」

孔孟學說中之「信義」

壹、前 言

信義的行爲是起於人類的社會生活，人不能離群索居，人與人的相處自然會發生道德的行爲，也就是有益於人類共生共存共進化的行爲，所以 國父的進化論說：「物種進化以競爭爲原則，人類則以互助爲原則，社會國家者互助之體也，道德仁義者，互助之用也。」競爭則希望己勝於人，有時可兵不厭詐，自然不講信義，互助則立己立人、成己成物，自然要講信義。人類的社會關係，隨文化的進步而發展，由二人開始而家族，而國家、而世界，社會生活愈來愈擴大，人與人的交往愈複雜，則言必信行必義的行爲要求也愈爲重要。在昔農業社會的生活環境要有信義，現在生活環境變了，變爲科學化的工業社會，人事關係複雜，時空十分寶貴，更需要信義。這就是說人類的社會關係雖然隨時代地區的不同，而多所變換，而信義的意義和效用，並沒有改變，而且需要增進。我在《孟子之政治思想》的自序說：「今日世界之情勢，有似中國戰國時代之放大。政治與思想之中心力量已不存在，群雄割據之勢已成，各以武力爲憑藉，企圖以四鄰爲附庸，有機會則擴張勢力範圍，於是兵連禍結，民不聊生！社會風氣，亦以唯力是視，唯利是圖爲當然，鮮顧信義，爾虞我詐，不以爲恥。思想龐雜，個人主義（楊朱）與功利主義（墨翟）同時發展，達於極點。人欲橫流，倫理被毀，人與禽獸幾無分矣！此種情勢之發展，正使人類前途日向黑暗，其敏感最強者爲青年，於是意志頹喪，道德日泯，成爲必然之結果。古今雖殊，因果則一。」當第一次世界大戰結束之際，正共產主義崛起之時， 國父深明共產生義的本質，重欺詐而不講信義，爲目的而不擇手段，故倡言「有道德始有國家，有道德始成世界」，毅然主張恢復吾國的固有道德，而以「信義」列於八德之中，實在是針對時弊，希望從根救起，使世界人類都能重信尚義，共相互助，以達共生共存進化的目的。

由此可知「信義」的重要，而其效用不因時代地域的不同而有所變更，講到信義的意義，要以孔孟學說中所解釋者爲最徹底，所以本文要爲大家敘述孔孟學中之「信義」。

貳、孔孟學說中之「信」

「信」在孔孟學說中是一種重要的善德。孔子講五倫，五倫中的朋友相處之道爲信，故「子以四教：文、行、忠、信」（述而）。孟子謂「契爲司徒，教以人倫，父子有親，君臣有義，夫婦有別，長幼有序，朋友有信」（滕文公）。故其教人亦以孝悌忠信。

蓋在春秋戰國之世，周道既衰，詐力並起。董仲舒所謂「春秋之義貴信而賤詐，詐人而勝之，雖有功，君子弗爲也。是以仲尼之門，五尺童子言羞稱五伯，爲其詐以成功，苟爲而已矣」。（春秋繁露第三十二）故子貢問政。子曰：「足食、足兵，民信之矣。」子貢曰：「必不得已而去，於斯三者何先？」曰：「去兵。」子貢曰：「必不得已而去，於斯二者何先？」曰：「去食。自古皆有死，民無信不立。」自古以來，為政必然遇有困難的時候，如對人民失信，亦即失去人和，所以孟子亦說「天時不如地利，地利不如人和」。我曾說：團結奮鬥，首須共信，亦是此意。因為共信是互信的基礎，互信是團結的凝固力。國家之所以需要主義，需要領導中心，為的是建立共信；有了共信，才能公而無私，自然會有互信；有了互信，自然會團結了。「主義是一種思想，一種信仰，一種力量」。國人對于三民主義如能建立共同的信仰，自然產生偉大的救國力量。這可見孔子所說「民無信不立」一句話，是非常正確的。《論語》屢次說：「主忠信」，「言忠信」，「朋友信之」，「人而無信，不知其可也」，「君子信而後勞其民，不信，則以為厲己也」。朱子謂「大抵〈學而篇〉數章，皆以忠信為本，而後濟之以學。」可知信是孔子的倫理道德中重要德目。在孔孟學說中，「忠信」二字常連用，後世則常稱「誠信」，朱子說：「忠信只是一字，但是發於心而自盡則為忠，驗於理而不違則為信。忠是信之本，信是忠之用。」《中庸》以誠為天道，誠之者為人道，朱子則以誠之為信，誠於心中的理為忠，發於事為信。（朱子語錄）

至於戰國，楊墨名法縱橫陰陽諸家，莫不造言設事以誣聖賢，遊說之士借物以喻其意，虛言衍成實事，故孟子主張「壯者以暇日修其孝悌忠信」。又說：「居下位而不獲乎上，民不可得而治也；獲於上有道，不信於友，弗獲於上矣。信於友有道，事親弗悅，弗信於友矣。

悅親有道，反身不誠，不悅於親矣。誠身有道，不明乎善，不誠其身矣。是故誠者天之道也，思誠者人之道也。」（滕文公）這是將孝悌忠信的相互關係說得很明白，而亦以誠爲信的根基，不能擇善固執，便不能孝，不能孝便不能信，不能信便不能忠不能治民，更足見信的重要。這正如《呂氏春秋》所謂「至治之世，其民不好空言虛辭，不好淫學流說，賢不肖各反其質，行其情不雕其素」（知度）。又謂「凡人主必信，信而又信，誰人不親，故周書曰：允哉允哉，以言非信，則百事不滿也。故信之爲功大矣，信立則虛言可以賞矣。……天行不信，不能成物，地行不信，草木不大。天地之大，四時之化，而猶不能以不信成物，又況乎人事」（貴信）？這些話大概是孟子以後的儒者所述，用以闡揚孔孟學說。

以上是就「與國人交止於信」而言，至於國與國之間亦重「講信修睦」，兩國交往，應憑一信字；兩國相處，應憑一睦字；彼此以誠相見，以禮相待，公而無私，則和睦萬邦，乃克實現。齊桓公與魯盟於柯，曹劌要盟，而桓公不欺，《公羊傳》謂：「桓公之信，著乎天下，自柯之盟始矣。」《穀梁傳》謂：「衣裳之會十有一，未嘗歃血之盟也，信厚也。」此皆由於管仲的外交政策是崇德講信，所以孔子謂「恒公九合諸侯，不以兵車，管仲之力也」。後來晉文公伐原，亦謂：「信、國之寶也，民所庇也，得原失信，何以庇之，所亡滋多。」亦因此立信而成霸業。其實國與國的交往，可視爲交朋友的擴大，朋友有信，國交亦應如此。但今世道德墮落，徒知利己，不惜損人，故有帝國主義與共產主義的產生，出發點既錯，故一切皆錯。所謂條約，所謂會議，莫不存心爲僞，不能信守承諾，故無補於世局問題的解決。

即同一集團中的盟邦，亦不能以誠信相見，爾虞我詐，習爲尋常，如此相交，其能久乎？

參、孔孟學說中之「義」

仁和義同是做人的重要道德，所以《易經》說：「立人之道，曰仁與義。」《中庸》說：「仁者人也，親親爲大；義者宜也，尊賢爲大。」所謂「義者宜也」，朱子註：「宜者分別事理，各有所宜也。」這是說，義是行爲的準則。總統　蔣公說「義在平時是正正當當的行爲，在戰時是慷慷慨慨的犧牲」，是最爲明白精當的解釋，亦合乎孔孟思想的本意。

孔子說：「見義不爲，無勇也。」（爲政）應該做的事都合於義，遇見應做的事而不做，是爲無勇，亦即無用。如果遇見不應做的事反而去做，就是不正當的行爲，所以孔子說：「非其鬼而祭之，諂也。」諂媚是小人的行爲，所以孔子教人「主忠信，徙義，崇德也。」（顏淵）對於不知「徙義」的人，爲他擔心說：「德之不脩，學之不講，聞義不能徙，不善不能改，是吾憂也。」（述而）因爲不能徙義崇德的人，一定會爲非作惡，所以說：「君子有勇而無義爲亂，小人有勇而無義爲盜。」（微子）孔子亦注意義利之辨，告誡門人要「見利思義」「見得思義」，「義，然後取」，他曾說：「不義而富且貴，於我如浮雲。」這對於後世的學者影響最大。

孟子更重視義利之辨，因爲戰國時的君臣大抵重利而輕義，於是孟子說明利之如何爲害，仁義之如何可貴，勸是君重視仁義，以打破利慾之心，即《大學》所謂「不以利爲利，以義爲利也」，如能明辨義利，自然尊王道而賤霸業。《孟子》七篇用及義字一百零六個，而其中連稱「仁義」「禮義」的幾達半數，所以當他初見梁惠王時，開口便說：「王何必曰利，亦有仁義而已矣。」其時社會風氣皆惟利是圖，無義可取，孟子慨世風日下，仍以舜之爲善、跖之爲利、以儆戒當世之人。他說：「雞鳴而起，孳孳爲善者，舜之徒也。雞鳴而起，孳孳爲利者，跖之徒也。欲知舜與跖之分，無他，利與善之間也。」（盡心）此就爲善和謀利兩點中間去分辨君子小人的品德，這善就是義。現代商業社會的風氣亦是如此，時人多重利輕義，祇知如何升官發財，一旦素願獲償，則妄作威福，棄德行於不顧。我常引用孟子對於天爵，人爵的說明，以提醒大家。孟子說：「仁義忠信，樂善不倦，此天爵也。公卿大夫，此人爵也。古之人修其天爵，而人爵從之。今之人修其天爵，以要人爵，既得人爵，而棄其天爵，則惑之甚者也，終於必亡而已矣。」（告子）這種說明，實在是非常中肯，可是世人率多忽視，只知重人爵而輕天爵。我所以提出「人理學」一名詞，以說明孔孟學說的大義所在。

肆、信近於義、義在正我

由上所述，可知信和義都是人類的重要行爲，孟子「有諸己之謂信」，蓋若不有諸己，則一切都落空矣，所以孟子講心有四端，而不及於信，蓋信乃四端之先決條件也。漢儒講五行，乃以仁義禮智信爲五常之配合五行，認爲仁義禮智四端是金木水火四氣（動能）所成，而以信由土氣成，土爲四季的四氣變化時的出入點；宋儒亦講五常，因而謂信是仁義禮智的共同條件，故有子說：「信近於義，言可復也。」（學而）這是說信必須近於義，方可以踐行，否則不可行。如尾生之信，便不合理，不近於義。孔子所以說：「巧言令色，鮮矣仁。」「惡利口之覆邦家者」，因爲巧言、利口都棄正用邪似是而實非，爲孔子所不取，所以主張正名、崇德而重忠信。孟子亦說「惡佞、恐其亂義也」，更力闢邪說，認爲楊、墨之言盈天下，而仁義爲之充塞，仁義充塞，則率獸食人，人將相食。又認爲這些邪說「作於其心，害於其事；作於其事，害於其政」。這正如我們今日反對共產主義一樣，因爲共產言論，不近於義，是不能相信的。

至於義的意義，孟子解釋得最多，如「義、人之正路也」。「義、人路也」。這和「義者宜也」的意思並無不同，不過說義是人應行的正路，更爲明白。後來董仲舒引伸此意，在《春秋繁露‧仁義法篇》中說：「春秋之所治，人與我也，所以治人與我者仁與義也，以仁安人，以義正我，故仁之爲言，人也，義之爲言、我也。……是故人莫欲亂，而大抵常亂，凡以闇於人我之分，而不省仁義之所在也。是故春秋爲仁義法，仁之法在愛人、不在愛我，義之法在正我、不在正人。……故曰仁者人也，義者我也。」義在正我，所以孟子謂言非禮義謂之自暴，吾身不能居仁由義謂之自棄，自暴自棄的人大都闇於人我之分，不明修己的道理。至於「非其有而取之，非義也」。「不義與之齊國而弗受」。必須先正我而後能如此。我在《人理學研究》中，嘗講正心的重要，「心之在身，猶舟之有舵，舵之把持不穩，則舟無以渡達彼岸；心之方向不正，則行爲不能免於偏差。若心有定向，不爲外力所動、所移、所屈，即使一時受外力影響，亦得隨時復歸於正，然把握吾人之心，使之常有正確之定向，殊不易也。蓋人爲有感動物，情動於中，則不能不形之於外，故忿懥、恐懼、好樂、憂患之情，皆足以影響人之心志，而使之發生偏失也。有時竟因心不在焉，而使官能失其作用，以致視而不見，聽而不聞，食而不知其味者」，所以大學謂修身必先正其心，孟子所謂「養心」「求放心」，都是義以正我的意思。

伍、信義爲立業之本

總統　蔣公說：「我們要做成功事業，一定要先立其本，古人所謂本立而道生，並不是取巧投機所可成功的。投機取巧的反面，就是誠信等道義，一個人作事，必先要信義昭著，俯仰無愧，然後方能取信於人，亦然後方可以得到人家的幫助，即所謂得道多助；尤其是做軍事政治上的事情，格外要能如此，所謂民無信不立，由此可見誠信之重要。」（革命教育的重要）又說：「信義就是要講信實，要講道義，要有氣節。」「惟有誠信，然後可以集義養氣，因能集義養氣，必能誠實守信，信義既彰，人格卓立，然後我們的事業終有成功的基礎，所以說：信義爲立業之本」（總理遺教亦講）。所以他更以信義說明革命和反革命的區別，革命的志士是要有㈠不妥協，㈡不取巧，㈢不投機，㈣不欺騙的德性，這都是有關信義的行爲，投機取巧的人總是趨利赴便，隨著環境的不同而可百變其目的，這樣就不會有信義。一個人具備不妥協、不投機、不取巧、不欺騙的屬性，便是有信義的人，如果有私心、偏心、欺心的病根，便不會是有信義的人。無信義則一切悖理違法之事，無所不爲，因其不知何者爲悖理，何者爲違法，故吾行吾素，無慊於中，久而久之，則習以爲常，終其身而不明其所以然。此種悖理違法之人，到處皆有，孟子所謂「行之而不著焉，習矣而不察焉，終身由之而不知其道者衆矣」。所以孟子勸人要有信義，不可無羞恥之心。「有不虞之譽，有求全之毀」，都不合信義，毀譽不實，機詐變幻不以爲恥，如欺世盜名，鑽營苟且，都是不講信義的關係。

孔子說：「君子義以爲質，禮以行之，孫以出之，信以成之，君之哉！」（衛靈公）又說：「今之成人者何必然，則利思義，見危授命，久要不忘平生之言，亦可爲成人矣。」（憲問）所以凡能成爲君子的人，都是立身有道、信義具備的，所以　蔣公以「信義爲立業之本」，作爲青年守則的重要條件。孔子更告訴世人：「益者三友，損者三友。友直、友諒、友多聞，益矣。友便辟、友善柔、友便佞，損矣。」（季氏）直、諒便是有信義，便辟、便佞是不講信義的，所以青年擇友，是要知所選擇。有信義的人所言必正直可信，所行必果斷負責，其心必堅定難移，與這些人做朋友，自然是有益無損的。人人以信義相互助，則社會國家自然會趨向進步了。

孔孟學說中之「和平」

壹、前　言

現在是世界最動亂的時代，也是人類最渴望和平的時代，近年來，各國人都講和平，而實際上還是講打不講和，專講強權不講公理。我曾說：兩次世界大戰的慘痛教訓，應足以喚醒世人，使知僅憑武力與金錢，不足以解決世界問題。人類的幸福，全憑去私心存公道一念之轉，亦即道德二字的眞義所在；不和不平的事實既存在，世界安有和平之可言。

五十餘年以前，　國父在講民族主義時，曾爲我們指出：「中國更有一種極好的道德，是愛和平。中國人幾千年酷愛和平，是出於天性，論到個人，便是謙讓，論到政治，便是不嗜殺人者能一之，和外國人便有大大的不同。這種特別好的道德，便是我們民族的精神，我們以後對於這種精神，不但要保存，並且要發揚光大，然後我們民族的地位，才可恢復。」因此，他將「和平」列入八德之中，希望國人注意實行。

國父所說的中國人幾千年酷愛和平的德性，實在是接受孔子之道的影響所致，所以我於說明八德中的忠孝、仁愛、信義之後，要敘述孔孟學說中的「和平」。

貳、和與平

孔孟學說最重視和平，可是在《四書》中用到和字與平字並不多，更沒有把和平兩字連用，這是因爲一切道德行爲都和和平有關，只要說明仁義禮智，孝悌忠信種種道德而實行之，和平已在其中。在春秋戰國的動亂時代，民生疾苦，孔孟的棲棲遑遑，周游列國，目的就是要施行仁政，求取和平而反對戰爭。不過和平的效用，並不是專對戰爭而言，修齊治平都需要和平，從個人的心平氣和，溫良謙讓以至於協和萬邦的平天下，內涵十分繁複，恐非本文所能盡述，這裏先說明和與平的意義。

「和」是和順、和協（和諧）、調和、溫和的意思。《中庸》說：「喜怒哀樂之未發謂之中，發而皆中節謂之和。」這是和字的最好解釋，一個人的喜怒哀樂四種感情發出時，都能恰到好處，自然可與人和善相處；如果人人都能如此，自然成爲安和樂利的社會，就是共生共存原則的大用，所以《中庸》說：「中也者天下之大本也，和也者天下之達道也。致中和，天地位焉，萬物育焉。」在《論語》中，孔子的好學生有子曾說：「禮之用，和爲貴，先王之道，斯爲美，小大由之。」（學而）朱子註謂和是從容不迫，就是溫和、和氣。禮主相讓，其體在敬，其用在和，故以和爲貴。先王之道，以和爲美德，小事大事都要和。小事如待人處世要和氣，大事如「師克在和不在衆」，以至「協和萬邦」及孟子所謂「天時不如地利，地利不如人和」。

至於「平」字是公平、平等、平易、平衡的意思，平當然也是一種道德，如同俠義之士的打抱不平，是有正義感的人的正當行爲。我們革命的目的，就是在求政治經濟上的平。最重要的是公平，不平則鳴，最大的效能是平治天下。孔子說：「有國有家者，不患寡而患不均，不患貧而患不安。」不均就是不公平，不公平則社會動盪不安，就難免有傾覆之虞了。至於平天下則如《中庸》說：「國治而後天下平。」「君子篤恭而天下平」。及孟子所說「堯舜之道，不以仁政，不能平治天下」，「人人親其親，長其長而天下平」（離婁）。鄭康成註：「德能平正天下則稱爲平。」意義最爲明顯。

其實和與平的涵義，和近於仁，平近於義，有時很難分辨，尤其是平字常有和的意義，如《春秋・隱公六年》「鄭人來渝平」，杜注平字爲「和而不盟」，孔疏爲「和好」。又〈宣公十五年〉，「宋人及楚人平」，杜注：「總言二國和。」孔疏：「平者和也。」皆以和訓平，所以在八德中的和與平，經常是連用成爲一個名詞的。

參、和平以道德爲基礎

眞正的和平是要以道德爲基礎，沒有道德的和平是假和平，中共崇尚階級鬥爭，階級就是不平，鬥爭就是不和，所以有了共產主義，就不會有和平，正好像一個惡人的笑容，人家說他笑裏藏刀，所以孔子說：「巧言令色，鮮矣仁。」我在上文說，人類的幸福，全憑去私心，存公道一念之轉，也就是說要求和平，衹要有去私心，存公道的道德纔可以實現。

孔孟重視道德，崇尚仁義，故不再多講和平，實踐道德自然可得到和平。中國文化中的和平是與忠孝、仁愛、信義並存的和平，沒有忠孝、仁愛、信義的國家社會也就沒有和平。《孔子家語》中有一段話：「顏淵將西遊於宋，問於孔子曰：『何以爲身？』子曰：『恭敬忠信而已。恭則遠於患，敬則人愛之，忠則和於衆，信則人任之，勤斯四者，可以政國，豈特一身者哉？』」這是說有恭敬忠信道德的人，不但可與人和平相處，而且得人和可以治國。荀子說：「人何以能群？曰：分。分何以能行？曰：義，故義以分則和，和則一，一則多力，多力則彊，彊則勝。」這是說人和的基礎在於各知守分，各知其所應爲，這就是義。國者人之積，如果國人都崇尚道德，則自然得到人和之利，而民族日益繁衍，其國家的歷史文化自然悠久無疆。中國祖先在人類生存原理及倫理道德方面，早有創見，至孔子乃集其大成，以誠、仁、中、行教人，成爲中華民族一脈相承的道統，並形成大剛中正而又愛好和平的民族特性。

國父承襲道統思想，因而發明人類的進化原則與物種的進化原則不同，物種以競爭爲原則，人類則以互助爲原則。社會國家是互助之體，道德仁義是互助之用。人類順此原則則昌，不順此原則則亡。此一互助原則，顯然是指出人獸的分別，使人類迷途知返，發揚人性，消滅獸性，徹底了解人之所以爲人之道，則仁性自顯，不平的得歸於平，不和的自能復歸於和，人類在互助原則下得到和平，乃能向共生共存共進化之途邁進，然後天下爲公，大同的理想世界，定可實現。因此，國父正告世人說：「有道德始有國家，有道德始成世界。」

所以沒有道德做基礎的和平，是一定靠不住的。在三十餘年前，第二次世界大戰結束，日本投降，當時總統 蔣公對全國軍民及全世界人士廣播說：「我們武裝之下所獲得的和平，並不一定是永久和平的完全實現，直要到我們的敵人，在理性的戰場上爲我們所征服，並使他們能徹底懺悔，都成爲世界上愛好和平的分子，像我們一樣之後，纔算達到了我們全體人類企求和平及此次世界大戰最後的目標。」這些先知先覺的廣播詞，世人或早已遺忘， 蔣公深知在武裝之下所獲得的和平，沒有道德的基礎，勢必曇花一現而已。

肆、和平爲處世之本

中國的政治哲學是由內及外層層開展，所以孔孟學說是以修身爲本，「君子修其身而天下平」。孔子的六藝教育中，有禮、樂、射、御四藝是與和平有關的修身處世之道。「禮以節衆，樂以和衆」，是管理衆人所不可缺的，故不可不教。周公成一統之業，即得力於制禮作樂，「以五禮防萬民之僞，而教之『中』；以六樂防萬民之情，而教之『和』。」（周禮）故《呂氏春秋》說：「先王之制禮樂也，非特以歡耳目口腹之欲也，將以教民平好惡，行理義也。」故「治世之音安以樂，其政平也」，「心必和平然後樂」，此正與「禮之用，和爲貴」的意義相同。至春秋之世，禮壞樂崩，而天下以亂，故孔子的六藝教育，首以禮樂，實有救世救民的深遠意義。

達巷黨人曰：「大哉孔子！博學而無所成名。」子聞之，謂門弟子曰：「吾何執？執御乎？執射乎？吾執御矣。」（子罕）可知孔子精擅射御的技藝。據《禮記・射義》所說，古代天子以射選諸侯卿大夫士，男子都要學射，射時飾以禮樂，無非要利用射禮的揖讓進退的禮貌！以測驗其善惡而拔取人才。此與以科舉取士一樣，是公開而公平的比試，當然是要競爭的，不過在比賽時，都要相互舉手揖讓，較射既畢，勝者與不勝者互揖，取酒對飲，勝者所以示謙，不勝者所以示賀，所以孔子說：「君子無所爭，必也射乎？揖讓而升，下而飲，其爭也君子。」（八佾）孔子反對爭，要人尚德尚義，恭敬遜讓不與人爭，於事理之得失，則辨而不爭，對於才藝的勝負，則不能不較量，但要從雍容揖讓周旋中作公開的比賽以取勝，亦以養成和平待人的態度，所以說是君子之爭。猶如現在的體育運動，大家都要講禮貌，勝不驕，敗不餒，所以我常說體育需要團隊精神，自然包括群育。

至於御亦需要和平，《論語・鄉黨篇》記載孔子的公私生活，一動一靜，從容中節。其述孔子御時：「升車，必正立執紼。車中，不內顧，不疾言，不親指。」這是說孔子執御時，身容端肅，從容中禮，可見孔子的莊敬和平，無所不在。有人解釋這一章都與今日的司機應守的規則相符，酗酒暴戾的司機必定多發生車禍，就因爲他情緒失和，所以駕駛舉動亦失去平衡的緣故。

孔子「知和而和」，其燕居之時，「申申如也，夭夭如也」，「色思溫，貌思恭」，所以子貢稱「夫子溫、良、恭、儉、讓」（學而）。〈述而篇〉亦稱「子溫而厲，威而不猛，恭而安」。子夏更解釋「溫而厲」，謂「君子有三變：望之儼然，即之也溫，聽其言也厲」。

子溫而厲，所以他說：「君子和而不同，小人同而不和。」（子路，中庸爲「君子和而不流」）同是捨棄己意而苟合他人之意，君子喻於義，周而不比，故君子雖平易近人，與人相處和諧，但言辭嚴正，不肯與人同流合汙。如果溫而不厲，則有似鄉愿之流，故「柳下惠、聖之和者也」，孟子認爲不如孔子的金聲而玉振之，始終不失義理，所以孔孟思想以「溫其如玉」表示君子之德，玉的特色是外溫潤而內堅剛，堅剛在內則一切生命力量都積聚起來，這就是孟子所說的大丈夫，「富貴不能淫，貧賤不能移，威武不能屈」，「得志，與民由之；不得志，獨行其道」。

人之上下左右前後皆有人與人的關係，必須和平相處以達其共生共存共進化之效，必須消極的不以己之不欲者施於人，如《大學》所說：「所惡於上，毋以使下；所惡於下，毋以事上；所惡於前，毋以先後；所惡於後，毋以從前；所惡於右，毋以交於左；所惡於左，毋以交於右；此之謂絜矩之道。」絜矩之道，即《論語》中「己所不欲，勿施於人」的恕道，人與人相處能行恕道，就能和能平。其次，凡人皆有私慾，要滿足一己的私慾，不免害己害人，人的欲望無窮，不加節制，勢必影響他人的利益，勢必發生爭執、鬥爭，甚至使社會國家動亂敗壞。《荀子》說：「人生而有欲，欲而不得，則不能無求；求而無度量分界，則不能不爭。爭則亂，亂則窮。」（禮論）欲之放縱，小則害己，大則影響人群，不和不平，皆由此生。是以正本清源，必須節欲、寡欲，孟子教人即以寡欲養心。不過寡欲、節欲，並非易事，尤其身居今日繁華的工商社會，五光十色，目見可欲，不能無動於衷。故在個人必須注意平時修養，《荀子》說：「先王惡其亂也，故制禮樂以分之，以養人之欲，給人之求。」又制法律以限之，使人畏而不敢違法，以維持國家社會的安寧和平。 國父認爲人類的思想，可說一種是利己的，一種是利人的。重於利己的思想發達，就漸漸造成政治經濟上不平等了。重於利人的思想發達，則聰明才智的人專謀他人的幸福，所以他提倡人生以服務爲目的，不以奪取爲目的，聰明才力愈大者，當盡其能力而服千萬人之務，造千萬人之福；聰明才力略小者，當盡其能力以服十數百人之務。這種道德訓練自然較之節欲，法律更爲有效。

伍、世界人類之和平前途

今日世界有三種潮流是無法抵禦的，第一是民族間的平等，第二是人民在政治上的平等，第三是人民在經濟上的平等。今日世界所有的動亂，可以說都和這三種思潮有關。現在自由世界的人民都希望和平，而共產國家則惟恐天下不亂，所以共產主義實爲和平的大敵。共產主義社會中，充滿了仇恨、殘暴、投機、鬥爭、恐怖，並無絲毫的和平存在，而共產國家的力量尚在繼續發展擴大，長此以往，則第三次世界大戰勢所難免。現在國際間的和平組織——聯合國，已形同癱瘓，將蹈第一次大戰後的國際聯盟之覆轍。今日科學日精，戰器日漸厲害，原子彈，氫彈，中子彈，洲際飛彈，都足以毀滅世界，消滅人類。是以當前世界的政治家，莫不提倡和平、限武，最近美俄還要舉行裁軍會議，恐都未足以消弭世界的戰亂，和平前途，依然渺茫。

對於這個大問題，我曾經提過幾點意見：㈠東方的王道文化，終必成為人類所瞻望的燈塔；因為王道文化是從數千年痛苦經驗所得的教訓，為人類之廣生和長生計，既知不能憑財，更知不能憑力，必須憑德，和平始有其眞基礎。㈡　國父孫中山先生發明人類進化的原則最為正確，世界人類順此原則則昌，不順此原則則亡，我曾數次發為言論，希望此一原則對於世界文化能有所影響，則世界和平或可邁進一步。㈢三民主義完全適合當前的三潮流，不但我們中華民國必須實踐三民主義，世界各國亦應適用。

國父說：「中國如果強盛起來，我們不但要恢復民族的地位，還要對於世界負一個大責任。……要濟弱扶傾，才是盡我們的天職，……那才算是治國平天下。我們要將來能夠治國平天下，便先要恢復民族主義，用固有的道德和平做基礎，去統一世界，成一個大同之治，這便是是我們四萬萬人的責任。」（民族主義第六講）

總統　蔣公說：「選賢與能，講信修睦，這就是民主國家主權平等的世界。在這世界裏，謀閉而不興，盜竊亂賊而不作，這是天下為公的永久和平世界。」（民生主義育樂兩篇補述）世界人類的和平前途，我人細心觀察，惟有實現中華文化的王道政治，本天下為公的原理，世界大同乃能眞正實現。

孔孟學說中之「禮義廉恥」

壹、前　言

國父主張恢復中國的固有道德，而以忠孝、仁愛、信義、和平的八德為救國的道德。總統　蔣公繼承遺志，於民國二十三年推行新生活運動時，又提出「禮、義、廉、恥」的四維以配合八德。當時的新生活運動經過精密設計，實力策劃，把禮義廉恥的舊道德，加入在新生活的行動之中，　蔣公並為此作了一篇〈禮義廉恥的精義〉，詳加闡釋。二十八年舉行第三次全國教育會議時，　蔣公復建議規定「禮義廉恥」四字為各級學校共通校訓，經大會一致接受；我當時擔任教育部部長，就請　蔣公親書此四字，印製頒發各校懸掛。於是使本已為國人所遺忘的四維，復成為新生活的靈魂及各級學生的訓育目標，風行全國，竟成為對日抗戰、復興民族的主要精神武器。

貳、四維八德、互相關連

民國四十年，中央播遷來台以後，　蔣公認為沒有青年，就沒有革命，歷史證明每當國家面臨狂風暴雨、存亡危急的時候，必定是愛國青年共同一致、團結奮鬥來挽救國家，扭轉時代，所以在〈時代考驗青年、青年創造時代〉講詞中，又再三強調說：「我們今日必須重張禮義廉恥的四維，然後乃能擔負起反共抗俄和復國建國的使命。」

蔣公的政治鬥爭，最重視精神武器，對於民族傳統精神的四維八德，不知講過多少次，在對日抗戰以前，把四維的精義融合於新生活運動之中，發生效力，所以在反共復國的鬥爭中，仍希望繼續推行。他說：「四維八德本來是民族道德和民族精神所寄託的利器，可惜我們有了這樣寶貴的東西，卻不知道怎樣去把握運用，也就等於有了很好的飛機械彈，而不懂怎樣去應用於戰場上是一樣的。我們決不會因為不懂得使用飛機械彈，而說它不是近代的有力武器，因為大家沒有能好好的徹底的設計，切實的推行，把這四維八德運用之於生活上，而且只知跟了人家的腳步，不知不覺的做了共產黨的尾巴，隨聲附和，乃亦否定了自己立國的基礎，和民族所賴以生存的精神——四維八德，認為這些古董決不是我們在反共抗俄鬥爭中的精神武器。」又說：「四維八德是我們幾千年以來最高尚的民族精神和民族道德，在此時期對朱毛的戰鬥中，其最能打進被匪徒裏脅的民衆心坎裏的，實無過於此一武器，唯有它才能喚醒民衆的覺醒，召回民族的靈魂，所以我不憚其煩的一再警告大家，提醒大家，希望大家今後眞能把四維八德生活化、行動化、社會化起來。不要再在口頭上喊喊，紙面上寫寫，自欺欺人了。」

蔣公何以於八德之外又增加了四維呢？他認為：無論禮義廉恥，無論孝悌忠信，無論忠孝仁愛信義和平或是智信仁勇嚴，雖然德目之多寡與文字之標示各不相同，而其所指的眞實意義，都是互相包涵，互相關連，可以彼此發明，貫通一致的。我們所謂「禮」乃是合乎義理的禮，乃是合乎廉恥的禮，眞正能夠做到禮字的人，一定是講道義的，一定是有廉恥的。同樣，能夠做到孝弟忠信，也必完全實踐禮義廉恥，能眞正實踐禮義廉恥的人，就不難做到忠孝仁愛信義和平。所以我們規定禮義廉恥爲新生活運動的準則，並不是說丟開其他的德目不要，也沒有分別取舍的意思在內，其眞正意義乃是特別選定這簡單明切的四個字，拿來統攝我們民族固有的一切美德，使全國國民易於記憶，易於實行，使得每個人都能「重禮、尙義、明廉、知恥」，從而發揚民族道德，以樹立精神的國防，奠定國家千萬年精神基礎。（禮義廉恥的精義）

由上所述，可知禮義廉恥四字是何等的重要。可是這四字本來是在孔子之前的管仲提出的。管仲是中國歷史上一位偉大的政治家，輔佐齊桓公完成霸業，「九合諸侯，一匡天下」，他是當時的聯合國會議主席，德威無與倫比，這是大家都知道的，他所傳下的名言：「禮義廉恥，國之四維，四維不張，國乃滅亡。」這是證明管仲重視道德有勝於武力，其崇德重法的理論，最爲　蔣公所樂道，認爲管仲所說的四維，確是立國治國的大經，所以要特別重視。其實禮義廉恥是中華民族祖宗所流傳下來的美德，不過管仲始予連用稱爲四維，但《管子》書中對於四維的詳細意義並未說明，而眞正說明禮義廉恥的意義而且加以實行的，還有待於孔子和孟子。因此，我要在本文中敘述孔孟學說的「禮義廉恥」。

參、重　禮

孔孟學說於仁義之外，最重視的便是「禮」。因爲仁義爲道德中之首要者，而「禮」源於「德」，「德」源於「道」、「禮」之進一步見之於白紙黑字，則謂之「法」，故禮爲調節仁義使之恰到好處，其實踐則德乃立，其義易明。論語和孟子中用到禮字都多達六十個以上，「禮」在孔孟學說中的重要性，於此可見。禮是甚麼呢？有人加以歸納，大概可有禮儀、典禮、禮制、禮樂、禮節等各種不同的意義，《禮記》中說：「禮也者，理也。」就是說禮是使人們生活中一切個體的或集體的視聽言動，均能合於道理，發而中節，這可以說是最明確的解釋，無論禮儀、禮制、禮節，都要求其合理和恰到好處，所謂「禮之用」「禮之本」「約之以禮」「爲國以禮」等等，都是求其合於道理而已。孔孟學說是講求做人處世的道理和社會秩序的維持，我們闡揚禮義廉恥的道德，用意亦在此，所以只就這一點加以敘述。

蔣公希望國人都能「重禮」，他解釋禮的精義「是規規矩矩的態度」，這正是孔子所說的「立於禮」（泰伯）。禮是概指一切禮儀、禮制、禮節、禮貌而言，都是行爲的準則，一個人的視聽言動，都規規矩矩，合於一切禮節禮貌，自然可立身社會；反之，不知與人相處的規矩，便無以立身處世及難以維持社會秩序，所以孔子又說：「不知禮，無以立也。」（堯曰）〈曲禮〉說：「夫禮者所以定親疏、決嫌疑、別同異、明是非也。禮不妄說人，不辭費，禮不踰節，不侵侮，不好狎。脩身踐言，謂之善行；行脩言道，禮之質也。禮聞取於人，不聞取人。禮聞來學，不聞往教。道德仁義，非禮不成；教訓正俗，非禮不定；班朝治軍，蒞官行法，非禮，威嚴不行；禱祠祭祀，供給鬼神，非禮，不誠不莊；是以君子恭敬撙節退讓以明禮。」這可作「立於禮」的詳細說明。如果一切依此實行，豈不是規規矩矩的表現？

禮之用，如此重要，所以孔子說：「君子義以爲質，禮以行之，孫以出之，信以成之。」「知及之，仁能守之，莊以涖之，動之不以禮，未善也」。（衛靈公）孟子亦說：「仁之實，事親是也；義之實，從兄是也，禮之實，節文斯二者是也。」又說：「君子以仁存心，以禮存心，仁者愛人，有禮者敬人，愛人者人恆愛之，敬人者人恆敬之。」（離婁下）「夫義、路也；禮、門也。惟君子能由是路、出入是門也」（萬章下）。路是指引人之方向；禮是範圍人之行動，顯而易見「非禮之禮，非義之義，大人弗爲」（離婁下）。孟子於此更強調說：「上無禮，下無學，賊民興，喪無日矣。」（離婁上）禮爲國家存亡之所繫，這更可見爲孔孟學說的重視禮了。

肆、尚 義

《易》曰：「立人之道，曰仁與義。」所以孔子重視仁，也重視義。前此，我在〈孔孟學說中之義〉一文中已有所說明。孔子說：「義者宜也」朱子註：「宜者分別事理，各有所宜也。」 蔣公謂「宜，即人之正當行爲。」所以說：「義是正正當當的行爲。」「行爲而不正當，或知其正當而不行，皆不得謂之義」。又說：「義者宜也，須因人制宜，因時制宜，因地制宜，與因位制宜。」　蔣公於此，都有事例說明，這在孔子亦曾說：「君子之於天下也，無適也，無莫也，義之與比。」（里仁）又說：「我則異於是，無可無不可。」（微子）又如孔子對答弟子的請教，予以不同教誨指示，是因人制宜的。

孟子崇尚仁義，對義的說明尤多。他曾說：「義、人路也。」「義，人之正路也」，又說大丈夫要「行天下之大道」，朱子註：「大道、義也。」這些就是說義是人人應該走的正路，也正是　蔣公所說的「正正當當的行爲」。

孔孟尚義的最大功用是勉人重視氣節，發揚正氣，所謂「孔曰成仁，孟曰取義」，這對於歷代的士大夫及智識階級，影響最大，　蔣公稱此爲「轟轟烈烈的犧牲」是尚義的最高表現。孔孟學說認爲士大夫的立身處世，應有其特立獨行，堅守志節之處，就是依於仁、立於禮、行於義，而後達於兼善天下，窮亦獨善其身，雖誘以富貴，不能動其心，困以貧賤，不能變其節，臨以威武，不能屈其志，故當生與義不可兼得之時，寧可舍棄生命而不失義理，所以孟子說：「生亦我所欲也，義亦我所欲也，二者不可兼得，舍生而取義者也。生亦我所欲，所欲有甚於生者，故不爲苟得也。死亦我所惡，所惡有甚於死者，故患有所不避也。」至如何培養氣節，孟子則告人以養其浩然之氣，浩然之氣，是集義所生者，故能至大至剛，配義與道。中華民族受此傳統文化的薰陶，故忠臣義士的慷慨激昂，堅貞不渝，爲國捐軀的人，自古以來，不知凡幾，就是尚義的影響。

伍、明　廉

廉是明辨是非，不稍苟且的意思。　蔣公說：「廉者，明也，能辨別是非，合乎禮義爲是，反乎禮義爲非，知其是而取之，知其非而舍之，此之謂「清清白白的辨別。」清清白白的辨別就是守分，苟非其分，一介莫取，爭奪依賴固所不可，施讓贈與亦有所不屑。所以叫做「廉明」、「廉潔」或「清廉」。

在《論語》中只用了一個廉字，就是「古之矜也廉，今之矜也忿戾」（陽貨）。意思是說古時有操守的人過於嚴厲，明辨是非，凜乎不可侵犯；現在有操守的人，則妄自尊大，暴戾好爭。可是其他說到廉潔的意思不少，如屢次說到「見利思義」（憲問），「見得思義」（季氏、子張），「義然後取，人不厭其取」（憲問）。「富與貴，是人之所欲也，不以其道得之，不處也」（里仁）。「不義而富且貴，於我如浮雲」（述而）。都是明辨義利的明廉。

《孟子》中說到廉字的有「可以取，可以無取，取傷廉」（離婁下）。「故聞伯夷之風者，頑夫廉，懦夫有立志」（萬章下）。「居之似忠信，行之似廉潔」（盡心下）。「陳仲子豈不誠廉士哉」（滕文公下）？他說明廉字的意義與孔子相同，都是要明辨是非，不稍苟且，所以對於鄉愿和陳仲子的「行之似廉潔」，孟子都不以爲廉，可謂明辨之至，所以　蔣公說：「廉通於智，不智的人不能廉，不廉的人其實就是不智。所以對是非善惡，公私義利的界限分不清，對得失榮辱看不明，因此不能『公正廉明』、『臨財不苟得』、『得失取予不合理』，就是不廉、貪污、利令智昏。」一個不廉的人，必不知恥，所以　蔣公的四信條「明禮義、知廉恥、負責任、守紀律」，把廉恥連用，可見廉與恥關係密切。歐陽修說：「禮義、治人之大法，廉恥、立人之大節。蓋不廉則無所不取，不恥則無所不爲，人而如此，則禍敗亂亡，亦無所不至，況爲大臣而無所不取，無所不爲，則天下其有不亂、國家其有不亡者乎？」（新五代史馮道傳）

陸、知恥

恥就是羞惡之心，孟子以羞惡之心爲義，　蔣公則以爲恥，實在是禮義廉恥，互相貫通，如有失禮、無義、不廉的行爲，自然是可恥的。所以　蔣公說：「恥者知也，即知有羞惡之心，人之行爲若不合禮義廉而自覺其不合者，謂之知恥。」知恥是做人的基本條件，顧亭林說：「四者之中，恥尤爲要。故夫子之論士曰：『行己有恥。』孟子曰：『人不可以無恥。無恥之恥，無恥矣。』又曰：『恥之於人大矣。爲機變之巧者，無所用恥焉。』所以然者，人之不廉而至於悖禮犯義，其原皆生於無恥也，故士大夫之無恥，是爲國恥。」（日知錄）此段說明孔孟學說中的知恥最爲扼要。

孔子的「行己有恥」（子路）是修身的基本條件。孔子最重視言行相顧，所以說：「君子恥其言而過其行。」（憲問）「古者言之不出，恥躬之不逮也」（里仁）。「巧言令色足恭，左丘明恥之，丘亦恥之。匿怨而友其人，左丘明恥之，丘亦恥之」（公治長）。孟子亦說：「故聲聞過情，君子恥之。」（離婁下）「不仁不智，無禮無義，人役也。人役而恥爲役，由弓人而恥爲弓，矢人而恥爲矢也；如恥之，莫如爲仁」（公孫丑上）。「位卑而言高，罪也；立於人之本朝而道不行，恥也」（萬章下）。大概言不顧行、行不顧言的人，就是虛僞的人，不會有羞惡之心，不會有切切實實的覺悟，不會有知恥而不爲之心。

其次，孔子教人知恥，但對於爲學則應「知之爲知之，不知爲不知」，所以說：「敏而好學，不恥下問。」（里仁）孔子自謂其博學多能，便是由問得來，「入太廟，每事問」，（八佾），證明孔子的好古敏求。在生活上則不以惡衣惡食爲恥，他說：「士志於道，而恥惡衣惡食者，未足與議也。」（里仁）又說：「衣敝縕袍，與衣狐貉者立而不恥者，其由也與？」（子罕）由於子路能志於道，故不以惡衣惡食爲恥。孔子認爲可恥的是不能行道，所以說：「邦有道，穀；邦無道，穀，恥也。」（憲問）「邦有道，貧且賤焉，恥也。邦無道，富且貴焉，恥也」（泰伯）。

孔子以好學、力行、知恥爲修身之要件，在《中庸》中說：「好學近乎知，力行近乎仁，知恥近乎勇。知此三者則知所以修身，知所以修身，則知所以治人。」就中「知恥近乎勇」最爲重要，有恥的人一定有恥不若人的覺悟，而後有刻苦奮鬥的勇氣，所以「明恥教戰」，要國人知道國家受人欺凌，共同奮發圖強，以雪國恥，一定要先使國人知恥，才能發生勇氣，近來索忍尼辛批評西方國家的領導階層失去道德的勇氣，這就是說也們不知恥。

柒、四維既張、國乃復興

管子說：「禮義廉恥，國之四維，四維不張，國乃滅亡。」　蔣公爲使國人更加重視四維，而能奮發圖強，乃修正管子的名言爲「禮義廉恥，國之四維、四維既張，國乃復興」。這是有積極作用的修正，可謂意義深長，用心良苦。他認爲要救社會上反覆虛僞、浮誇凌亂的風氣，唯有齊之以禮，使民衆崇信；要救社會上澆薄殘忍、冷酷自私的風氣，唯有示之以義，使民衆興仁；要救社會上貪婪放浪，義利不分的惡習，唯有砥之以廉，使民能有辨明眞正是非的智慧；要救社會上怯懦苟且、墜落消沉的惡習，唯有勵之以恥，使民能有感激效命、犧牲奮鬥的勇氣。他說：「我所以選定禮義廉恥四字爲新生活運動的準則，不僅因爲這四字在我們中國是耳熟能詳，易於記憶，也實在是針對一切亡國末流的惡德，而加以一番積極的針砭。」管子謂：「一維絕則傾，二維絕則危，三維絕則覆，四維絕則滅。傾可正也，危可安也，覆可起也，滅不可復錯也。」我們目前社會上的頹風惡習，禮義廉恥的四維雖未至於絕，而傾危的危機頗爲顯著，至足令人憂懼。

蔣總統主持行政院時，主張廉能政治，推行國家建設，興利除弊，已樹立良好的基礎。目前在就任總統的致詞中，重申確立廉能政治爲大政方針之一，並呼籲國人共同參與，以宏濟時艱。行政院孫院長亦決心矯正社會風氣，所訂頒的十項革新實施要點，就中多與禮義廉恥有關。他向立法院報告，以改革社會風氣是當前政府重要施政目標之一。由於社會風氣隨著經濟的繁榮進步，不免造成奢靡的不正當的畸形現象，導致社會風氣日趨浮華奢侈，完全與禮義廉恥背道而馳。此一現象決不可任其日漲。過去對此固曾注意革新，但結果多流於形式，最後甚至束之高閣，難以收效。甚望此次的革新運動，蔚成風氣，創造一個節約樸實的健康社會。孔子說：「道之以政，齊之以刑，民免而無恥；道之以德，齊之以禮，有恥且格。」意思是說政府如果用苛刻的政令和嚴厲的刑罰來整飭社會，人們心定盡量逃避而並無知恥不爲之心；必須運用道德的影響力，確立劃一的法治制度使國人所遵循，那麼國人都有知恥不爲之心，而自動的進於正道了。孟子說：「自暴者不可與有言也，自棄者不可與有爲也。言非禮義，謂之自暴也，吾身不能居仁由義，謂之自棄也。」所以今日的革新運動，政府的領導階層都必須先修其身，然後運用道德的影響力，使四維復張，使大家都能「重禮、尚義、明廉、知恥」。則復國大業必可達成無疑。

君子與小人

今日之世界，可謂君子道消小人道長。其何以致此，則曰，人爲財奴與人爲物役，而不自知，由於道義之不被重視，故僞可勝誠，暴可勝仁，偏可勝中而鬥可代行，人不像人，又何事可成耶！ 國父嘗言：「有道德始有國家；有道德始成世界。」惟國家與世界均集人而成者，則人之善惡標準，其能忽乎？

昔讀論語，嘗怪孔子問弟子，如子貢、子路，從學聖人，皆切切焉以如何斯可謂士，如何斯可謂君子爲問，何其視士與君子如是其重也！已而思之，乃知孔門所謂爲學，所謂道德，皆所以成其爲士爲君子也，故立身行己，皆以此爲歸，惴惴焉，惟懼陷於小人，而不得立於士君子之林。荀卿云：「君子之謂吉，小人之謂凶。」爰搜集《四書》、《五經》中君子與小人之材料，予以編輯，以供國人之參考焉。

壹、君子與小人之分析

人之初生，其性皆善。所謂性者，即天賦人以仁義禮智之稟，而有惻隱、羞惡、辭讓、是非之心，以遂行其天理，此即率性之謂道，然人世間之遭遇，有富貴貧賤之不同，順逆與衰之各異，安於天理者，無論處富貴貧賤順逆興衰之境，靡不泰然自得，各守其分，不以富貴順興而現驕矜之色，不以貧賤逆衰而懷懊喪之念，是以見人之富貴順興，未嘗羨慕之，見人之貧賤逆衰，抑且憐憫之，甚或移己之富貴順興，以救人濟世，展其仁慈。安己之貧賤逆衰，以特立獨行，奮其才智。此君子之所爲，能承天賦之稟，而不悖於仁義禮智之性也。小人則反是，貪圖富貴順興，厭惡貧賤逆衰，於是夤緣奔競，罔顧廉恥，惟期得達所求，而人格掃地矣。此無他，惑於外物之誘，致蔽天賦之性，孔子所謂性相近、習相遠者是也。蓋君子與小人之分，不在於地位之高低，資財之有無，而在於品德之能勵與否，節操之能守與否，故吾儕之持躬處世，應勉爲君子，而毋爲小人，則人品高尚，社會安寧，進而使國家富強，世界和平，以實現大同也。

方今科學昌明，物質之進步，日新月異。而貪求享受，亦人之常情。惟享受應有限度，視力之所能者而享受之，不作非分之想，則心安理得，自躋於君子之林矣。否則慕一時之虛榮，竟不惜營私舞弊，貪贓枉法，甚至殺人越貨，取得非義之財，而度其優厚之生活，因而身敗名裂，不堪收拾，是乃小人之尤者。他若專攻心計，爲借公濟私，損人利己之事，亦小人所優爲。君子所不屑也。總之君子爲善人，小人爲惡人，爲人人所共知，故人皆欲爲君子而無爲小人。顧如何爲君子，如何爲小人，不可不有所分辨焉。爰以意舉例，約略言之於後。

孟之曰：水性無分於東西，無分於上下乎，人性之善也，猶水之就下也，人無有不善，水無有不下。今夫水，搏而躍之，可使過顙，激而行之，可使在山，是豈水之性哉，

其勢則然也，人之可使爲不善，其性亦猶是也。（孟子告子章上）

惻隱之心，仁之端也；羞惡之心，義之端也；辭讓之心，禮之端也；是非之心，智之端也，人之有是四端也，猶其有四體也。（孟子公孫丑章上）

貳、君子之道與小人之道

君子秉承天賦之性，自能率性以爲道，而小人亦自有其道，惟未能秉承天賦之性耳。君子之行道，重實質而不尚虛文，有內涵而無關外體，故尊德性以存道體之廣大，道學問以盡道之精微，既不以私意自蔽，亦不以私欲自累，乃能涵泳其所已知，敦篤其所已能，而析理無毫釐之差，處事無過不及之謬，自臻於高明之境，而合乎中庸之道。蓋行道既久，則功深養到，突放光芒，可以由此以見彼，本內以形外，而知遠之近，知風之自，知微之顯矣，故曰君子之道費而隱（中庸第十二章）。所謂費者，爲用之廣，所謂隱者，其體之微，即尊德性而道問學。是以初雖闇然，厥後則章若日星，此君子入德之門徑矣。至小人之道，始似頗重道義，倍表殷勤，迨一遇利害，即怒目相向，反成仇敵，故其道的然而日亡。不若君子之淡而不厭，簡而文，溫而有理焉，然後知君子之道，辟如行遠路者，必以近處爲起點，登高山者，必以卑地爲始基，循序漸進，方足以致遠升高，何可躐等以致之乎？

《詩曰》：「衣錦尚絅」。惡其文之著也。故君子之道，闇然而日章。小人之道，的然而日亡。君子之道，淡而不厭，簡而文，溫而理，知遠之近，知風之自，知微之顯，

可與入德矣。（中庸第三十三章）

故君子尊德性而道問學，致廣大而盡精微，極高明而道中庸，溫故而知新，敦厚以崇禮。（中庸第二十六章）君子之道，辟如行遠必自邇，辟如登高必自卑。（中庸第十五章）

君子固率性以爲道，然若不學，則未免惑於外誘，率性不篤，而漸流爲小人矣，故君子必學以致其道，是猶百工居肆以成其事也，所以孔子嘗曰，君子（在位者）學道則愛人，小人（人民）學道則易使，以示人之不能執持天性以爲道者，則藉學以補救之。孟子亦曰，君子深造（學）之以道，欲其自得之也，自得之，則居之安，居之安，則資之深，資之深，則取之左右逢其源，故君子欲其自得之也（孟子離婁章下）。所謂自得之者，即本諸己身之修持，而己身修持之道，君子所貴者三，一爲動容貌，使無粗暴慢肆之舉，二爲正顏色，使誠實而無欺罔之態，三爲出辭氣，使無庸俗背理之言，三者俱備，則己身已修，動而可爲天下道，行而可爲天下法，言而可爲天下則，此由於君子之志於道，學深養到，乃能成爲文章，而表現於事物之間。否則其道不達，猶水之不盈科而不行也。是以君子之言，不下帶而其道自存。蓋君子之所守者爲修身，身修以爲政，則國治而天下亦平。即孟子所謂君子反經（常道）而已矣。經正則庶民興，庶民興，斯無邪慝（小人）矣。（孟子盡心章下）：

子夏曰：百工居肆，以成其事，君子學以致其道。（論語子張篇）

子之武城，聞絃歌之聲，夫子莞爾而笑曰：割雞焉用牛刀。子游對曰：昔者偃也聞諸夫子曰，君子學道則愛人，小人學道則易使也。子曰：二三子，偃之言是也，前言戲

之耳。（論語陽貨篇）

故君子之道，本諸身，徵諸庶民，考諸三王而不謬，建諸天地而不悖，質諸鬼神而無疑，百世以俟聖人而不惑。質諸鬼神而無疑，知天也，百世以俟聖人而不惑，知人也。是故君子動而世爲天下道，行而世爲天下法，言而世爲天下則，遠之則有望，近之則不厭。（中庸第二十九章）

君子所貴乎道者三：動容貌，斯遠暴慢矣；正顏色，斯近信矣；出辭氣，斯遠鄙倍矣。籩豆之事，則有司存。（論語泰伯篇）

流水之爲物也，不盈科不行，君子之志於道也，不成章不達。（孟子盡心章上）

孟子曰：言近而指遠者，善言也。守約而施博者，善道也。君子之言也，不下帶而道存焉。君子之守，脩其身而天下平。人病舍其田，而芸人之田，所求於人者重，而所以自任者輕。（孟子盡心章下）

他若仁智勇三者，亦爲君子涉世之要道，仁者之愛，至公至正，足以勝私，故處事坦然而不憂。智者之明，詳辨是非，足以析理，故遇事斷然而不惑。勇者之氣，配義與道，足以任重，故見事毅然而不懼，然以孔子之聖，猶自謙我無能焉，可見君子之道之難也。小人則無論矣。

子曰：君子道者三，我無能焉。仁者不憂，智者不惑，勇者不懼。子貢曰：夫子自道也。（論語憲問篇）

參、君子中庸小人反中庸

不偏之謂中，不易之謂庸。中者，天下之正道，庸者，天下之定理。此程子闡釋中庸之要旨。中道爲我國數千年道統之傳，堯命舜曰：「天之曆數在爾躬，允執厥中。」（論語堯曰篇）舜亦以命禹，而又加以「人心惟危，道心惟微，惟精惟一」之三言，以明人心易私而難公，故危；道心難明而易昧，故微；惟能精以察之，而不雜形氣之私，一以守之，而純乎義理之正，則道心常爲之主，而人心聽命焉，危者自安而微者自著，動靜云爲，當無過不及之差，而能執中道矣。故孔子譽舜執兩端而用中爲大智。君子知中庸之道在於我，隨時省察，務使所表現於事物者，適得其分恰到好處，而無絲毫之偏。蓋中居正位，平衡四方，儼然有不可干犯之勢。小人反其道而行之，其所以致此者，不外乎私心太重，不顧公道，惟知利己，何惜損人，於是肆欲妄行，而無所忌憚矣。

人心惟危，道心惟微，惟精唯一，允執厥中。（書經大禹謨）

子曰：舜其大知也與！舜好問而好察邇言，隱惡而揚善，執其兩端，用其中於民，其斯以爲舜乎？（中庸第六章）

仲尼曰：君子中庸，小人反中庸。君子之中庸也，君子而時中；小人之中庸也，小人而無忌憚也。（中庸第二章）

中庸之道，不涉偏私，爲德之至善至美者。然春秋之時，世衰道微，人皆私欲熏心，重霸輕王，見利忘義，心一私，則不公隨之而生，尚何中道可言，故孔子慨民之鮮能者久矣。

子曰：中庸其至矣乎！民鮮能久矣。（中庸第三章）

肆、君子喻於義（以宜仁、禮、勇之應用）小人喻於利

君子與小人之分，一則循天理，一則逞人欲，簡言之，即義與利而已。所謂義者，天理之所宜。人之欲莫甚於生，而惡莫甚於死，君子知制天理之宜，則舍生以取義。所謂利者，人欲之爲誘，非僅貨財也，如以私害公，適己自便，凡有害於天理者皆屬之，而爲小人之所好，故孔子曰：「君子喻於義，小人喻於利。」（論語里仁篇）且謂：「君子之於天下也，無適（讀的，可的意思。）也，無莫（不可）也，義之與比。」（論語里仁篇）即言君子之於天下，當無可無不可之間，則惟義是從。是以勉門人子夏曰：「女（同汝）爲君子儒，無爲小人儒。」（論語雍也篇）欲其重義而輕利也。

第義之激發，往往基之於仁，君子未有不仁者，小人未有仁者也。仁爲心之德，愛之理，而義爲心之制，事之宜，故惻隱之心動，則激昂之氣生。如君子之於禽獸，見其生不忍見其死，聞其聲不忍食其肉，是仁之表現。至君子之遠庖廚，則爲義之行動。此仁義之互爲表裏，相濟以成者也。

子曰：君子而不仁者，有矣夫；未有小人而仁者也。（論語憲問篇）

曰：無傷也，是乃仁術也，見牛未見羊也。君子之於禽獸也，見其生不忍見其死，聞

其聲不忍食其肉，是以君子遠庖廚也。（孟子梁惠王章上）

惟仁義之行，又須以禮成之。陳敬仲飮桓公酒樂，辭以卜晝不卜夜。君子稱其：「酒以成禮，不繼以淫，義也，以君成禮，弗納於淫，仁也。」《易・乾卦・文言》曰：「君子體仁足以長人，嘉會足以合禮，利物足以和義，貞固足以幹事。」蓋以仁爲體，則無物不愛，以義利物，則無往不和，而復合之以禮，自足以幹事矣。故君子欲行仁義之道，禮其本也（禮記禮器篇）。孟子謂君子所異於人者，以仁存心，以禮存心，仁者愛人，而人亦愛之，有禮者敬人，而人亦敬之。《易・坤卦》則曰：「君子敬（禮）以直內，義以方外，敬義立而德不孤。」即子夏所謂：「君子敬而無失，與人恭而有禮，四海之內，皆兄弟也。」（論語顏淵篇）尚何患德之孤耶；此言仁義之行，不可不有禮以濟之，且君子之於禮，必先出之以遜退，然後成之以誠信，而其始莫不以義爲質。義乃制事之本，使仁不妄施，而禮不濫行也。小人則不恥不仁，不畏不義，不見利不勸，且以小善爲旡益而弗爲，小惡爲旡傷而弗去，故惡積而不可掩，罪大而不可解。凡小人之作爲，適與君子背道而馳，卒致身敗名裂，不可收拾，亦其分所應得，事所當然。然則人其可不勉爲君子而毋爲小人乎？

陳敬仲飮桓公酒樂。公曰：以火繼之。辭曰：臣上其晝，未上其夜，不敢。君子曰：酒以成禮，不繼以淫，義也。以君成禮，弗納於淫，仁也。（左傳莊公二十年）

文言曰：元者，善之長也。亨者，嘉之會也。利者，義之和也。貞者，事之幹也。君子體仁足以長人，嘉會足以合禮，利物足以和義，貞固足以幹事，君子行此四德者，

故曰乾，元亨利貞。（易經乾卦）

孟子曰：君子所異於人者，以其存心也。君子以仁存心，以禮存心。仁者愛人，有禮者敬人。愛人者，人恆愛之；敬人者人恆敬之。（孟子離婁章上）

直其正也，方其義也，君子敬以直內，義以方外，敬義立而德不孤，直方大，不習旡不利，則不疑其所行也。（易經坤卦）

子曰：君子義以爲質，禮以行之，孫以出之，信以成之，君子哉！（論語衛靈公篇）

子曰：小人不恥不仁，不畏不義，不見利不勸，不威不懲，小懲而大誡，此小人之福也。……善不積足以成名，惡不積不足以滅身，小人以小善爲旡益而弗爲也，以小惡爲旡傷而弗去也，故惡積而不可掩，罪大而不可解。易曰，何校滅耳凶。（易經繫辭下第五章）

義以制仁與禮之宜，既如上述，而子路問君子尙勇，孔子則答曰：君子義以爲尙，並示以君子有勇而無義爲亂，小人有勇而無義爲盜，故尙勇之人，不知尙義以制之，大則犯上叛國，小則損人害己，將流爲罪惡之小人矣。惟見義不爲，則爲無勇，亦君子所不取。至子貢問君子之所惡。孔子謂惡勇而無禮者。子貢亦謂惡不孫（無禮）以爲勇者，於此可見人之尙勇，既須重義，而尤須有禮也，故君子無所爭，即爭射之勝負，亦揖讓而升，下而飲，其雍容謙遜之風度有如是者，豈若小人之好勇鬪狠，惟利是爭乎？

子路曰：君子尚勇乎？子曰：君子義以爲尚，君子有勇而無義爲亂，小人有勇而無義

爲盜。（論語陽貨篇）

子曰：見義不爲，無勇也。（論語爲政篇）

子貢曰：君子亦有惡乎？子曰：有惡，惡稱人之惡者，惡居下流而訕上者，惡勇而無禮者，惡果敢而窒者。曰：賜也亦有惡乎？惡徼以爲知者，惡不孫以爲勇者，惡訐以爲直者。（論語陽貨篇）

子曰：君子無所爭，必也射乎，揖讓而升，下而飲，其爭也君子。（論語八佾篇）

伍、君子與小人之出處

天下有道則現，無道則隱，此君子出處之原則。小人則反是，故《易》之〈泰卦〉曰：「泰、小往大來，吉亭。」小謂陰，大謂陽，亦即謂陽爲君子，陰爲小人，小往大來，則君子在內以秉政，小人在外而無權；因之天地交泰，后（在位者）以財成天地之道，輔相天地之宜，以左右民。是君子之道長，而小人之道消矣。至否卦則正與泰卦相反，其辭曰：「否之匪人，不利君子貞，大往小來。」所謂匪人者，不行人道之人也，其不利於君子之正道者明矣，是以君子儉德辟難而居於外，小人則竊位在內，以橫行暴政，此非小人之道長，而君子之道消乎？故孔子謂：「君子之道，或出或處，或默或語，二人同心，其利斷，同心之言，其臭如蘭。」（易經繫辭上第八章）蓋即〈泰卦〉上下交而其志同之意也。

泰小往大來，吉亨。象曰：泰，小往大來，吉亨。則是天地交而萬物通也，上下交而其志同也，內陽而外陰，內健而外順，內君子而外小人，君子道長，小人道消也。象曰：天地交泰，後以財成天地之道，輔相天地之宜，以左右民。（易經泰卦）

否之匪人，不利君子貞，大往小來。象曰：否之匪人，不利君子貞。則是天地不交而萬物不通也。上下不交而天下無邦也，內陰而外陽，內柔而外剛，內小人而外君子，小人道長，君子道消也。象曰：天地不交否，君子以儉德辟難，不可榮以祿。（易經否卦）

君子素其位而行，不作非分之想，無論居富貴貧賤夷狄，患難之中，皆能適應環境，隨遇而安，故在上不陵下，在下不援上，既不怨天，亦不尤人，惟知正己，而無求於人，其居易俟命如此，是以無入而不自得焉。小人貪婪心重，易爲物誘，故不當得者，亦思有以得之，於是寡廉鮮恥，無所不用其極，或脅肩諂笑，以取寵求榮，或威逼利誘，以強取豪奪，其徼幸之心，時動於中，遂使險惡行動，竟不顧後患而冒昧爲之。

君子素其位而行，不願乎其外。素富貴，行乎富貴；素貧賤，行乎貧賤；素夷狄，行乎夷狄；素患難，行乎患難；君子無入而不自得焉。在上位，不陵下；在下位，不援上；正己而不求於人，則無怨，上不怨天，下不尤人，故君子居易以俟命，小人行險以徼幸。（中庸第十四章）

君子居易俟命，所行不合於義，則可不食其祿。孔子戹於陳蔡之間，以其加臣皆惡，不屑作上下之交，此君子超然具獨立不懼，遯世无悶之志節也，然一旦在位，則展其抱負，民皆蒙麻，有如以輿載民，而安赴前程矣。小人得勢，則倒行逆施，未有不使國社覆亡者，是無異人之剝蝕居廬，致無棲身之所，此小人之終不可用以任事，其所以勿用者，以必致亂其邦也。惟君子可以大受，託六尺之孤，寄百里之命，臨大節而不可奪。故君子居是國也，其君（在位者）用之，則安富尊榮，其子弟從之，則孝弟忠信。小人則祇可小知而不可大受。綜觀史册所載，其召亡國之禍者，無不擯斥君子，而引用小人，有以致之耳。

象曰：君子於行，義不食也。（易經明夷卦）

孟子曰：君子之戹於陳蔡之間，無上下之交也。（孟子盡心章下）

象曰：澤滅木，君子以獨立不懼，遯世旡悶。（易經大過卦）

象曰：君子得輿，民所載也，小人剝廬，終不可用也。（易經剝卦）

象曰：大君有命，以正功也，小人勿用，必亂邦也。（易經師卦）

子曰：君子不可小知而可大受也，小人不可大受而可小知也。（論語衛靈公篇）

曾子曰：可以託六尺之孤，可以寄百里之命，臨大節而不可奪也，君子人與？君子人也。（論語泰伯篇）

公孫丑曰：詩曰：「不素餐兮。」君子之不耕而食，何也？孟子曰：孟子居是國也，其君用之，則安富尊榮，其子弟從之，則孝弟忠信，不素餐兮，孰大於是！（孟子盡心章上）

陸、君子愛民小人虐民

君子治國，以愛民爲本。孔子答子張之問從政，曰，尊五美：一因民之所利而利之，則惠而不費；二爲擇可勞而勞之，則勞而不怨；三爲欲仁而得仁，則欲而不貪；四爲無衆寡，無小大，無敢慢，則泰而不驕；五爲正其衣冠，尊其瞻視，儼然人望而畏之，則威而不猛。五美既具，又須屏除四惡：一曰不教而殺謂之虐；二曰不戒視成謂之暴；三曰慢令致期謂之賊；四曰猶之與人也，出納之吝，謂之有司。由是以觀，君子愛民之心，至深且切。小人爲政，既不尊五美，而又不屏四惡，此非虐民而何？且君子之愛民，以身作則，孔子答子路之問君子，始示以修己以敬，繼示以修己以安人，終示以修己以安百姓，故欲民興孝，則先老吾之老；欲民興弟，則先長吾之長；欲民不倍，則先恤吾之孤，上行下效，如風偃草，此之謂絜（度也）矩（所以爲方）之道，使下上前後，左右四方，均齊方正，而無稍偏頗，則人心所感，無一夫不爲之化，斯即不出家而成教於國。《易》之〈履卦〉曰：「君子以辨上下，定民志。」惟上下之辨，民志之定，則貴乎立信，信既立矣，而後下以勞其民，民盡其力，上以諫其君，君從其言。否則未信以勞下，下以爲厲己，未信以諫上，上以爲謗己，上下猜疑，民志尚能定乎。其〈謙卦〉曰：「謙謙君子，卑以自牧。」又曰：「勞謙君子，萬民服也。」君子先愼乎德，而後有人、有土、有財。盇德者本也，財者末也，是以君子不盡利以遺民（禮記坊記篇），即重德輕利也。本末有序，篤恭自持，國治而天下亦平。小人之長國家，則以務財用爲急，於是搜括聚歛，不擇手段，不遺餘力，而抑知財聚則民散，民散則國亡，故小人之爲國家，未有不菑害並至者，此虐民之後果也。

子張問於孔子曰：何如斯可以從政矣？子曰：尊五美，屏四惡，斯可以從政矣。子張曰：何謂五美？子曰：君子惠而不費，勞而不怨，欲而不貪，泰而不驕，威而不猛。子張曰：何謂惠而不費？子曰：因民之所利而利之，斯不亦惠而不費乎？擇可勞而勞之，又誰怨？欲仁而得仁，又焉貪？君子無衆寡，無小大，無敢慢，斯不亦泰而不驕乎？君子正其衣冠，尊其瞻視，儼然人望而畏之，斯不亦威而不猛乎？子張曰：何謂四惡？子曰：不教而殺謂之虐，不戒視成謂之暴，慢令致期謂之賊，猶之與人也，出納之吝，謂之有司。（論語堯曰篇）

子路問君子：子曰：修己以敬。曰：如斯而已乎？曰：修己以安人。曰：如斯而已乎？曰：修己以安百姓；修己以安百姓，堯舜其猶病諸。（論語憲問篇）

所謂平天下，在治其國者，上老老而民興孝，上長長而民興弟，上恤孤而民不倍，是以君子有絜矩之道也。所惡於上，毋以使下，所惡於下，毋以事上，所惡於前，毋以先後，所惡於後，毋以從前，所惡於右，毋以交於左，所惡於左，毋以交於右，此之謂絜矩之道。（大學傳之十章）

象曰：上天下澤，履，君子以辨上下，定民志。（易經履卦）

子夏曰：君子信而後勞其民，未信，則以爲厲己也。信而後諫，未信，則以爲謗己也。

（論語子張篇）

象曰：謙謙君子，卑以自牧也。（易經謙卦）

象曰：勞謙君子，萬民服也。（易經謙卦）

是故君子，先愼乎德，有德此有人，有人此有土，有土此有財，有財此有用。德者本也，財者末也，外本內末，爭民施奪。是故財聚則民散，財散則民聚。（大學傳之十章）

詩曰：不顯惟德，百辟其刑之。是故君子篤恭而天下平。（中庸第三十三章）

長國家而務財用者，必自小人矣，彼爲善之，小人之使爲國家，菑害並至，雖有善者，亦無如之何矣。此謂國不以利爲利，以義爲利也。（大學傳之十章）

君子以信讓蒞民，不虐幼賤，其容民畜衆如是，故民之報禮亦重。君子復能審聲以知音，審音以知樂，審樂以知政，而治道始備，故反情以知其志，廣樂以成其教，樂行而民知嚮方正之道，乃可以觀民之德矣。至君子之治人，即以其人之道，還治其人之身，迨其能改，即止不治其罪。是以君子明愼用刑，而不留獄。且議獄之輕重大小，以緩罪人之死。心地之仁，德澤之厚，宜其不賞而民勸，不怒而民威於鈇鉞。惟君子之仁愛，亦有遠近親疏之別，孟子謂：「君子之於物也，愛之而弗仁，於民也，仁之而弗親，親親而仁民，仁民而愛物。」（孟子盡心章上）視其分之不同，而爲等差耳。

故君子之信讓蒞民，則民之報禮重。（禮記坊記篇）

君子之不虐幼賤，畏於天也。（左傳昭公八年）

象曰：地中有水，師，君子以容民畜眾。（易經師卦）

唯君子爲能知樂，是故審聲以知音，審音以知樂，審樂以知政，而治道備矣。（禮記樂記篇）

是故君子反情以和其志，廣樂以成其教，樂行而民鄉方，可以觀德矣。（禮記樂記篇）

詩云：伐柯伐柯，其則不遠。執柯以伐柯，睨而視之，猶以爲遠，故君子以人治人，改而止。（中庸第十三章）

象曰：山上有火旅，君子以明愼用刑，而不留獄。（易經旅卦）

象曰：澤上有風，中孚，君子以議獄緩死。（易經中孚卦）

詩曰：奏假無言，時靡有爭。是故君子不賞而民勸，不怒而民威於鈇鉞。（中庸第三十三章）

小人無仁愛之心，故其爲政，動輒虐民，如夏之桀，商之紂，周之幽厲，其最著者也。故《詩・小雅・節南山篇》有云：「昊天不傭，降此鞠訩，昊天不惠，降此大戾。君子如屆，俾民心闋；君子如夷，惡怒是違。」其意言周幽王用尹吉甫之後爲太師，虐民太甚，致天降鞠訩與大戾，而人民受苦矣。如幽王能若君子之無所苟，而事必躬親，則民之亂心息。若君子之無所偏，而事必公平，則民之惡怒遠之。乃幽王不察，任用尹氏之小人，致國亂民貧，外夷內侵。《易》之〈師卦〉曰：「小人勿用，必亂邦也。」信然。

柒、君子之於富貴貧賤與小人不同

君子無終食之間違仁，是以富貴貧賤，若不以道得之，則富貴不處，貧賤不去，其安分守己也如是，故君子辭貴不辭賤，辭富不辭貧。小人貪富貴而厭貧賤，不問道與不道，惟富貴是求，貧賤是祛，於是無惡不爲，此小人與君子不同之處也。孔子云：「小人貧斯約，富斯驕，約斯盜，驕斯亂。聖人之制富貴也，使民富不足以驕，貧不至於約，貴不慊於上，故亂益亡（同無）。」孔子在陳絕糧，子路慍見曰：「君子亦有窮乎？」孔子告以君子固窮，小人窮，斯濫矣。

子曰：富與貴，是人之所欲也。不以其道得之，不處也。貧與賤，是人之所惡也。不以其道得之，不去也。君子去仁，惡乎成名？君子無終食之間違仁，造次必於是，顛沛必於是。（論語里仁篇）

子云：君子辭貴不辭賤，辭富不辭貧，則亂益亡。（禮記坊記篇）

子云：小人貧斯約，富斯驕，約斯盜，驕斯亂。禮者，因人之情，而爲之節文，以爲民坊者也，故聖人之制富貴也，使民富不足以驕，貧不至於約，貴不慊於上，故亂益亡。（禮記坊記篇）

在陳絕糧，從者病，莫能興。子路慍見曰：君子亦有窮乎？子曰：君子固窮，小人窮，斯濫矣。（論語衛靈公篇）

君子好善而惡惡，故其心懷德以為善，懷刑而不屑為惡。小人以得為務，故其心既懷欲得土地，而又懷人之施惠於我。此君子與小人所懷之不同也。君子行法以俟命，凡天理之所當然者，無不循其理而為之，所謂正其義不謀其利，明其道不計其功，惟俟我之命而已。小人行險以徼幸，即不當得者，亦思有以得之，至後患無窮，則不遑顧及矣。

子曰，君子懷德，小人懷土，君子懷刑，小人懷惠。（論語里仁篇）

君子行法，以俟命而已矣。（孟子盡心章下）

故君子居易以俟命，小人行險以徼幸。（中庸第十四章）

捌、君子與小人之憂樂

人遇得意之事則樂，失得之事則憂，此常情也。惟君之憂樂，異於小人。君子之所樂，樂得其道，小人之所樂，樂得其欲，君子樂道，乃能以道制欲，故樂而不亂，小人樂欲，致忘其道，則惑而不樂。蓋小人之樂，樂其樂而利其利，雖有樂之名，而未眞得樂趣也。君子根於仁義禮智之天性，是以廣土衆民，君子欲之，而所樂不存焉，中天下而立，定四海之民，君子樂之，而所性不存焉。惟保持其所得之天性，雖大行不加，雖窮居不損，守其定分而已，故君子獨樂其志，而不厭其道，備舉其道而不私其欲，此君子眞得樂道之樂，而其心坦蕩蕩。不若小人之樂欲忘道，而其心長戚戚焉。

君子樂得其道，小人樂得其欲；以道制欲，則樂而不亂；以欲忘道，則惑而不樂。（禮

記樂記篇）

詩云：於戲！前王不忘，君子賢其賢而親其親，小人樂其樂而利其利，此以沒世不忘也。（大學傳之三章）

孟子曰：廣土眾民，君子欲之，所樂不存焉。中天下而立，定四海之民，君子樂之，所性不存焉。君子所性，雖大行不加焉，雖窮居不損焉。分定故也。君子所性，仁義禮智根於心，其生色也，睟然見於面，盎於背，施於四體，四體不言而喻。（孟子盡心章上）

獨樂其志，不厭其道；備舉其道，不私其欲，是故情見而義立，樂終而德尊，君子以好善，小人以聽過，故曰生民之道，樂莫大焉。（禮記樂記篇）

子曰：君子坦蕩蕩，小人長戚戚。（論語述而篇）

君子之樂道，窮固以善其身，達則兼善天下。故孟子謂「樂民之樂者，民亦樂其樂，憂民之憂者，民亦憂其憂，樂以天下憂以天下，然而不王者，未之有也」（孟子梁惠王章下）。蓋以天下之憂樂爲憂樂，其憂樂與民同之，公正而無私，宜其深得民心也。小人之樂欲，惟圖一己之貪得，而不顧及他人，甚且損害之以利己，然中夜捫心，天良發現，總覺有所不安，於是憂心忡忡，慮後患之將至，而無時或釋。君子則內省不疚，夫何憂何懼？君子之所憂者，憂其未能如舜之爲法於天下，可傳於後世，故其持躬涉世，非仁無爲，非禮無行，若是，則雖有終身之憂，而無一朝之患也。

司馬牛問君子。子曰：君子不憂不懼。曰：不憂不懼，斯謂之君子矣乎？子曰：內省不疚，夫何憂何懼？（論語顏淵篇）

是故君子有終身之憂，無一朝之患也。乃若所憂則有之，舜人也，我亦人也，舜爲法於天下，可傳於後世。我由未免爲鄉人也，是則可憂也，憂之如何，如舜而已矣。若夫君子所患則亡矣，非仁無爲也，非禮無行也，如有一朝之患，則君子不患矣。（孟子離婁章下）

君子達則兼善天下，當以王天下爲樂事，然而不然，君子於樂道之外，尚有三樂，而與王天下無關。父母俱存，兄弟無故，爲敘天倫之樂。仰不愧於天，府不怍於人，爲修己身之樂。得天下英才而教育之，爲傳道統之樂。有此三樂，尚有何樂可與之媲美哉！故曰王天下不與存焉。

孟子曰：君子有三樂，而王天下不與存焉。父母俱存，兄弟無故，一樂也；仰不愧於天，府不怍於人，二樂也；得天下英才而教育之，三樂也。君子有三樂，而王天下不與存焉。（孟子盡心章上）

玖、君子愼獨小人則否

人於獨居之時，往往以爲無人見，無人聞，而涉及妄想，遂爲非法之事，此小人閒居爲不善，所以無所不至者，然一見君子，則又厭然有消沮閉藏之貌，欲揜蔽其不善，以著其善，而抑知我之所爲，人已洞燭其奸，如見肺肝，故君子必愼其獨也。君子之心，常存敬畏，戒愼乎其所不睹，恐懼乎其所不聞，雖在隱蔽之處，遇細微之事，亦不敢稍動妄念，其遏人欲於將萌之際，而不使暗滋潛長。否則事未形，而心機已動，人固未知，而己獨知之，是則蓄意未誠，不得謂毋自欺也。惟愼獨乃能內省不疚，無惡於志，君子之所不可及者，其唯人之所不見乎？（中庸第三十三章）孔子曰：「唯君子能好其正，小人毒其正。」（禮記表記篇）其是之謂歟！

小人閒居爲不善，無所不至，見君子而后厭然，揜其不善，而著其善，人之視己，如見其肺肝然，則何益矣？此謂誠於中，形於外，故君子必愼其獨也。（大學傳之六章）

道也者，不可須臾離也，可離非道也。是故君子戒愼乎其所不睹，恐懼乎其所不聞，莫見乎隱，莫顯乎微，故君子愼其獨也。（中庸第一章）

所謂誠其意者，毋自欺也，如惡惡臭，如好好色，此之謂自謙，故君子必愼其獨也。（大學傳之六章）

君子之愼獨若是，故能不失足於人，不失色於人，不失口於人，而其貌足畏，色足憚，言足信也，且不以令色親人，作脅肩諂笑之媚態。所以不動而自敬，不言而自信。非若小人之情疏而貌親，惟以和顏悅色，博人好感，因而展其詐僞欺罔之伎倆，以取人財物，是眞等於穿窬之盜也與！故君子之於小人，思患豫防，愼以辟禍也。

子曰：君子不失足於人，不失色於人，不失口於人，是故貌足畏也，色足憚也，言足

信也。（禮記表記篇）

詩云：「相在爾室，尚不愧於屋漏。」故君子不動而敬，不言而信。（中庸第三十三章）

子曰：君子不以色親人。情疏而貌親，在小人則穿窬之盜也與！（禮記表記篇）

象曰：水在火上，既濟。君子以思患而豫防之。（易經既濟卦）

子曰：君子愼以辟禍，篤以不揜，恭以遠恥。（禮記表記篇）

拾、君子與小人之言行

言以表達人之心意，行以顯示人之舉止，言與行雖爲兩事，實則相輔以成者也。君子慥慥（篤實貌）以自勉，言顧行，行顧言。孔子曰：「君子欲訥於言而敏於行。」（論語里仁篇）又曰：「君子食無求飽，居無求安，敏於事（行）而愼於言。」（論語學而篇）復於子路問君子，則示之曰：「先行其言而後從之。」（論語爲政篇）蓋恥其言而過其行（論語憲問篇），故必行之於未言之前，而後言之於既行之後，凡此皆欲人之言行互顧也。是以君子名之必可言也，言之必可行也。君子於其言，無所苟而已矣（論語子路篇）。小人則不顧其能行與否，而率然言之，迨不能行，則失信於人，而爲人鄙薄之，故君子有約言之謹，小人有先言之失。晉叔向謂君子之言，信而有徵，故怨遠於其身。小人之言，僭而無徵，故怨咎及之。此君子與小人言行之不同，而其所得結果亦異也。

庸德之行，庸言之謹，有所不足，不敢不勉，有餘不敢盡，言顧行，行顧言，君子胡

不慥慥爾。（中庸第十三章）

故君子約言，小人先言。（禮記坊記篇）

叔向曰：子野（師曠字）之言，君子哉君子之言，信而有徵，故怨遠於其身。小人之言，僭而無徵，故怨咎及之。（左傳昭公八年）

孔子曰：「君子居其室，出其言善，則千里之外應之，況其邇者乎！居其室，出其言不善，則千里之外違之，況其邇者乎！言出乎身加乎民，行發乎邇見乎遠，言行、君子之樞機，樞機之發，榮辱之主也。言行、君子之所動天地也，可不愼乎？」（易經繫辭上第八章）蓋言行善則爲君子，言行不善即爲小人，是故君子動而世爲天下道，行而世爲天下法，言而世爲天下則，遠之則有望，近之則不厭（中庸第二十九章）是以君子之言行，動天地，感人民，化遠近，所以孟子謂言近指遠爲善言，守約施博爲善道（行），君子之言，不下帶而道存，君子之守（行），脩其身而天下平。於以知君子之言行，必自修身始，而後家齊國治天下平。如君子以欺罔爲用，小人以強壯爲用，則如羝羊觸藩之羸其角，未有不受困者。故君子安其身而後動（行），易（安也）其心而後語。若危以動則民不與，懼以語則民不應，安得爲君子，將成小人矣。至硜硜然之小人，言必信，行必果，亦不失爲士之次也。

孟子曰：言近而指遠者，善言也。守約而施博者，善道也。君子之言也，不下帶而道存焉。君子之守，脩其身而天下平。人病舍其田而芸人之田，所求於人者重，而所以自任者輕。（孟子盡心章下）

九三，小人用壯，君子用罔、貞厲。羝羊觸藩羸其角。象曰：小人用壯，君子罔也。（易經大壯卦）

子曰：君子安其身而後動，易其心而後語，定其交而後求，君子修此三者，故全也。危以動，則民不與也，懼以語，則民不應也，无交而求，則民不與也，莫之與，則傷之者至矣。易曰：莫與之，或擊之，立心勿恆，凶。（易經繫辭下第五章）

子貢問曰：何如斯可謂之士矣？子曰：行己有恥，使於四方，不辱君命，可謂士矣。曰：敢問其次。曰：宗族稱孝焉，鄉黨稱弟焉。曰：敢問其次。曰：言必信，行必果，硜硜然小人哉，抑亦可以爲次矣。（論語子路篇）

以上言君子之愼言謹行，而言語尤不可任意出之，凡亂之生，輒以言語爲階，爲君（主政）者出言不愼以激臣（部屬），則有失臣之虞，爲臣者出言不愼以犯君，則遭殺身之禍，至幾事不密，而信口告人，則害其事之成，是以君子愼密而不妄言也。乃陳子禽竟謂子貢賢於仲尼。子貢告以夫子之不及，猶天之不可階而升。君子一言以爲智，一言以爲不智。陳子禽誠不智之甚者，亦足爲妄言者戒，故侍於君子之側，其出言也有三愆：「言未及之而言謂之躁，言及之而不言謂之隱，未見顏色而言謂之瞽。」言之不可不愼也如是，而君子之聽人言，則更愼之又愼，不以其言之善，而即舉其人，不以其言之不善而即廢其人，所以君子常納善言，而不濫用小人也。子夏稱孔子之閒居也，望之則儼然而莊重，即之則藹然而溫和，迨聽其言也，則又正確而嚴厲，是猶良玉之溫潤而栗，足以比德矣，然非大聖如孔子者，烏能致此！

子曰：亂之爲生也，則言語以爲階，君不密則失臣，臣不密則失身，幾事不密則害成。是以君子愼密而不出也。（易經繫辭上第八章）

陳子禽謂子貢曰：子爲恭也，仲尼豈賢於子乎？子貢曰：君子一言以爲和，一言以爲不知，言不可不愼也。夫子之不可及也，猶天之不可階而升也。夫子之得邦家者，所謂立之斯立，道之斯行，綏之斯來，動之斯和，其生也榮，其死也哀，如之何其可及也？（論語子張篇）

孔子曰：侍於君子有三愆：言未及之而言謂之躁，言及之而不言謂之隱，未見顏色而言謂之瞽。（論語季氏篇）

子曰：君子不以言舉人，不以人廢言。（論語衛靈公篇）

子夏曰：君子有三變：望之儼然，即之也溫，聽其言也厲。（論語子張篇）

拾壹、君子自勵以上達而小人自負而下達

子曰：「君子上達，小人下達。」（論語憲問篇）所謂上達者，君子循天理以自勵，故日進於高明。所謂下達者，小人徇人欲以自負，故日流於汙下。君子之自勵，在涉世持躬方面，恭敬以待人，撙節以奉己，退謙以明禮。且重視恕道，貴人而賤己，先人而後己，有善於己，乃求人亦爲善，無惡於己，乃以正人之惡，此有諸己而后求諸人，無諸己而后非諸人

之厚道，自能感人至深，而人皆服從之也。若小人藏身不恕，未能推己以及人，其將何以喻人乎。此君子自勵以上達，小人自負而下達也。

是以君子恭敬撙節退讓以明禮。（禮記曲禮篇上）

子曰：君子貴人而賤己，先人而後己，則民作讓。（禮記坊記篇）

堯舜帥天下以仁，而民從之，桀紂帥天下以暴，而民從之，其所令反其所好，而民不從。是故君子有諸己而后求諸人，無諸己而后非諸人，所藏乎身不恕，而能喻諸人者，未之有也。（大學傳之九章）

在進德修業方面，君子則博聞強識而讓，敦善行而不怠（禮記曲禮篇上），且多識前言往行，以畜其德（易經大畜卦），故學以聚之，問以辨之，寬以居之，仁以行之，而又反求諸己，以修其德，則懲憤窒欲，力主忠信，見善則遷，有過則改，非禮弗履，卑以自牧，愼言語，節飲食，平居則勉乎九思，視思明，聽思聰，色思溫，貌思恭，言思忠，事思敬，疑思問，忿思難，見得思義。歷程則懍於三戒，少之時，血氣未定，戒之在色，及其壯也，血氣方剛，戒之在鬥，及其老也，血氣既衰，戒之在得（九思三戒見論語季氏篇）。積德既厚，乃能載物。蓋君子惟求諸己，非如小人之必求諸人，故君子病己之無能，而不病人之不己知，所以人不知而不慍者，尙何疾沒世名不稱焉，其莊敬日強，自強不息之精神，豈小人之安肆日偷，所可同日語哉。孔子釋〈乾卦〉之九三曰：「忠信所以進德，修辭立其誠，所以居業，知至至之，可以幾也，知終終之，可與存義也，是故居上位而不驕，在下位而不憂，故乾乾因其時而惕，雖危無咎。」此君子進德修業之要旨也。

君子學以聚之，問以辨之，寬以居之，仁以行之，易曰，見龍在田，利見大人，君德也。（易經乾卦）

象曰：山上有水，蹇，君子以反身修德。（易經蹇卦）

象曰：山下有澤，損，君子以懲忿窒欲。（易經損卦）

子曰：君子不重則不威，學則不固，主忠信，無友不如己者，過則勿憚改。（論語學而篇）

象曰：風雷益，君子以見善則遷，有過則改。（易經益卦）

象曰：雷在天上，大壯，君子以非禮弗履。（易經大壯卦）

象曰：謙謙君子，卑以自牧也。（易經謙卦）

象曰：山下有雷，頤，君子以愼言語，節飲食。（易經頤卦）

象曰：地勢坤，君子以厚德載物。（易經坤卦）

子曰：君子求諸己，小人求諸人。（論語衛靈公篇）

子曰：君子病無能焉，不病人之不己知也。（論語衛靈公篇）

人不知而不慍，不亦君子乎？（論語學而篇）

子曰：君子疾沒世而名不稱焉。（論語衛靈公篇）

子曰：君子莊敬日強，安肆日偷。（禮記表記篇）

象曰：天行健，君子以自強不息。（易經乾卦）

九三曰：君子終日乾乾，夕惕若，厲旡咎，何謂也。子曰：君子進德修業，忠信，所以進德也，修辭立其誠，所以居業也，知至至之，可與幾也，知終終之，可與存義也，是故居上位而不驕，在下位而不憂，故乾乾因其時而惕，雖危無咎矣。（易經乾卦）

君子之自勵，即如上述，故能知微知彰，知柔知剛，安而不忘危，存而不忘亡，治而不忘亂，是以身安而國家可保，且知天命所賦之正理，爲吾人應遵守者，所以不敢藐視大人，誣衊聖人之言。小人則不知天命，而無所忌憚，於是狎大人，侮聖人之言。小人以小善爲旡益而弗爲，以小惡爲旡傷而弗去，其自負若是，故惡積而不可掩，罪大而不可解。君子之惡居下流者，以惡名既播，則天下之惡皆歸焉。

君子知微知彰，知柔知剛，萬夫之望。（易經繫辭下第五章）

子曰：危者，安其位者也。亡者，保其存者也。亂者，有其治者也。是故君子安而不忘危，存而不忘亡，治而不忘亂，是以身安而國家可保也。（易經繫辭下第五章）

君子有三畏：畏天命，畏大人，畏聖人之言。小人不知天命而不畏也，狎大人，侮聖人之言。（論語季氏篇）

子曰：不知命，無以爲君子也。（論語堯曰篇）

善不積，不足以成名，惡不積，不足以滅身。小人以小善爲旡益而弗爲也，以小惡爲旡傷而弗去也，故惡積而不可掩，罪大而不可解。（易經繫辭下第五章）

子貢曰：紂之不善，不如是之甚也。是以君子惡居下流，天下之惡皆歸焉。（論語子張篇）

拾貳、君子與小人之度量

君子之心公而恕，小人之心私而刻，其度量之寬窄，亦因之而異。孔子曾作以下之說明，其言曰：「君子泰而不驕，小人驕而不泰。」（論語子路篇）君子循天理，故安舒而不矜肆，小人逞人欲，故矜肆而不安舒。又曰：「君子易事而難說（同悅）也，說之不以其道，不說也，及其使人也器之。小人難事而易說也，說之雖不以道，說也，及其使人也，求備焉。」（論語子路篇）蓋君子寬以待人，嚴以律己，故易事難悅。及其使人，則量才器使，不強人以難。小人嚴以責人，寬以處己，故難事而易悅。至使人則求全才，而不稍寬恕。其度量之寬隘，如此懸殊，亦無非天理與人欲之不同耳。是以周公誡其子魯公赴受之國曰：「君子不施其親，不使大臣怨乎不以，故舊無大故，則不棄也。無求備於一人。」（論語微子篇）勉其度量之欲寬宏也。至孟子答公都子之問從大體爲大人，（即君子）從小體爲小人。則以君子所思，循天理而決其取舍，不爲外物所蔽，此從大體爲大人（君子）也。小人縱耳目聲色之娛，徇人欲而不顧天理，此從小體之小人也。君子能先立天理之大，則人欲之小，不能奪天理之大也。

公都子問曰：鈞是人也，或爲大人，或爲小人，何也？孟子曰：從其大體爲大人，從其小體爲小人。曰：鈞是人也，或從其大體，或從其小體，何也？曰：耳目之官，不思而蔽於物，物交物，則引之而已矣。心之官則思，思則得之，不思則不得也。此天之所與我者，先立乎其大者，則其小者弗能奪也，此爲大人而已矣。（孟子告子章上）

君子好善惡惡，故誘掖獎勸，以成人之美，規導誥誡，以遏人之惡，使人人皆向善而去惡，則君子之心安。小人反是，助人爲惡，而忌人有美，居心陰險，氣度狹隘，小人之所爲，君子則不齒，故君子遠避小人，不屑與伍，然猶心存寬厚，不深惡之，而嚴防之。小人見無隙可乘，亦知難而退矣。蓋君子量寬，與人無爭，即射事之決勝負，亦必揖讓而升，下而飲，其儀態雍容，有非小人所知者。

子曰：君子成人之美，不成人之惡。小人反是。（論語顏淵篇）

象曰：天下有山，遯，君子以遠小人，不惡而嚴。（易經遯卦）

象曰：君子有解，小人退也。（易經解卦）

子曰：君子無所爭，必心射乎？揖讓而升，下而飲，其爭也君子。（論語八佾篇）

拾參、君子與小人交友之異趣

朋友爲五倫之一，人不可以離群而索處，此交友之道尚矣。惟君子之交友，雖意氣相投，而情淡如水，故歷久彌堅，如晏平仲之久而敬之，孔子稱其善與人交也。小人交友，初則甜言蜜語，如飲甘醴，但一遇利害，即彼此相爭，不肯稍讓，遂致形同冰炭，視爲仇讎，故君子之交，因淡以成，而小人之交，則由甘以壞也。君子不盡人之歡，不竭人之忠，持盈保泰，留有餘地，以全朋友之交，且又知幾於先，上交不諂，下交不瀆，以顯示其尊嚴。

故君子之接如水，小人之接如醴，君子淡以成，小人甘以壞。（禮記表記篇）

君子不盡人之歡，不竭人之忠，以全交也。（禮記曲禮篇上）

子曰：知幾其神乎，君子上交不諂，下交不瀆，其知幾乎？幾者，動之微，吉之先見者也，君子見幾而作，不俟終日。（易經繫辭下第五章）

君子之於人，盡可與友，以未有偏私之心也。小人心存偏私，所以不能與人盡爲友也。惟君子能與人和睦相處，而不肯苟同他人之所爲。小人能與人苟同，而不能與人和睦相處，此由於君子尚義，小人尚利之故也。是以君子莊以持己，而無乖戾之心與人爭，和以處衆，而無阿比之意以結群。其交友也，以文相會，則學益講而道益明，以善輔仁，則功益深而德益進。《易》之〈兌卦〉曰：「麗澤兌，君子以朋友講習。」蓋言兩澤相麗，互相滋益也。孔子對子貢之問友，示以忠其心以告之，善其說以道之，使之改過遷善，盡我輔仁之責。如其不納，則終止規勸，免致數而見疏，以自取辱焉。

子曰：君子周而不比，小人比而不周。（論語爲政篇）

子曰：君子和而不同，小人同而不和。（論語子路篇）

子曰：君子矜而不爭，群而不黨。（論語衛靈公篇）

曾子曰：君子以文會友，以友輔仁。（論語顏淵篇）

象曰：麗澤兌，君子以朋友講習。（易經麗卦）

子貢問友。子曰：忠告而善道之，不可則止，毋自辱焉。（論語顏淵篇）

子游曰：事君數，斯辱矣。朋友數，斯疏矣。（論語里仁篇）

拾肆、君子以衞道爲己任，小人以毀道爲自得

綜觀前述事例，君子與小人之動靜云爲，恰恰相反，其關鍵則在於天理人欲之一間而已。君子能循天理，故當人欲之萌，即以天理遏止之，毋使其暗滋潛長，此君子修己之效果而以衞道爲己任也。小人易爲外物所誘，如富貴名利之爭，聲色犬馬之玩，於是縱肆人欲，無惡不作，然而人之常情，多欲得君子之稱，而深惡小人之名，可見人性皆善也。所患者，一遇物誘，而人欲即生，置天理於不顧，是於毀道亦所不惜，是則大可哀已，故小人道長，則衞道者日少，道德淪喪，國不成國，天下大亂，勢所然也，補救之道，仍宜在修身做起，而以明君子與小人之區別爲先務也。

參、應時啟新

儒家思想之時代精神

壹、儒家思想是中華民族文化的基本

我們知道自從孔子奠定了儒家思想的基礎，也奠定了中華民族的基礎，而成爲中華文化的道統。所謂道統，就是把中華民族所創造的人類生存原理流傳下來，爲子子孫孫所遵守，只要中華民族不斷的要求生存，則中華文化的道統自然永久存在。中華民族珍視此一道統，數千年來代代相傳，自戰國以迄今日，歷代的治亂興亡，難以盡言，有時政統可斷，而道統始終不斷。就因爲道統不斷，所以每次大亂之後，撥亂反正，重建國家新秩序的人，大多是確信儒家思想的學者，而且歷代都有大儒，繼承儒家的正統思想而發揚光大之，都發揮適應各該時代的作用，其最著者如漢代的董仲舒、鄭康成，隋代的王通，唐代的韓愈、李德裕，宋代的程顥、程頤、朱熹、陸九淵，明代的王守仁、朱舜水，清初的顧炎武、黃梨洲、王夫之等。試研究歷代大儒的思想，就可知他們都能把握歷史演變的契機，使道統得以維護，國家民族得以生存。眞理永不毀滅，沒有時空的限制、阻礙，儒家思想可以說是人類共生共存的眞理，自然不受時間變遷的影響，亙古常新，所以孔子被稱爲「聖之時者」。美國近代歷史哲學家杜蘭博士(Dr. Will Durant)對儒家思想的觀察最深，在其所著 Our Oriental Heritage 一書中說：「中國歷史可以孔子學說影響來撰述。孔子著述，經過歷代流傳，成爲學校課本，所有兒童入學之後，即熟讀其書而領會之。此一古代聖哲的正道，幾乎滲透了全民族，……使中國文化之強固，歷經外力入侵而巍然不墜；且使入侵者依其自身影響而作改造。……即在今日，猶如往昔，欲療治任何民族因唯智教育以致道德墮落、個人及民族衰弱而產生的混亂，其有效之方，殆無過於使全國青年接受孔子學說的薰陶。」近來西方學者和杜蘭博士持相同見解的，尚有其人，即如十餘年前索忍尼辛在哈佛所講的「一個分裂的世界」，就有許多論點與儒家思想相通，他主張精神物質的平衡，以矯正西方社會的物質偏差，正是中國所崇尚的中庸之道。這些都可證明儒家思想的確具有新時代的意義。

現在我要把儒家思想與三民主義息息相關之處，作一簡單的說明。　孫中山先生最初僅說自己所持的革命主義，「有因襲吾國固有之思想者」，後來對俄國代表馬林的詢問，才明白的說：「中國有一個道統，自堯、舜、禹、湯、文、武、周公、孔子，相繼不絕，我的思想基礎，就是這個道統，我的革命，就是繼承這個正統思想來發揚光大。」所以在講演民族主義時，則說：民族思想是我國祖先所遺留，民族主義只就所遺留者發揚而光大之，且改良其缺點。儒家的民族思想是嚴夷夏之分，主張民族國家的統一，　國父亦多採用而更加充實，而對外國則採興滅國，繼絕世，使之共生共存，民族平等。在講民權主義時，對於儒家的天下爲公及民本思想，幾乎完全接受。在講民生主義時，則完全採用儒家的仁政思想，所謂節制資本與平均地權的中心觀念，正是孔子所說的「不患寡而患不均」，所以說：「諸君或有不明白民生主義是什麼，不知道中國幾千年以前，便老早有行過了這項主義的，像周朝行的井田制度，……都是民生主義的事實。」凡此，均足見儒家思想是三民主義的本源。我爲更明確的說明儒家思想的時代精神，當就倫理、民主、科學三方面，分別敘述儒家思想的時代意義。

貳、儒家倫理道德的時代意義

儒家思想重視倫理道德，因爲人的四周盡是人，其相互關係甚爲複雜，歸納之爲五大類。其上下的關係，在內爲父母子女，在外爲君臣（即今之所稱長官與部屬）；其前後左右的關係，在內爲夫婦及兄弟姊妹，在外爲朋友；其餘的可照輩份、地位、年齡的不同，比照歸入五類之中，儒家稱之爲五倫。這五倫關係，古今相同，人與人間相處之道，叫做倫理道德。倫理道德的稱謂，孟子謂：「父子有親，君臣有義，夫婦有別，長幼有序，朋友有信。」《禮記》謂：「父慈、子孝、兄良、弟悌、夫義、婦聽、長惠、幼順、君仁、臣忠，十者謂之人義。」在《大學》中申述止於至善時，謂：「爲人君，止於仁；爲人臣，止於敬；爲人子，止於孝；爲人父，止於慈；與國人交，止於信。」其他用之於倫理的德目，大同小異，其基本精神皆歸於仁愛。自從漢武帝尊儒以後，以儒家仁的教育爲中心，歷代教育皆以明倫爲主，未嘗稍變。到了現代， 孫中山先生主張恢復中國固有的道德，提出忠孝仁愛信義和平八德爲救國的道德，所以民族主義以倫理爲基礎，而以仁愛爲民族倫理所發揮的極致。後來又增加禮義廉恥四維以配合八德。在四十年前，我擔任教育部部長時，規定以禮義廉恥四字作爲各級學校的共通校訓，作爲各級學生的訓育目標，當時風行全國，對於加強抗戰精神，確曾發生相當的效用，所以直到現在，各級學校的校訓，還沒有變更。蔣中正先生爲強調四維的時代精神，曾經修改管子的名言爲「禮義廉恥，國之四維，四維既張，國乃復興。」目前的倫理教育是必須堅持這一民族精神、民族大義的武器，才能復興中華民族。

德儒萊布尼茲(Leibniz)說：「中國人在實踐哲學方面超越吾人，對於人類生活行爲與利益，曾設想一套倫理與政治的法則。」實則所謂倫理是人類生活的正當方式，不是聖賢要這樣設想，是天地間自然之理應當這樣做，如同順道走路一樣，所以叫做道。孔子教人學道的次第，是博文約禮，博文是方法，約禮是實行，其要旨在於求仁。求仁就是做人所應做的事，假使人類不能從自身的努力去發展人的特性，則仍將退化復歸返於禽獸了。孟子說：「人之有道也，飽食煖衣，逸居而無教，則近於禽獸。聖人有憂之，使契爲司徒，教以人倫。」求生存原爲人類進化的原動力，一旦飽食煖衣，生活無憂，自會由飽煖而思淫慾，將人與人間的正常關係搞亂，倫常乖謬，爭奪殘殺的獸性復起，勢必近於禽獸。我在《人理學研究》一書中，認爲倫理道德是人理學中極重要部份，故曾不憚其煩的再三說明：倫理爲維繫人類生存的要件。倫理存，則人人具有集體生活的條件，有團結互助的基礎，因之，社會有秩序，家庭享和樂，國家致安寧。否則倫常既失，人各爲私，國家社會遂成爲一盤散沙了，所以政治的第一要務在「正人倫」，教育的第一要務在「明人倫」，實以道德的實踐，在於人倫的端正，人倫既正，道德始立，道德既立，國家社會始有平治安寧之日，儒家倫理道德的時代意義即在於此。

參、儒家民主思想的時代意義

我們民主制度的建立，雖是中華民國成立以後的事，但是，儒家的民主思想是早已有之，所謂「民爲邦本」、「民爲貴」的民主觀念，隨著道統一脈相承，成爲儒家思想的持質。民主的基本精神是自由與獨立，孔子首倡「有教無類」，就是要提高人民的教育程度，使各能獲得自由平等的地位；又主張天下爲公，選賢與能，就是民主政治。孟子更大膽的說：「民爲貴，社稷次之，君爲輕。」唐宋時代實行科舉制度，使全國人士公開競爭，這就是應用考試制度，以達成選賢與能的目的。歷代治灌大都掌握於相臣之手，讀書人只要敦品勵行，自可出類拔萃，參與國家的政治，所以歷代政治雖治亂相承，卻始終建築在儒家仁愛的基礎上。爲政首要，在得民心，民心之向背，決定政權的存亡。孟子早已說明此意：「桀紂之失天下也，失其民也，失其民者，失其心也。得天下有道，得其民斯得天下矣；得其民有道，得其心斯得民矣。」後儒甚多相似的言論，至清初黃宗羲的《明夷待訪錄》，則民貴君輕的思想益彰，所以人們認爲《明夷待訪錄》比之盧梭的「民約論」早一百年，而思想更切實偉大。

其實西方的民主思想是受儒家思想的啓發而產生的。自從利瑪竇等傳教士來到中國，《論語》及《大學》、《中庸》的拉丁文譯本在巴黎出版，當時歐洲各國學者大受影響，認爲中國文化是公正的、仁愛的，中國政治制度是高明的、完善的。再經福祿特爾(Voltaire)及重農派對孔子的推崇闡揚，成爲推倒中世紀以來封建社會與貴族政治的武器，終於掀起美、法兩國的大革命，世局爲之創新。一九四二年美國副總統華萊士曾說：「中國哲學與其國民性的趨向民治，對於西洋政治哲學實有重大的影響。美國建國之初，若干賢哲倡導革命，奠定憲政，其信仰與作風，直接挹取於歐洲，間接導源於中國。此種文化因緣，美國人士現多茫然無知。」又說：「中國文化實爲啓發西洋民主政治之源泉，亦爲創造西洋民主政治之一動力。」法國革命與美國革命本爲同一潮流，法國革命文獻中的一七九五年法國憲法載有「己所不欲，勿施於人；欲人施己，先施於人」。這些事實可以說明儒家民主思想的時代意義了。

肆、儒家科學思想的時代意義

我主譯英人李約瑟所著《中國之科學與文明》一書，覺得此書對於中國科學的成就，鈎玄探幽，推崇備至，至足令人感佩，然而在其〈儒家與儒學〉一章中，竟否定儒家對於科學的貢獻，則不無遺憾。在此書節本第二册的前言中，我曾簡略的說明儒家的科學思想，認爲儒家原以心物並重、仁智兼賅立教。在《大學》一書中，格物爲一切之首要；在《中庸》則以盡物之性，緊隨盡人之性之後，而在治國平天下的九經中，又列來百工爲一經。中國古代人民除經營農業外，僅有關於食衣住行育樂的日用必需手工藝品，不若現代大量生產的工業。

《周禮・考工記》說：「百工之事，皆聖人之作也。爍金以爲刃，凝土以爲器，作車以行陸，作舟以行水，此皆聖人之所作也。」〈考工記〉與《中庸》都重視百工之事，其目的在實用，而禁止淫巧無益之作，其獎勵工業的方法，「日省月試，既稟稱事」，與現代工業科學注重研究發展及提高技術人員待遇之道，完全符合。可見時有古今，道無二致，惟歷代大儒多僅注重盡人之性，而忽視盡物之性，以致有今日科學工業落後。不過李氏對於宋儒有關科學及宇宙論的理論，甚爲推許，並且明白指示朱熹的自然有機體論對十七世紀歐洲學者的影響甚大，使現代自然科學由機械的宇宙論進步到有機的哲學時，世界學術遂突然踏入達爾文、菲理沙爾(Frazel)、巴斯德(Pasteuy)、斯柏曼(Spemann)、浦郎克(Planck)和愛因斯坦(Einstein)的時代了。他特別指出這條思想路線，由懷德海(Whitehead)至恩格斯(Engels)、黑格爾(Hegel)，回溯到萊布尼茲，而萊布尼茲的思想是來自朱熹。這是西方人士所未知的文化線索，可知儒家科學思想的影響至爲深遠。

二十世紀是科學技術的大時代，科學爲人類增加福利，但亦引起了許多嚴重的困擾及危機。這就由於現代科學偏重物質，人被物質所誘惑、所陶醉、所催眠，道德愈日趨墮落。我們儒家的科學思想是心物並重，仁智兼賅，認爲科學的發展必須以倫理道德爲基礎，才能有益無害。

伍、儒家的王道文化是救世良藥

由上所述，可知儒家的王道文化，終必成爲人類所瞻望的燈塔。兩次世界大戰的慘痛教訓，應足以喚醒世人，使知僅憑武力與金錢，不足以解決世界問題。人類的幸福，全憑去私心存公道一念之轉，亦即道德二字的眞義所在，不和不平的事實既存在，世界安有和平的前途？儒家思想歷史悠久，累積數千年先聖先賢所得的經驗，對人文科學研究最精，遠勝於人，爲人類之廣生和長生計，既知不能憑財，更知不能憑力，必須憑德，文化始有其眞基礎，故儒家思想有德本財末的昭示，有王道勝於霸道的信念，我們若能遵守此一昭示，確立此一信念，則儒家王道文化復興之日，即爲人類幸福共享之時。我們當確信儒家思想具備有時代精神，繼續努力於復興民族文化，終能爭取最後的勝利。記得前清英國大使朱爾典在他返國時，路過福州，當時曾留英的著名文學家和海軍將領，他的好友嚴復先生正在福州基地，獲訊後，嚴氏登艦前往送別，談及國事，因擔心中國已面臨滅亡關頭而傷心淚下。朱爾典即答覆說：「中國不會滅亡，因爲中國有一大寶藏，只要能固守堅持，善加利用，中國不會滅亡。」他更進一步說：「我憂慮的倒是歐洲的前途。」嚴氏驚奇的問：「什麼寶藏？」朱爾典答覆說：「《四書》、《五經》。」數千年來我們的民情習尙，不用詞費，盡人皆知都是《四書》、《五經》的智慧和教訓所鑄成的。從朱嚴二氏的談話中，可以明白一位深思客觀的外國朋友，在以實際和批判的眼光視察了中國歷史的演變後，都可以得到這麼一個結論：中國民族的一致性，中國的文化文明所經歷的艱難困苦，都證明其先天的卓越性，是在亞洲各鄰國中所獨具的，且常是征服了、同化了那些曾征服中國的民族。再回頭看一九七〇年代的歐洲，便顯出這位英國人士的眼光是多麼的遠大而正確。這一段話對於青年是正確的指示，正可說明儒家思想的時代精神，儒家思想是重視人生的責任與意義，所以吾人須光大一己的生命，以求仁道的發揚；貢獻一己的智能，以增進全民的福利。成己的目的在成物，吾人自宇宙取得智慧、智識、經驗，集於個人而成己，當復用之於成物，大公無私，視人如己，且應多取多得，使一己的條件愈爲充實，期爲人類作更大更多的貢獻，這是人生的責任，人生的意義亦即在此。希望由成己以成物，發揮儒家思想的時代精神。儒家的救世精神，因而愈見弘揚，中華民族幸甚，全世界人類幸甚。

孔子何以將成為全人類之師表

壹、前 言

孔子誕辰，已不僅是我們中國教師們每年九月廿八日在全國各地集會紀念，而在太平洋的彼岸，亦有不少的人同時在紀念他，崇祀他，認他爲人類之師表。其原因是在民國二十八年八月，當本人主持全國教育行政時，曾建議政府採用了孔子誕辰爲教師節，施行迄今，已卅五年矣。不料于五十九年五月二十八日美國加利福尼亞州，聖荷西(San Jose)市長接受華僑劉國能君之建議，宣布以孔子誕辰爲該市教師節。山打卡拉郡(County of Saint Clara)亦于六十年六月七日通過採取，隨而加州州議會亦通過是日爲該州教師節，從前年起，各地教師已在熱烈舉行慶祝。六十年八月三日美國衆議院又通過以每年九月二十八日爲全美之教師節，若再經過參議院通過，即可成爲法案。此一決定，將使中美文化之交流邁進一步，且將使萬世師表之孔子成爲全人類之師表。此固爲吾國之光榮，亦即使吾人對于孔子之教，不得不徹底了解者矣。

夫一個人成爲全世界四分之一以上的人類所崇敬，稱之爲大成至聖先師，繼續享受了兩千多年的普遍追祀，在亞洲許多國家都建有孔廟來奉祀他，前年十二月世界大學校長會議在馬尼拉舉行時，竟以吾國《大學》一書中之「心正而后身修，身修而后家齊，家齊而后國治，國至而后天下平」數語，刊于會刊之封面，以崇敬孔子。但是，孔子並不是宗教家所稱的「神」，而是一個「人」，這樣一連串極不平凡的事，難道還不值得我們來思考一下嗎？除非我們不承認自己是懂得科學的。

科學是人類爲宇宙間的眞理求得答案，用之以謀人類之幸福，而事實乃是科學的先決條件，亦就是它的憑藉；根據已有的事實去尋求原理，是科學家的責任。

本人是學採礦工程學的，採礦工程師的責任，是在發掘地下的寶藏，供人類享用；不過，已往數十年，本人受本黨的徵調，學非所用，失去機會。由於職務上須對共產主義者作理論的鬪爭，不期然而然地注意到思想問題。因此，對於影響吾國文化最深最久的孔子思想，稍加發掘，略有所得，曾經作了八種研究報告：

㈠唯生論。（正中書局）

㈡生之原理。（正中書局）並有英文本在美出版 A Philosophy of Life.(Philosophical Library N.y.)

㈢四書道貫。（世界書局）並有英譯本（商務印書館）

㈣孔子學說對世界之影響。（兩輯）（復興書局）

㈤人理學研究。（中華書局）

㈥從根救起。（三民書局）
㈦迎頭趕上。（三民書局）
㈧孟子之政治思想。（中華書局）
今天又要向諸君做一篇簡短的報告，就是「孔子何以將成爲全人類之師表」。

貳、孔子與中國文化

孔子生於基督降生前五百五十一年，在那時候以前，吾國的典章文物已蔚然齊備，及周公乃達最高峰。周公是文武全才，奠定了中國大一統的基礎。到孔子的時候已快到周末，國家已漸漸由盛而衰，制度已漸漸崩潰，統一的局面僅存形式。孔子雖有極大的抱負，想振衰起敝，復興中華，無奈不受重用，既無機會立功，祇能改作立言，周遊列國，廣收生徒，宣揚文化，並根據文獻可考的史料，由堯舜講起，約一千六百餘年，做了一番徹底整理的工夫。於是，刪詩書、訂禮樂、贊周易、作春秋，以一個人而做了那麼多的工作，已經是可稱爲天才了。近人不察，以爲孔子產生了中國文化；其實有了中國文化，才產生出孔子來。中國做了殖民地，不知自責，而歸咎於孔子，要打倒孔子，這不就是要打倒中國文化嗎？中國文化如果打不倒，怎能打倒孔子呢？「文化大革命」之勞而無功，自爲必然的結果。

宏揚孔子之教最力者爲孟子。孟子生於戰國之時，自稱私淑孔子，其教受自子思（孔子之孫，中庸一書之作者），子思受之於曾子（孔子之門人，爲大學一書之作者）。其時天下洶洶，社會風氣，唯利是圖，唯力是尚，有似今日之世界，而楊朱、墨翟之言盈天下，天下之言，不歸楊則歸墨，又似今日之思潮不趨向於資本主義，即趨向於共產主義，冷戰空談，爾虞我詐，人類之厄運，已不在遠。孟子本其不移之信念，鼓其「雖千萬人，吾往矣」之浩然之氣，闡揚孔子之道，明義利之辨，別王霸之分，距楊墨之說，兩面作戰，卒能使人類別於禽獸，遠異物種，而復歸於「人」。其有功於中華民族文化，可謂大矣！若以　國父之言評孔孟，則孔子可稱為先知先覺的發明家，孟子為後知後覺的宣傳家，似屬恰當。

參、孔子思想之哲學基礎

吾國祖先在悠長的歷史中，憑其高明的智慧，和豐富的經驗，對于宇宙的眞理，有如下的創見。《易經》與《中庸》二書，言之最詳：

㈠宇宙是一「行」健不息時時在變（易）的大生命，人不過是這一大生命中的一個小生命單位，其生存原理是相同的。其原動力亦是同一來源，稱之曰「誠」，「天人合一」之理始於此，所以說：「誠者，天之道也；誠之者，人之道也。」（中庸）

㈡「上下四方之謂宇」，是指三進向的空間；「往古來今之謂宙」，是指第四進向的時間，所以宇宙就是時空。在此時空中的萬有，莫不有其長短久暫不同之生命。生命的先決條件，是質與能，由乾元（陽）與坤元（陰）二者之配合而形成其體，由時間與空間之適應，以完成其用（易稱陰陽時位），前者以「致中和」為歸，後者以「致中正」為尚，二者均須時時調整，以遂其生，故「中」之用大矣。

㈢在天，其表現爲「高明」而無所不覆；在地，其表現爲「博厚」而無所不載，以時空言，則爲「悠久」與「無疆」，是爲「公」而無私，即「大」且「久」，生生不已的象徵。

㈣無數生命共同存在于宇宙之間，集體在動變，個體亦在動變，一經「行」動，勢必難免有所衝突。如何才能各得其所，各遂其生，必須各別自動調整，以達共生共存共進化之效，其互助之義曰「仁」，其調整之功曰「中」。（致中和，天地位焉，萬物育焉。）

㈤此種不斷調整（時中）之「行」動，有時須向上（以「火」有炎上之性作代表），有時須向下（以「水」有潤下之性作代表），有時須伸展（以「木」有向四方伸展之性作代表），有時須收斂（以「金」有凝集結晶之性作代表），有時須中和（以「土」有平而不傾之性作代表），稱之曰五「行」，合而言之，則爲一正弦弧之波。

㈥凡一切可以命名的事物，都是相對的，故均可以陰「⚋」陽「⚊」二符號代表之。例如：天地、剛柔、動靜、老幼、質能等，二者雖有相互盈虛消長之變化，終屬相依而存在。如一方面完全失去存在，則相對之一方面亦難單獨生存，所以說孤陰不生，獨陽不長，一陰一陽才有生命，二者之間才有了「道」。

㈦相對的任何一方面極度的發展，可能走向相反的一方面。例如連續三次向左轉就向了右，繼續不斷向東飛會飛往西去，所以說物極必反，否極泰來。若欲求廣生與長生，須得無過亦無不及，而以「中庸」爲貴。

㈧相對之事物，雖云同時存在，須有本末之分，先後之別。若本末倒置，或先後錯亂，將有礙于生存。

㈨組成集體（多）的單位稱為個體（一），二者雖似相對，實為具體而微、大小不同的並存體，不容分立，所以說天下之本在國，國之本在家，家之本在身，而修身為的是齊家，進而治國，更進而平天下，故無「一」與「多」之爭論，成己而后成物之順序，於焉明顯。

㈩由太極而兩儀，而四象，而八卦，而六十四卦，是說明一切事物在生命過程中，由簡而繁所經之各種可能的變化情況，而示人以應變之方針。

肆、人法天地之德以成道統

由於上述之認識，人類為生存計，須得配合天地生生之「德」，而以天地萬物為一體之「仁」，奠定倫理之基礎，並發揮其天賦的生命原動力之「誠」，以達成己（格致誠正以修身）成物（齊家治國平天下）之效，而以無過無不及之「中」，以調整其「行」動，始之恰到好處，各遂其生。誠、仁、中、行，遂成為宇宙之生存原理。人類法之，以達其共生共存之目的。

堯法天以成其大，而以「允執厥『中』」傳諸舜；舜以大孝著稱，而以「人心惟危，道心（仁）惟微，惟精惟一（誠），允執厥『中』」傳諸禹；禹以至「誠」不息，公而忘私之精神，使洪水平；湯執「中」；文武施「仁」政於民，以示範於後世；周公為文武全才，外膺夷狄，內修禮樂（德教），為國家奠統一之基業，及孔子而集吾國文化之大成，以「誠」「仁」「中」「行」，為立教之中心，成為數千年來吾民族之道統，並行成大剛中正之民族特性，亦即　國父所欲繼續發揚之歷聖所遺傳下來的正統精神。

因此，吾人可以瞭解所謂道統者，就是將人類生存之大道（原理）流傳下來，為子子孫孫所遵守。孔子與　國父均為闡揚此一大道的時代繼承者。我們才知道中國文化何以能一脈相傳，而其他文化則中途而斬，是因為中國文化是代表人類生存之眞理，祇要人類不斷地要求生存，則中國文化亦能永久生存。吾民族珍視此一道統，使之發揚光大，政統可斷，而道統絕不可斷。咸認為有道德者始有資格做統治者，無道德者而在高位，是播其惡于衆，人人得而去之。士君子是以衛道為天職，以身行道，為民表率，故其地位極崇高，雖貴為天子，亦必尊重士的人格，師之友之。惟其如此，民族有其靈魂，國家有其紀綱，社會有其秩序。蓋法原本于禮，禮本于德，德本于道也。

伍、孔子學說之重點

吾人將孔子的全部作品放在一起，來給他一個名詞，則稱「人理學」（與物理學一名詞相對稱）為最適當；因為他所研究的對象全是「人」，其學說是包含下列若干問題：一、怎樣才算是人？其所以不同於禽獸者是什麼？二、人性是什麼？怎樣率性、忍性、與盡性？三、人在天地間的地位如何？人怎樣法天與配天？四、人與人間的關係怎樣分類及維繫（倫理）？

五、造成自己的條件是什麼（成己）？六、人的責任是什麼（成物）？七、人的分類（如君子、小人、聖賢等）以什麼爲標準？八、集體生存（民生）的條件與原理是什麼？九、個體生存的條件是什麼？十、怎樣來認識人？十一、怎樣來樹人？十二、怎樣才是做人的正道？十三、人的動能是什麼？其源泉何來？十四、人與人間的凝結力又是什麼？怎樣發皇？十五、怎樣達到優生、廣生與長生？十六、其他。

以上若干問題，我在編著《四書道貫》及《人理學研究》兩書時，已全部得到了答案，所以我在結論中就說：「孔子之教，爲人生日常生活所遇諸問題之解答，以及人與人間正常關係之闡明，合理（中）而平凡（庸），爲人人所易知易行者，簡言之：『合乎人情』而已。其道用之於身則修，於家則齊，於國則治，於天下則平。」，以兩千五百年以前的一個人，能夠替我們解答今天的種種問題，這不是「聖之時者」而何？

陸、六經與爲人的道理

吾人若再將六經加以簡單的分析，更可了解他對於「人理學」之集中注意了。

㈠詩——人莫不有情感和意志，詩能使之進入高尚美化的境界，而且爲人，首先要有其理想的目標，這就是立志，所以說：「詩以道志」。

㈡書——人與人相處，不能不有事；事應如何處理才得當？歷史上的實際教訓，爲最好的參考材料，《書經》就是歷史實錄，所以說：「書以道事」。

㈢禮——個人在集體生活中的行爲，必須合乎一般的標準，才能與衆人善於相處，集體才能井然有序。《禮記》是規定當時人的行爲規範，所以說：「禮以道行」。

㈣樂——個人在集體生活中，有了行爲的規範，還嫌不足，必須同時在情緒方面有所調何的方法；樂，就是發揮這個作用的，所以說：「樂以道和」（發而皆中節謂之和）。試觀凡有典禮之舉行，無不配之以樂隊，其義易明。

㈤易——宇宙是無時無刻不在動、不在變，生命者是一變動的過程（從存在以至於不存在）；宇宙本身，及其所覆載的萬物，均各有其生命；每一生命之產生，必有其父與母，其長也必有賴於天地之養育，以及物質與精神兩種原素之供應；其相對的兩方面如何盈虛消長，有關於生命的休戚；凡相對的兩方面，都可以陰「⚋」陽「⚊」兩符號以代表之，在千變萬化之中，尋求其不變之法則，以遂其生，爲一部自然法則與人生法則統一研究之學，博大精深，不易瞭解之書也。簡言之，《易經》是使人知天（環境）命（趨勢），盡人力，以遂其生之學，所以說：「易以道陰陽」。（丹麥大物理學家寶雅教授所新創造的「量子力學」中的最基本定律叫做「測不準定律」與易理完全吻合）

㈥春秋——凡人爲學之目的，在明是非，別善惡，辨順逆，知本末，識先後。《春秋》是以古爲鏡，俾人知何去何從，在正名守分的目標下，以建立公是公非之標準。因此，孔子成《春秋》，而亂臣賊子懼矣，所以說：「春秋以道名分」。

吾人若讀了六經，自然對於人理通古曉今，爲人的道理，盡於此矣，所以中國文化可稱之爲人本文化；人類如欲異於禽獸，役物而不役於物，則孔子學說當能指引其重返於人的道路。

柒、盡人之性與盡物之性

或問曰：「孔子對於人理學，固有極大之貢獻，何以舍物理學而不談？」我願以孔門之言以答此問。

《詩》云：「天生蒸民，有物有則，民之秉彝，好是懿德。」孔子曰：「爲此詩者，其知道乎，故有物必有則，民之秉彝也，故好是懿德。」孔子指出，凡有物必有理（則）；一切的物，是供人類共同享受的，一切的理，是供人類共同使用的；享受或使用，無非是爲的人類共生存共進化（道德）罷了。

「惟天下之至誠，爲能盡其性；能盡其性，則能盡人之性；能盡人之性，則能盡物之性；能盡物之性，則可以贊天地之化育；可以贊天地之化育，則可以與天地參矣。」（中庸）

孔子認爲盡己之性與盡人之性（人理學）重於盡物之性（物理學及化學、數學），但並未忽略了盡物之性。大學以「格物」爲八目之首。以「來百工」爲治國平天下九經之一，均足爲證。有了物理學、數學及化學，自然會有「生物化學及生物物理學」之產生，這就是贊天地之化育。

「惟天下之至誠，爲能經綸天下之大經，立天下之大本，知天地之化育。」（中庸）

孔子認爲先把人類之大經大本（人理學）建立起來，則人類之生存有了保障，再談生活之豐富不遲；物理化學之應用，不過解決了人類生活之豐富問題而已。我們怎能對孔子苛求，對二千二百年後之自然科學，先替我們準備好呢？

現在讓我來談談物理學與化學：物理學是在西元一五五〇年（距今不過四百二十年）以後，才從玄學的冥想到實驗的開始；經過了兩百五十年（一五五〇年—一八〇〇年），才將實驗方法建立和發展起來，同時將實驗的成果作爲科學上的根據，有了這些根據，古典物理學因之充份的發展，其間經過了將近九十年（一八〇〇年—一八八七年），近代物理學才開始。於是有光電應用之發現（一八八七年），x光之發現（一八九五年），原子蛻變之發現（一八九七年），進而有老量子論（一九〇〇年—一九二五年）、相對論（一九〇五年）、量子力學（一九二五年—現在）之次第發現，乃知「盡物之性」的工作成果，還是有限。人類對於自然界本身，似乎離全部了解的時候尚遠。至於化學，自從英國瑞典的科學家發明氧氣（一七七四年）、氫氣開始，漸漸成爲近代科學，爲時亦不過兩百多年。近年來，生物化學之突飛猛進，對於「天地之化育」之謎，或許可以作進一步的了解。但是，人類巧奪天工的結果，可是把宗教信仰打垮了一半。因此，「爲了神而要修身」的道理，亦漸漸失其效用，還不如有遠見的孔子的「爲了做人而要修身」的道理，來得屹立不動，要好得多。因爲眞理必須以客觀事實與人類良知爲標準，才能永遠存在。

捌、發現人類的性與能

物理學對於人類之最大貢獻，爲發現了物質的性與能，而予以利用，以福利人群。例如光、聲、電、磁、熱、與力，以達於量子能等等的進入應用科學。人理學對人類之最大貢獻，亦在發現了人的性（本能）與能，而爲之善導（率性）。在性的方面，發現了人之所以異於禽獸者，除「求食」以維持生命與「求色（偶）」，以延續生命兩大本能，無不相同外，有「求仁」以光大生命的第三種本能，而且特別發達。一切宗教都是用盡力量和想盡方法，使一、兩種本能盡量減低，甚至於節食絕色，以身作則，以爲之教，而對第三種本能「求仁」（愛人），則盡量使之擴展；一面「忍性」而節慾，一面「盡性」以利人，二者兼施，謂之「率性」。在能的方面，發現了「誠」，就是人的能，是智仁勇三達德的原動力（中庸：「智仁勇三者，天下之達德也，所以行之者，一也。」；一者何？曰誠是也）。「至誠不息」，「至誠而不動者，未之有也」，「精誠所至，金石爲開」等等，都是可以證明誠就是能，沒有能就沒有宇宙，所以說：「誠者物之始終，不誠無物」。人有了誠，就有了動力能創造物，能仁民愛物，和宇宙有了能一樣能化育萬物，所以說：「誠者，天之道也；誠之者，人之道也」。天人合一之義，從誠字上奠其始基，《中庸》裏解釋誠爲信仰（誠之者，擇善而固執之者也），爲智慧（誠則明矣，又曰至誠之道，可以前知），爲仁愛（誠者，非自成己而已也，所以成物也；成己，仁也；成物，智也），爲力量（至誠而不動者，未之有也）；爲能見其眞（誠者毋自欺也，俗稱眞誠）；爲能成其大（惟天下之至誠，爲能經綸天下之大經，立天下之大本）；爲能盡其性（惟天下之至誠，爲能盡其性……則可以與天地參矣）；爲能通其化（惟天下之至誠爲能化）；與西方《聖經》中對於上帝之說明 God is faith, is wisdom, is love, is strength, is truth, is great, is almighty and is power 幾乎全部吻合。至於「誠者物之始終，不誠無物」，更證明可比諸創造宇宙的上帝。中國人以格物致知以成智，以誠意正心以立德，智德兼備謂之身修；身修則人格立，較之以宗教方式達成同一之目的，更能使人增強自尊，而以德配天地自許也。

誠爲人之能，已如上述，茲再以光、聲、電、力、熱諸能以喻之。光波之集中於一點，謂之焦點，爲最明亮，故曰：「誠則明矣。」聲波之集中於一處，復轉換成電波，則可廣播至無遠弗屆，因至誠能成其大，能及其遠，故曰：「至誠無息，不息則久，久則徵，徵則悠遠……悠久無疆。」電波聚積與透過極細微之電路，可以生熱，故曰「熱誠」（熱忱者必爲誠懇之人），用電能以解析物質，謂之電化，故曰：「惟天下之至誠爲能化。」力之集中，則可推移他物，亦可無堅不摧，故曰：「至誠而不動者，未之有也。」孔子稱誠爲智仁勇三達德之原動力，又稱誠爲「凡爲天下國家有九經」之原動力，雖未直接及「盡物之性」，而於「盡人之性」中，獲得其原理，實不愧爲聖人矣。

孔子除發明了類似物理之「能」之「誠」用之於人類外，又發明了類似化學方面之「能」用之於人類，稱之曰「仁」。物質與物質之能互相化合，亦必賴有能；有時需要吸收，有時可以放出，看化合時之需要而定。人類如果將「仁」字去除，根本無情愛可言，成了一盤散沙，這就是極端的個人主義或功利主義所造成的結果。孔子將人與人的公私關係分成五類——君（長官）與臣（部屬）、父（母）與子（女）、兄（姊）與弟（妹）、夫與婦、朋友與朋友——稱之曰五倫或人倫；每一類之相互間的敬與愛，給予專門名詞，爲君仁、臣敬、父慈、子孝、兄友、弟恭、夫婦和順、朋友信義，使易明瞭。由親親而仁民，再由仁民而愛物，由近及遠，由親而疏，由小而大，以發展人類之情愛於無窮。一部《論語》，全力注意「仁」的實施；仁字從二從人，很明顯地告訴大家，在任何場合之中，應該想到有兩個人之存在，那自然會去私心，存公道了，所以說「立己立人，達己達人」。至於「己所不欲，勿施於人」，這就是忠恕之道。其檢查方法，就是「絜矩之道」（所惡於上，毋以使下；所惡於下，毋以事上；所惡於前，毋以先後；所惡於後，毋以從前；所惡於左，毋以交於右；所惡於右，毋以交於左）。總之，人與人間之路，稱之曰道；道之行曰德；道須常修，而有賴於教育，故曰：「修道之謂教。」道德之本質就是仁，去了仁，人類之生存便失去保障，所以說「有德此有人」。財，不過人類用以豐富其生活而已，所以說：「德者，本也；財者，末也。」本末雖並存，但不可倒置，一旦倒置，人類的危機便到了。

孔子除了上述兩大發明外，又發明了類似物理與化學方面的平衡律，稱之曰中；「不偏之謂中」，即物理方面的重心點。化學方面的公式之雙方平衡，這是最穩妥的一點或一情況，我嘗稱中曰「精神方面的重心點」，或稱之爲「恰到好處」，無過亦無不及，平凡而合理，爲了時間關係，不多發揮了。

總之，由中所產生之中和、中正與中庸之道，是爲人類達致廣生與長生之大道。吾人從盡人之性，進而盡物之性，是先本而後末，其勢順，其缺點一經補救，容易迎頭趕上；近世西方人太過重視盡物之性，由末而求其本，其勢逆，其缺點不易從根救起；惟若能相互愛其所同，敬其所異，則進世界於大同，應屬可能。

孔子學說何以能成了中國文化之主流呢？他的深奧不如老子，但是，他著重在「行」，而適合最大多數人民日常生活之用，合理（中），而平凡（庸），好比應用科學雖源於自然科學，享用者雖能行而未能知，然其價值日見其大，所以孔子著重在「學貴能行」，而爲學的本身亦在「篤行」，求仁的先決貴在「力行」，君子之宜自強不息，亦爲法天之「行健」，行先於言，不宜言而不行，否則爲學而不能行道，學有何用？

誠、仁、中、行四者之重要性，至此易愈明了矣。

玖、人類生存之眞理

吾中華民族之所以能集結六億人民爲一家，持續發展五千餘年光榮歷史而不墜者，以吾祖先發明人類共生、共存、共進化之眞理，垂裕後人，遵守弗渝。此一眞理，稱之曰道；於己而言，稱之曰誠；於人而言，稱之曰仁；於事而言，稱之曰中；於功而言，稱之曰行，綜合其應用而言，稱之曰德；其見諸於日常生活者，稱之曰禮。孔子承吾祖先所遺下之偉大發明，而予以全部整理，使之成爲有系統之學術思想，首創有教無類之原則，爲平民之教師，此一孔子思想，即爲人類生存之眞理，人類不欲求生存則已，若欲繼續求生存，則此道永存，其所以能成爲人類之師表者，原因在此。因此，吾則深信誠必能勝僞，仁必能勝暴，中必能勝偏，行必能勝鬪，以此不移之自信向前努力，必能重光華夏，必能復興吾國文化，造福世界人類，願與諸君共勉之。

東方傳統思想與現代社會

壹、前　言

幾年以前，我曾在貴國建國大學演講「東方文化對於人類之貢獻」，我認爲東方王道文化終必成爲人類所瞻望的燈塔。兩次世界大戰之慘痛教訓，應足以喚醒世人，使知僅憑武力與金錢，不足以解決世界問題。人類之幸福，全憑去私心存公道一念之轉，亦即道德二字之眞義所在，不和不平的事實既存在，世界安有和平之可言耶？亞洲諸民族歷史悠久，文化崇高，從數千年痛苦經驗所得的教訓，對人文科學研究所得，遠勝於人。爲人類之廣生和長生計，既知不能憑財，更知不能憑力，必須憑德，文化始有其眞基礎，故有德本財末的昭示，有王道勝於霸道的信念，吾人若能遵守此一昭示，確立此一信念，則東方文化復興之日，即爲人類幸福共享之時。這些年來，世界局勢的混亂依然如故，未來的變化無法預料。我們中華民國的文化政策，是始終遵循　國父孫中山先生的遺教：一、將吾國故有的道德智能從根救起；對西方的物質科學迎頭趕上。二、固有的如果是好的應該保存，不好的才可放棄。前者是說明我們傳統思想中固有的被人毀棄，有待徹底挽救；現代世界新發明的科學技術，正是我們所缺乏的，須得努力追趕，以求補救。後者是說明傳統思想不一定全部適用於現代社會，須經用科學方法，做一番選擇的工夫。 蔣總統所倡導的文化復興運動，就是要實行孫中山先生的遺教，明白的指出倫理、民主、科學三個綱領，使傳統的民族文化與現代社會相結合，以求達到三民主義新中國的實現。

蔣總統領導革命，統一中國，廢除不平等條約，中華民國在第二次世界大戰之後，本來已有復興之望。奈以中國共產黨乘機作亂，直接獲得蘇俄的大力支援，間接得到美國錯誤政策之助，迫得我們的中央政府退出大陸，困守台灣。但是中華民國的國策決不會改變， 孫中山先生所昭示的從根救起和迎頭趕上的正確方針，我們仍將堅持到底，爭取最後勝利，所以對於此次學術大會的論題，我認爲東方傳統思想對於現在社會仍然是多可適用的，東方各民族決不可輕易放棄。

以上是我的論文的主旨，以下當分段說明，試將現代的三種文化作一比較，請大會各位先生指教。

貳、何謂文明與文化

我認爲目前世界上主要文化依其地區及所奉行的主義而言，大致可分爲三種：即東方文化、西方文化及共產主義的文化。三者不同之處究竟是什麼？是否與其所處的現代社會完全適用？以個人從事政治、文化數十年的經驗所體認，以爲我們的東方文化亦即東方傳統思想仍舊適合於現代社會，我們應了解各種文明或文化的優點與缺點，知己知彼，以恢復東方各民族的自信心。

要了解文明或文化，必先了解「文」字的意義。在中國有《論語》一書，是孔子的言行記錄，孔子曾說：「質勝文則野，文勝質則史，文質彬彬，然後君子。」文是人爲現象，質爲自然現象，所以質勝文是人類尚在粗野的時代，文勝質的時候，人類才進入有史階段。

至於所謂「文質彬彬，然後君子」，是說一個人要有人爲的修養，但仍應保持質樸的本心，以免流於虛僞做作，才可合乎君子的條件。再說什麼叫文明？文明和文化又有不同嗎？我認爲《中庸》中一段話說得最好，就是「誠則形，形則著，著則明，明則動，動則變，變則化。」這七個階段說明一切事物的生命過程，例如一個人生命的構成，從十月懷胎出世成長到老死，經歷這七個階段。一個團體的組織誕生到影響社會，也經歷這個過程，在這七階段中，不論精神的或物質的。凡用人力所創造或發明的，經過「誠」、「形」、「著」、到「明」的階段叫做「文明」，其能影響人類生活而起變化的。換言之，經過「動」、「變」、到「化」的階段，叫做「文化」，所以凡未受到時代文明所影響的，稱之謂「化外」，例如美國的紅種人等是也。

文化既對人類思想及生活不斷地在發生影響，換言之，在兩種文化交流時，勢必互相起變化，則東方人又安能避免西化？惟若謂東方人應全盤西化，則無異自認傳統文化一無可取，則太過矣，所以欲在文化方面劃一界線，謂此爲東方文化，彼爲西方文化，確爲一大難事。

例如火藥及炮竹爲中國所發明，經若干世紀的改進，並加以其他科學之進展，始造成今日威力無比之遠程火箭炮。以原理之發明言，爲中國文化；以應用及進步言，爲西方文化。又如外科醫生剖腹割腸，一般人必認定爲西方文化，殊不知中國古代醫生華陀（約當西曆一八四一一九〇年）已有如下之手術：「若疾發，結於內，鍼藥所不能及者，乃令先以酒服痲沸散，既醉，無所覺，因刳破腹背，抽割積聚，若在腹胃，則斷截湔洗，去除疾穢，既而縫合，敷以神膏，四五日則癒，一月之間皆平復。」則吾人又將何以爲答？總之，文明爲人類智慧之累積，好比滾雪球，愈滾愈大，凡有此能力而不知繼續努力者，謂之自棄；無此無力而自高自大者，謂之自暴，自暴或自棄，均有礙於文化之進步，故吾人今日所亟需者，爲恢復民族之自信心耳。

自信者，有自知之明，己之所短，應效法他人之長而補充之。己之所長，應貢獻他人，不必私於己，此乃文化之眞義也。由此而知所稱東方文化或西方文化，乃指其特長，爲其文化重心之所寄，可以供人類所取法而蒙其福利者也。欲知一國文化重心之所寄，必先知此一國家之極大多數人民生活方式及其思想如何，然後可知何者可學，何者不可學。以己之長，增人之長，是則已長於人，乃可爲人所取法也，傳統思想與現代社會的關係，如此而已。

參、大多數人民之生活方式爲一國文化重心之所寄

一國之大多數人民之生活方式及思想，非特爲一國文化重心之所寄，亦爲一國生存之所

關。茲姑且以士、農、工、商，四種爲說明人民生活方式及思想之分類，俾知中西文化各以何者爲重心，茲分別述之如下：

一、「士」之工作對象是「人」，其主要工作是管人教人等，以「人盡其才」爲目的，所以除授以智能外，尤其重視做人之道，並以身作則，俾能教人與管人。所謂「道德」者，即爲人類共生存之原理（道）及其應用（德），亦即仁道或稱人道（仁者，人也）。因爲道德必賴身教——以身作則，故一切言行以禮義廉恥爲重，既輕利而重義，故安貧而樂道，其生活方式爲精神遠勝於物質。

二、「農」之工作對象是「地」，其主要工作是種植，以「地盡其利」爲目的，所以重視「天時」，愛好「自然」，注重「水利」，安土重遷，聚族而居，所以重視「倫理」（人與人的關係），尤重齊家，崇尚孝悌，其生活方式仍爲精神勝於物質。

三、「工」之工作對象是「物」，其主要工作是開發及加工製造，以「物盡其用」爲目的，所以重視「人力」與「物質資源」。進而利用「機械」及「動力」以代人力，以達人定勝天之效，其生活方式爲物質勝於精神。

四、「商」之工作對象爲「貨」，其主要工作爲交易有無，以「貨暢其流」爲目的，所以重視「錢財」與「市場」，不免重利輕義。交通爲貨暢其流的第一要件，貨品在途中之安全保險亦極重要。人隨貨而流動，離家時多，而到處爲家，倫理觀念淡薄，海港市場所在地，恆爲道德最墮落之處。爲預防計，東方各國人恆以「眞不二價」，「童叟無欺」二語爲標榜，並以自勉，其生活方式爲物質遠勝於精神。

肆、東方文化以士農爲重心

東方文化就中國言之，以「士、農」爲其重心，所以重視倫理道德，愛好自然，注重修身與齊家，以「誠」修己，以「仁」待人，以「中」處事，以「行」成物。在人與人之關係相處方面，有極大之發明，稱之謂人道文化，可以居之無愧。其對於人類未來之貢獻將更偉大，可以預卜。其在農業方面，在本國有百分之八十五以上人口從事農業，故對於農業有極多之發明，其對於人類亦有極大貢獻，以言其遠者，百餘年前，美國有多種蔬菜由一中國僑民（忘記其姓名）介紹前去者，此人去世之日，美國全國曾下半旗誌哀，此爲一美國朋友告訴余的故事。以言其近者，中華民國若干農耕隊，正在非洲到處教人播種五穀、蔬菜、水果，以幫助他們改善生活，而在亞洲各地華僑，莫不以勤儉治家，中信篤敬對人，過去對於當地人民在農業方面之貢獻，尤爲其大。在工商方面，孔子雖以「來百工則財用足」爲治國九經之一，又以「生之者衆，食之者寡，爲之者疾，用之者舒，則財恆足矣」，爲經濟財政方針，以教訓後人。唯初以自然科學尚未發展，其重要性未爲歷代諸儒所重視，及西方自然科學突飛猛進之時，中國正成爲列強之共同殖民地，受不平等條約之束縛，深受壓迫，遂成落伍，然而以往中國在物質方面之發明，及對自然科學之造就，於人類之貢獻並無愧色，英人 Joseph Needham 氏在其《中國之科學與文明》一鉅著中，對於中國人以往在自然科學方面，有極早極多之發明，述之極詳，可以佐證，所以說中國祇有精神文明的話是錯誤的。文藝最能顯示文化之精義，故中國之繪畫以農民所終日面對而愛好之山水爲其最高之境界，音樂以能怡情養性之中正和平者爲尚，戲劇以教人忠孝節義之德爲歸，其特點爲重人兼重德，貴國的傳統思想，亦大致相同。

伍、西方文化以商工爲重心

西方資本主義文化以英國爲代表，美、法、德、義亦類似之，以「商、工」爲其重心，所以重視「財」與「力」，並重功利，其精神方面，則有賴于宗教。英國過去之成爲世界霸王，全賴有強大之海軍及四千餘艘巨大商輪經常從殖民地運原料進口，加工製造後，再運往世界各地銷售。一進一出，以維持其全國工業之生產，其所得利潤用以維持其國家之財政。因之掌握其國家經濟命脈之數百萬海君官員、海員及商人生活，遂成爲文化重心之所寄。海員在航程中，不得飲酒、不得攜眷，隨時欲與海盜搏鬥。一進海港，第一找女人Women，第二找酒飲Wine，第三因相爭而搏鬥War，所稱之3 w生活是也。商人爲銷售其貨品，亦遂利用酒與色，以誘惑之。女人竟被用爲一種商品及推銷商品的廣告之用，而不自知矣。利之所在，罔顧道德，故商業最繁盛之區，輒成爲道德最墮落之地。美國開國諸領袖有鑒於此，將各州政府所在地，置於極小之城市，使之遠離商業中心者，其意在此，可稱遠見，例如紐約州政府設在Albany，而不在紐約市，加利福尼亞州政府設在Sacramento，而不在舊金山等市。惟近世交通事業迅速發達，傳播事業日新月進，此種消極的隔離，已不復生效。惟一國文化既以商、工爲重心，其思想之趨勢，不免依隨經濟之轉移，崇力尚財，終成風尙。飽暖思淫慾，男女關係複雜，家庭制度動搖，人慾橫流，不知所屆，宗教信仰日減、道德墮落、危機日顯。從文藝方面，可以窺見其趨勢，繪畫以海員所愛好之裸體女子繪像爲最高境界，音樂以刺激最烈者爲尙，戲劇以女子盡量暴露肉體之舞蹈及男女戀愛之故事爲歸，在外來電影中及電視中，都可證明余言之不謬。其特點爲重財而輕德。此種壞風氣已漸漸影響到東方各國，日本將首當其衝，殊值警惕！

陸、共產主義文化以農工爲重心

西方共產主義文化以蘇聯爲代表，以「農、工」爲重心。重視物與力與資本主義同，惟共產主義者原以反資本家爲號召，爲多數被壓迫的勞工打不平，初意甚佳。惟其出發點爲恨，其目的爲爭利，其方法爲造成階級觀念所以鬥爭，其思想爲唯物史觀，全賴虛僞宣傳，組織多數農民工人以敵少數地主與資本家。換言之，以衆暴寡，其結果既不能如商之造財，又不能如士之宏德，「以暴易暴兮，不知其非矣」，僅憑其組織之力量與宣傳之技巧，欺騙大衆，妄圖達成其世界革命之目的。終至爾虞我詐，互信全失，道德墮落，生產落後，人民陷於水深火熱之中，自由全無，宗教被禁，生活悲哀，有似人間地獄。其文藝則文而不藝、音樂則有音而不樂，戲劇則呆板而單調，爲反人性，不合人情，正不可以持久。其特點爲重物而輕人。此種文化全不適合于東方傳統思想所孕育的社會，這就是我們所確信的反共必勝、建國必成之保證。

柒、東方文化有待復興

由於以上分析，可知東方傳統文化其重心所在士、農，故重德而不重力，重德而不重財，合乎人性、近乎人情，是故「重人兼重德」。惟時至今日，現代社會的進化日新月異，吾人不能久居於農業社會而自甘爲人所制，必須迅速工業化，並重視國際貿易。不過是否即因此而效法西方之所爲，不加選擇，重利重力，縱慾誨淫而不重德；或崇恨尙詐、以暴易暴而不重信；抑或取人之長，去己之短，並揚己之長，補人之短，此爲吾人在過渡時期之中心問題而必須立即解答者。

余以爲今日之農工商已不似以往之憑個人經營，必須均有大規模之組織與科學技術，故其管理與研究，均賴於士之領導與服務，故今後東方文化重心之所寄，不復僅在士農，而須士農工商四者之同時進展，惟仍有賴於士之普遍貢獻能力，則士之人格之重要，實較過去爲尤甚。此中華文化復興運動之所以以倫理、民主與科學爲重也。

資本主義與共產主義之病在各走極端，不合「中庸之道」。前者太重個人之自由，太重視金錢與武力。一旦宗教信仰因科學發展太速而呈低落，物質與精神將失其平衡。加以奢侈與縱慾，將更加速文化沒落之危機。後者太抹煞個人之自由，太重視物質、武力與組織，爾虞我詐，不以爲恥。加以干涉人民宗教信仰，使人民生活乏味，人民既不能安居，自難樂業，安能求其經濟之繁榮？整個國家實爲一大監獄而已，有何文化可言！資本主義爲富不仁，共產主義則暴而不仁，偏而不中，宗教信仰一旦消失，則更無「誠」，不中、不仁、不誠，人道之存在也幾希！

中華民族祖先之所垂教者盡爲可大可久之道，重本而不忘其末。以言政治（管），認清法律本於道德，法治仍有賴於德教，以言教育（教）認清修道爲教之本，技藝次之。以言經濟（養），則謂「德者本也，財者末也」。以言軍事（衛），亦以力難服人，不能持久，惟德勝於力，故貶霸道而崇王道，又謂仁者無敵。換言之，無論管、教、養、衛，如能以道德建立其基礎，則穩固而不墜，所謂本立而道生是也，道德無新舊，由道德所產生之禮俗，則有新舊，新生活者適應時代之禮俗也，故東方民族固有之倫理基礎，應使之加強，盡力闡揚，自立模楷，進而宏揚於世界，以福利人群，故曰從根救起。

吾人今日之落後者爲科學，尤以自然科學及物質建設爲最，必須效法他人，如爲採最新之設備所需，不必吝嗇金錢，力求自力製造，科學書刊，及早翻譯，廉價出售，以求新知之普及。獎勵發明、應無所不至、外國工廠之能來設置者，予以最大之便利，務使人民實見眞聞，便於仿效。以東方民族之智慧高超，必能以最短時間勝過他人，故曰迎頭趕上。

民主觀念早爲東方傳統思想所具有，二千三百餘年前在中國有孟子，已高倡「民爲貴、社稷次之、君爲輕」之說，所缺乏者爲民權之訓練與民主制度之實施而已。現在東方各國都已實施民主制度，各國國民對於民權之運用亦已有相當訓練，繼續施行，不難有成。惟今日西方之自由民主制度，其權操之於有錢者，有錢者始易被選出，不賢無能者出而當政，其能望民主政治之進步乎？故是否如　孫中山先生所云，配以考試制度，以補其弊，猶待研究，此則應省察實情，而予以改善者也。

以上倫理、民主與科學三者，是復興東方文化的方針，不但能自救、且能救人；惟智者乃能取人之長，補己之短；勇者乃敢以己之長，貢獻人群；仁者乃能愛人如己，天下爲公。天下爲公，大道乃行。

捌、結　論

以上所述，是我對於「東方傳統思想與現代社會」論題的淺見。茲將東方與西方及共產文化之重要區別，述之如下，以作結論：

一、政治倫理與宗教倫理之別——東方各國向以國與家聯稱，而曰「國家」，故五倫之中三者屬於家（父子、兄弟、夫婦），二者屬於國（君臣、朋友）。家爲道德倫理之訓練所，以備施之於國者，故曰「孝者所以事君也，悌者所以事長也，慈者所以使衆也」。又《大學》一書，是最偉大之政治哲學，亦以格物致知以成智，誠意正心以成德，二者兼備，始爲修身。修身之目的，爲的齊家，進而治國，更進而平天下，爲一套完整的成己成物內聖外王之政治倫理體系，而知道德與政治爲不可分者。士之從政曰仕，其有管人教人之責，故必須先有諸己而後求諸人。衆人始能受管而心甘，受教而心服。由此更可見政治與倫理爲密切關聯者。士且有衞道之重任，可以身殉道，故君主時代亦以師士友士爲尙，尊之養之而不敢辱之，道統之不墜者亦賴乎此。試觀西方之講倫理，則全歸于宗教範疇，宗教信仰一旦受科學求證求實之影響，發生困難而有所動搖時，倫理之基礎隨之而減弱，社會道德淪喪，青年犯罪日增，危機日顯，勢所必然，而東方對於宗教，採信仰自由之原則，而以誠、仁、中、行，爲立身處世之基礎；以四維八德爲實踐之細目，著重人理之所當然，不用神權以警惕國人，故無絲毫迷信，自亦不受宗教盛衰所影響。

二、家族本位與個人本位之別——東方民族認爲人類中一切組織之堅固持久者，莫過於由血統關係所形成之家族組織。其團結力爲最強，而於安土重遷之農業社會尤爲適合，故採取之。由于農業社會利於聚族而居，故以大家庭制度爲尙，男有分，女有歸，互守貞一之節操，視淫慾爲萬惡之首，孝順爲百善之先，其原因在此。我國經過若干次之外族侵佔，而卒能戰勝之，甚或同化之。亦足以證明維護此一家族之理想爲無訛。雖有人批評家族本位，難免有徇私之弊。惟若配以考試制度，則引用私人之惡習可除。較之西方日漸加深之個人本位思想，其爲私己則遠遜之。蓋個人本位之所以能形成，實始於工商業之發達，以利爲本，致有「德本財末」之倒置，蓋愛金錢之心日增，則人與人間之情愛日減，加以工業方面工作之種類多，人不易固定住在一處，時時需要遷動，故與家人相處之時間，遠不及與朋友相處之時間爲多，故父子不親，兄弟視若路人，夫妻隨時可以分離，朋友之間以利相結合，長官部屬之間缺乏情感。充其極，五倫之人際關係，日形疏淡，其結果誰都管不到誰，成為一盤散沙，毫無組織與團結，亦即倫理之終被個人本位思想所毀滅。倫理既喪，人類復歸于獸化，民德日下，將為必然之結果也。

三、義務平等與權利平等之別——在禮儀之邦如中韓兩國者，人人重視倫理，倫理之基本精神在盡其在我，先義後利，故個人只問義務之是否已盡，不問權利之是否能得。父母慈是天性，子弟孝亦是天性，並非為對方之酬報而為者，因為東方文化為人本文化，人人重修身、重自律，重求諸己而不怨天尤人，所以瞽叟不慈，象不恭，而舜仍然孝父而友弟，成為孝悌的模範，亦即只問義務、不問權利之最佳說明。西人因工商社會所造成之生活習慣，一切本于生意經，故權利相等認為天經地義，漸漸衹見到權利而忽略了義務，故父母來往於子女家，亦需付房租，家中開支，盡有預算，多一個人來吃飯，自然超出了預算，非算帳不可；夫婦分立銀行帳戶，一來免得離婚後，財務上有糾紛，二來權利可以平等；其基本觀念不同，故義利之辨亦異。加以上項各種因素，上下交征利，更使人的地位降低，甚至人為物役而不自知矣。

四、重人與重物之別——在西方及共產國家對個人本位與權利平等觀念日益發達，人與人間之相依相助，日見其疏遠，獨立精神，則較為發達，此為可取者。惟一旦失業，竟可無處告貸者，于是各種保險事業興起，社會救濟措施不可不有，人依賴物較諸依賴人為可靠，有財物則生命得保，有親友與否則絲毫無關係，加以各種分期付款制度之推行，有財則有物，而人則爲財物之所役矣。雖有父子兄弟之親，亦無助於財物之己屬，家族本位之觀念相去愈遠，義務平等之責任早已不在，因之重物重財遠勝於重人重德。充其極，遂成爲唯物史觀，資本主義之重財輕德與共產主義之重物輕人，二者之思路雖有不同，然其結果則彼此相差無幾矣。在東方各國方今雖受工商業發展之影響，惟人情味仍甚重，爭搶付帳，盛宴待人，厚送人禮，雖缺點亦多，有待改進，惟均足以證明重人輕物之習俗猶存，惟西風之來，已不免使之轉變，若能融合二者之所長，採取恰到好處的中庸之道，則庶幾可已。

五、崇尚王道與崇拜霸道之別——王道與霸道之分，孟子說的最好。他說：「以力假仁者霸……以德行仁者王。」人民對此二者之心理亦有不同，他說：「以力服人者，非心服也，力不贍也，以德服人者，中心悅而誠服也。」西方這一兩百年來，發揮他們的帝國主義的力量，完全靠精良的武器，威脅壓迫殖民地的人民，供其奴役。如果沒有美國的林肯總統，首倡人權平等，解放黑奴，戰勝內戰，西方思想中根本連王道的影子都沒有。中國則因歷史悠久，文明早進，亦曾做過帝國主義者，後來從痛苦經驗中覺悟了，知道若僅憑武力，不足以持久，且不能達成眞正和平之境地，必須從「和諧」與「平等」二者之實現，人們始能和平相處，無分彼此謂之和，無分階級謂之平，而能使此理想實現者，惟道德能之。於是發明了人類共生存共進化之「道」，及其實行之「德」，認定了道德才是人類和平生存的基礎，使子子孫孫，永守弗渝，本此原則以行，謂之體天行道，又稱崇尚王道，「王」字之三畫是代表天、人、地，中間之一直是代表「貫通」之意，貫通了，自然天道人道合一了。因此，中國曾成了世界上公認之「禮儀之邦」，而為眞正最愛好和平之民族。試觀亞非兩洲之殖民地，天然資源，被帝國主義者予取予求，而對於當地人民即如糧食蔬菜等重要生活必需品，亦毫不助其改進，中華民國農耕隊到處受他們歡迎，其原因在此。帝國主義者徒知以高壓手段，使之順從，其結果民族主義應時而生，殖民地逐漸恢復自由，霸道不復生效。報復之心滋長，白種人幾乎不復能在非洲居留，帝國主義者一世之雄而今安在哉？總之，為國家民族生存計，可大可久之道，祇有王道，才能達此目的，而非西方及共產主義之霸道，蓋顯而易見。

證諸以上五點最大之區分，東西文化之最大不同處，為前者以德為本，以力與財為末，後者則適得其反。立國之道，貴乎悠久與無疆，一時之逞強，不足以為貴也。中華民族為世界上極古老民族之一，她具有五千多年有記載的歷史文化，未曾中斷；她擁有七億多的人民，其極大部分在亞洲，少數散播在全世界各地，各能適應任何環境和其他民族和諧相處；她自己沒有具有形式與組織的宗教，而能具有高尚的道德，且能包容外來的宗教使之並存不悖；她能夠把侵略她的民族同化，而最後成了融合無間的一家人，例如蒙古滿州等民族是也；她能使不易受人同化的民族全部放棄她們自己的習慣傳統，而甘為中華民族之一部分，例如河南開封城移來的猶太民族是也；她對於道統的重視遠勝於政統，而固執不捨；她認為有德並有智者始有資格作統治者，所以她輕視無德者而反抗之；她認為可大可久之道，才是安邦定國之理，武力不足以服衆，自難持久，故不可取，是以崇王道而貶霸道；她相信金錢為人生所必需，惟為末而非為本，惟有德才可稱為本，故有「德本財末」之普遍信念；她相信國家民族的基本組織是家庭，絕對不可任其破壞，淫慾是破壞家庭的基本因素，故稱「萬惡淫爲首」而摒棄之，以孝悌爲齊家之要道，而崇尚之；她相信樹人是萬事之先決條件，不可絲毫疏忽，故以修身爲人人之天職。凡此均爲衆所周知之事實，是故復興中華文化，亦必以倫理爲首，進而言民主與科學，庶幾本末不會倒置，有利而無害。

中華傳統文化對于東方各民族均有過相當深厚的影響，就貴國言，過去曾提倡君子之學，崇尚倫理道德及清廉節義，而且深植于大韓民族性中。此種傳統思想對於現代社會，不免有不盡能適應或適用之處，我希望此次學術大會對此問題能有充分的研討，最後能作成適當而可行的結論。

現代齊家之道

我國土地廣闊，人口衆多，歷史悠久，文化崇高，吾祖先爲了使在這廣大土地上生活的衆多人民，能夠和睦，共存共榮，早已超過了 國父所說的物種進化時期的進化原則——競爭生存，而像禽獸一般的相互侵犯吞噬，而已進入了人類進化時期的原則——互助，所以很早便很重視人際的關係，而有五倫之道的建立。《孟子・滕文公上篇》即記載說：

「后稷教民稼穡，樹藝五穀，五穀熟而民人育。人之有道也，飽食煖衣，逸居而無教，則近於禽獸。聖人有憂之，使契爲司徒，教以人倫；父子有親、君臣有義、夫婦有別、長幼有序、朋友有信。」

歷朝歷代無不以此作爲一切政治教化的重點，終能使我們的社會安詳，民族繁衍，而在這五倫互助之中，除君臣、朋友二倫以外，其餘的父子、兄弟、夫婦三倫都屬於家庭關係，可見對於家庭倫理又特別看重。在家庭之中，實又以夫婦一倫爲最重要成爲鞏固家庭的基礎。蓋夫婦相愛好合，則家庭自然能夠美滿幸福，推而至於整個天下國家，才有和平安定的可能，所以《易經・序卦》傳說：

「有天地然後有萬物，有萬物然後有男女，有男女然後有夫婦，有夫婦然後有父子，有父子然後有君臣，有君臣然後有上下，有上下然後禮儀有所錯（措）。」

《禮記・婚義》也說：

「（婚禮）所以成男女之別而立夫婦之義也。男女有別而后夫婦有義，夫婦有義而后父子有親，父子有親而后君臣有正。」

《中庸》第十二章更說：

「君子之道，造端乎夫婦。」

這充分明顯地說明了夫婦關係在家庭倫理，以至整個人倫關係中的重要性。

夫婦爲組成家庭的最基本成員，雖然是男女有別，但兩人在家庭中的地位則完全相同。《禮記・婚義》曾明白指出夫婦的關係是：

「合體同尊卑。」

《說文解字》說：

「妻，婦與已齊者也。」

《釋名・釋親屬篇》也說：

「妻，齊也。」

又說：

「夫妻，匹敵之義也。」

夫婦地位既然平等，所以應該互敬、互愛、互信、互諒，才能維持家庭於不墜。

然而由於過去人類所經營的主要是農作生活，男女的生理構造又不相同，男性因爲在物種進化時代，就在外與擔任猛獸搏鬥的任務，因此鍛鍊成性情剛毅，體力強健，所以在人類進化到農業時期，亦擔任戶外農田耕種用力繁重之事；女性因爲性情溫順，身體柔弱，所以家中瑣細的事務以及小孩撫養的工作，全由其操作掌理，而形成了「男主外、女主內」的家庭分工方式，來共謀家道的興盛。又由於農業社會安土重遷，耕事必須有下一代來接棒，女子必須出嫁，祇有男子才能繼承此一繁重工作，因此產生了重男輕女的觀念，無形中形成了重視男性的社會，但並不因此而輕視女性，而以「齊家」來奠立社會安定的基礎。

夫婦雖然分別主持家庭外內的事情，但就其性質來看，男性所主的是勞力生產工作，女性所主的則是勞心管人管事的工作。生產爲的是維持生活——爲現在的；撫育子女是延續生命——爲將來的；將來當然比現在更爲重要，而且如果有了生產而管理不當，揮霍浪費，不能量入爲出，家計還是會感到困窘。此外，由於男性性情剛毅，對兒女來說，稱爲嚴父；女性性情溫順，稱爲慈母；嚴慈相濟，可造就有理智又富感情的兒女，更易使家庭氣氛歸於融洽，並且極有助於大家庭制度的和樂。《禮記·婚義》上記載說：

「婦順者，順於舅姑，和於室人，而後當於夫。以成絲麻布帛之事，以審守委積蓋藏。是故婦順備而後內和理，內和理而後家可長久也。」

可見婦女在家中的職責有二：一對事，二對人。對事方面在從事女紅及紡織，保管家中財物，使家事得到適當的調度與維持。對人方面在孝順公婆，與家庭中的每一分子和睦相處，使家人感情融融泄泄。如果以上兩者都能做到，則人和事理，那麼家道自然可以興旺，家族就可以傳世久遠。

尤有進者，一個國家庶（人口繁衍）才能富，富才能強，夫婦結合，其主要目的，在繁衍後代，使人類的生命可以繼續維持和繁衍，所以先總統　蔣公說：「生命的意義，在創造宇宙繼起的生命。」因此，生男育女是家庭的大事。男性既然平時在外從事生產工作，戰時可以執干戈以衛社稷，爲家人謀取生活之所需，使國家免於被外人侵凌，對家中事務實無暇兼顧，對子女的教養也就難免會有所疏忽，故教養子女的責任，大都需要由妻子負擔，以致子女身體是否健康，品德是否良好，學業是否進步，亦即家庭未來希望之所寄，主要實在落於妻子身上。妻子責任的重大及其地位的重要，由此更加可見。

國父在《三民主義．民族主義第五講》中曾說：

「中國國民和國家結構的關係，先有家族，再推到宗族，再然後才是國族。這種組織，一級一級的放大，有條不紊，大小結構的關係，當中是很實在的。」

可見我們中國所以能屹立至今，成爲世界上極少數的文明古國之一，實有賴於家族制度的健全，歷代婦女所提供的貢獻誠功不可沒。

我國婦女從政，在周朝早已開始（三千餘年前），武王的十個大臣中，即有女性一人。女子從軍而立功者，歷史亦有記載，女子的文藝才華，亦不亞於男子，故男女平等之觀念，在我國早已存在，「齊家」二字更足以證之。近今我國民意機構，婦女名額，俱有保障，故其比例之高，遠勝於歐美諸國之議會，尤是證之，惟男性女性，各有所長，如女性均欲放棄其本性之所長及其應盡之職責，其損失將無法補救，蒙其害者爲下一代，其可不察乎！

如今，時代已逐漸由農業社會轉爲工商業社會，工作的種類繁多，有的適合于男性，有的適合于女性，於是女性不限于家事，而能分擔社會上若干工作，成爲必然的趨勢。但若認爲放棄家庭的責任爲應該，那是大錯而特錯了。放棄家事，就是放棄將來；放棄將來，就沒有將來了，危險太大了！惟家庭的和樂與健全仍爲國家社會安定的基礎，婦女責任的重大及地位的重要，仍非其他的人所可取代。夫婦如欲各施展自己的才能貢獻社會，則其家事必須共同負擔，時間妥爲分配，絕不可使家中無人，使兒童失去家庭的溫暖與教養。如果二人只顧爲社會工作，家事交給傭工負責，其收入不足以償傭工之工資，則所得不償所失矣。少年犯罪者日益增加，考其原因，大多爲子女享受不到母愛與家教，體會不到家庭的溫暖，逐漸走向自暴自棄之途，則對於個人、家庭固然是無益，即對於社會國家則大有害矣，所以凡我婦女同胞都應深切體認自己的基本職責爲創造光明的將來，其責任實較男子爲重大，應以善盡管理家務及教養子女爲先務；行有餘力，則貢獻于社會；庶幾本末不致倒置。幸福美滿的家庭自然締造，社會安定，國家興盛，實利賴之。「家齊而後國治，國治而後天下平」的最高理想乃能實現。謹建議齊家的辦法數點如下：

一、家庭婦女與社會婦女之名稱區別，不應存在。因任何婦女不應放棄家庭而專顧社會。

二、初生兒女之婦女應以撫育兒童、家事管理爲主，而不必爲社會服務。子女入學後，自可於家事之餘，服務社會。男子亦應盡力協助，以盡父責。

三、家庭內務之管理，應以妻子爲主。女生在學校課程中，應有必修之家政一科，於男子則爲選修科。

四、幼稚教育應由國家主辦，以品學兼優之專才主其事，且應與兒童家長取得密切聯繫；小學亦然。

五、青少年犯罪，其父母亦應受國家之譴責，其辦法以法律定之。

六、能盡孝悌之模範家庭，由社會獎掖之。

七、凡榮獲國家最高榮譽功勳者，其父母亦受褒揚。

八、我國既採取家族制度，自應有一完善之家庭教育範本頒行之。以達成家教倫理化，家政科學化，家境藝術化，家計生產化之目的。

九、婦女對於家事及國事俱有特殊貢獻者，國家或社會應特別表揚之。

十、家庭的和樂，應引爲夫婦雙方之共同責任，互助互諒，必信必忠，以達齊家報國之目的。

我故曰，現代齊家之道，應有如下之認識，以作本文結論：「凡百組織，定于一尊，惟有家庭，夫婦平等。智慧性格，各秉天生，欲求平齊，貴乎互尊。同則相愛，異則相敬，既愛且敬，孝弟和順。內外分主，嚴慈互濟，分工合作，猶似一人。時久知深，互代互成，同心同德，無間精誠。」

儒家教育思想與我台灣經濟發展之關係

壹、前　言

中國的一切學問，都是以《易經》爲根源，是極其高深的。《易經》是伏羲、文王、周公、孔子四大聖人的集體創作，是闡明宇宙及萬物生存進化的動變原理之鉅著。其應用首先從天文、氣象、曆法、季節等方面開始，降及孔子在贊易中，始將天道與人道貫通起來。例如：乾卦「天行健，君子以自強不息。」前句爲天道，後句爲人道，其他六十三卦，莫不如此，所以說：「思知人，不可以不知天」（中庸），此即「天人合一」思想之由來。儒家的思想，即根據《易經》的道理加以闡揚，與人生日常生活關係密切，易知易行，所以儒學遂成爲中華文化之主流。

貳、儒家教育以仁義道德奠其初基

儒家，其實就是今日之教育家，它的任務是「樹人」，亦可稱之謂「樹人的工程師」，工程師造屋築路，首先要打好基礎，否則建築物就不穩固，樹人亦然。《易經》說：「立人之道，曰仁與義。」仁是愛人，義是助人，其能知道愛人與助人者，始可稱之曰「人」，人人如此，則正符合　國父之以「互助」爲人類進化時期之進化原則。惟愛人與助人，亦宜恰到好處（中）過與不及，均非所宜，故「禮」尚焉，惟如何能達到恰到好處？則有賴於「智」，故孟子在「仁」、「義」之外，再加「禮」、「智」二字，稱之曰與生俱來之四端，爲人與禽獸之分野，不可忽也。

以仁義爲道德之初基，亦從天地間諸星球各得其位，各遂其生之現象觀察得來。再看仁與義之原動力爲何？則知爲「誠」，「誠者，天之道也；誠之者，人之道也。至誠而不動者，未之有也，不誠，未有能動者也」（中庸），有誠，宇宙萬物乃能「行」健不息，惟亦必須隨時相互調整，此之謂「中」，以達致共生共存之效，共生共存者，「公」也，故天道之公、誠、仁、中、行五德遂用之於人道，而此十全十美之人道，乃能傳承數千年而成爲中華道統。

參、儒家重視家教與家族制度

此一愛人助人之基礎，應從小開始養成，故父慈子孝，兄友弟恭，爲仁義訓練之初基，故曰：「孝弟也者，其爲仁之本與。」（論語）又曰：「仁之實，事親是也，義之實，從兄是也，禮之實節文斯二者是也。」（孟子）然後將此一情愛擴而大之，由「親親而仁民，仁民而愛物」（孟子），如此擴展，使人之上下左右前後三進向之人，皆爲其所愛者，由家族擴展至國族，此倫理之所以建立也。倫理者，「互助」之別稱也。有了倫理，家族制度才有基礎。

肆、儒家主張有教無類

所謂「有教無類」者，就是人人有平等受教育之權利，所以五千五百餘年前的孔子，他的門徒竟有三千人之多，這一風氣之開，不但平民都有受教育之機會，而且受過教育者，都有教人之義務，所以孟子說：「天之生斯民也，使先知覺後知，使先覺覺後覺，予天民之先覺者也，予將以斯道覺斯民也。」孔子亦以「學不厭，教不倦」自許，並以勉勵他人，此一認識，使中華文化綿延不斷，萬古常新，後來孔子被尊稱為「萬世師表」者，蓋有來也。

伍、儒學以六藝爲教

六藝者，禮、樂、射、御、書、數是也。禮與樂，德育（兼群育）也，禮所以齊一衆人之行動；樂，所以和諧衆人之情緒，爲團體生活不可或缺之德行也；射與御，體育也，平時以弓矢之射擊與車馬之駕御作運動以強身，戰時可用之以衛國也；書與教，智育也，凡能釋理清楚與計算正確，則無學而不通，故人能具此三育，則智德兼修，文武合一，使管教養衛之四大功能備矣，儒家重在通才之培育在此。

陸、儒家以修己善群爲依歸

儒家認爲身教比言教爲有效，所以說「有諸己而后求諸人，無諸己而后非諸人」（中庸），故修身（或稱成己）爲萬事之先，而且無論是天子或庶人，「壹是皆以修身爲本」（大學），即使治國平天下之九經，亦列修身爲第一經，修身之一般目標爲君子，其最高目標爲至聖，而至聖之定義，有如下述：《中庸》解釋至聖曰：「唯天下至聖，爲能聰明睿知。足以有臨也，寬裕溫柔，足以有容也，發強剛毅，足以有執也，齊莊中正，足以有敬也；文理密察，足以有別也。」做人之道，第一要有才幹，能應付各種變化的環境；第二要有氣度，能包容一切；第三要有信仰，才能擇善固執，在緊要關頭，能把握自己不爲外界所動，做到「富貴不能淫，貧賤不能移，威武不能屈」（孟子）。這種高尚的志節均來自內在的力量，而內在的力量必須比外面的任何力量都大，才能抗禦；第四要態度莊重，令人一見生敬，對事認眞，對人有禮；做到「現而民莫不敬，言而民莫不信，行而民莫不悅」之中庸的境界，第五要有學問，對一切事均有判斷力。如果眞能做到上述五點，就達到聖人中至聖的境地了，是非常不容易的。因爲這五樣是相生相剋的，譬如聰明的人；未必厚道，不易做到寬裕溫柔；發強剛毅的人，未必能齊莊中正而可能流於偏頗；文理密察的人，又很可能不易發強剛毅，所以說五樣齊備是非常難的，但是，雖然不能完全俱備，能具備幾點或具體而微，雖然做不到聖人，也可做個君子。

善群（亦稱成物），即指一己與上下左右前後三進向之人，皆能相敬相愛，和善相處之謂也（見圖），亦即道德應用於三進向而生效也。稱之曰倫理，所謂「父子有親，君臣有義，

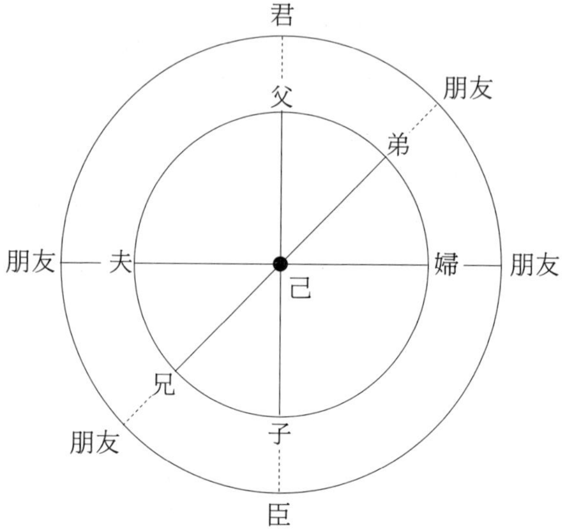

夫婦有別，長幼有序，朋友有信」是也。由修身而齊家，由齊家而治國，更由治國而平天下，由小而大，由近及遠，步步昇華，以達止於至善之境界。

內三進向的關係爲家，外三進向的關係爲國家社會。

平天下者王天下也。修己善群之功見矣，故曰「內聖外王」。

以上所述爲儒家教育思想之體系，人人生活在愛河之中，愛人如己，助人認爲當然，何況血濃於水，親戚好友之有經濟上之困難者，自會傾囊相助，並且認爲「助人爲快樂之本」，故無個人主義（即自私）與享樂主義（即自利）之觀念存在也。

柒、儒家以勤儉二字勗勉人

勤與儉爲國人共同之傳統美德，蓋勤則增進生產，儉則節省消費，故曰「勤儉爲服務之本」。中國人出國僑居他邦，初去時赤手空拳，十數年後，盡成富翁者，無他，攜有「勤儉」二字前往故也，經濟觀念遠非當地土人所能企及。《大學》有云：「生財有大道，生之者衆，食之者寡，爲之則疾，用之者舒，則財恆足矣。」亦即勤儉之說明也，能儉則能儲蓄而常有餘，故中國人之儲蓄力爲世界之冠，有餘則能助人，使經濟之有彈性也，而且勤能補拙，儉可養廉，其效更大。

捌、儒家對於經濟之指示

儒家之教育思想，已足以協助經濟困難時之調劑作用，再看它對於經濟方針的指示如何？

一、「是故君子先愼乎德，有德此有人，有人此有土，有土此有財，有財此有用，德者，本也；財者，末也。外本內末，爭民施奪」。（大學）

（說明）人力配合地利，則可生財而供人用，惟若人們不重視道德，則不能互助合作，人力互相抵消，無助於生產而又害之，故知德爲本，財爲末，本末不可倒置，先後不容錯亂。

二、「財聚則民散，財散則民聚」。（大學）

「百姓足，君孰與不足；百姓不足，君孰與足」？（大學）

（說明）經濟之要務，在藏富於民，如理財者祇知聚斂，而不知鼓勵人民生產，是殺雞求卵之愚行也。

三、「夫仁政必自經界始，經界不正，井地不均，穀祿不平，是故暴君污吏，必漫其經

界，經界既正，分田置祿，可坐而定也」。（孟子）

（說明）土地爲生產之體，應首先受重視，其分配應力求均勻，不容少數人壟斷，以及貪官污吏之乘機混水摸魚，此言地政之重要，故　國父早就主張「平均地權」，職是故也，台灣土地政策之施行有效，其影響於經濟者，可以想見。

四、「不患寡而患不均，不患貧而患不安，蓋均無貧，和無寡，安無傾」。（論語）

（說明）分配與生產，同等重要，富而不均，是資本主義所犯之錯誤，貧而不安，是共產主義所犯之錯誤，最好是均富而人和，此則三民主義之所求也。

五、「有恆產者有恆心，無恆產者無恆心，苟無恆心，放僻邪侈，無不爲已」。

（說明）農業社會，天時至爲重要，豐年荒年，出乎人力之外，一逢荒年，難求溫飽，惟有節衣縮食以應之，故安土重遷，必先求有恆產，否則棄土地散而至四方矣。故　國父以「耕者有其田」爲政策號召者以此，而中共竟沒收人民之田產爲己有，使民無恆產，其生產日下，民怨沸騰，勢所然也。

六、「時使薄斂，所以勸百姓也」。（中庸九經）

（說明）農民工作期間，恆受天時之支配，故政府徵工，絕不可與農時衝突，否則奪其時而減低其生產矣。稅收不宜太重，因農業之利潤已薄，且有水旱之災，不得不有備也。至於工藝應多多獎勵，庶幾國家財政收入可以增加而富足（兩千五百餘年前，吾祖先已知工業之重要矣）。（孟子）

七、「春省耕而補不足，秋省斂而助不給」。

（說明）農業金融，必須與耕作及收成配合，庶幾不足不給者，有政府爲之及時濟助也。

以上略舉數點，以示儒家對經濟之重視，而且能把握其重點，則台灣經濟之發展，其有賴於儒家教育思想與經濟思想之助，至爲明顯矣。

玖、結　論

一、文化潛力之影響於國人生活思想者，常不易爲人們所了解，吾人向稱孔子爲「聖之時者」，蓋以其思想爲人類共生共存共進化之所繫，故不受時間空間之限制耳。簡要言之，儒家思想之中心爲「重人兼重德」，有異於資本主義之「重財而輕德」，與共產主義之「重物而輕人」，斯二者各有所偏，各離其本，前途均不樂觀，惟有中華文化，乃能眞正謀人類之幸福與和平，而能進世界於大同也。

二、「我國之教育，根據三民主義，以充實人民生活，扶植社會生存，發展國民生計，延續民族生命，務期民族獨立，民權普遍，民生發展，以促進世界大同（中華民國教育宗旨）其思想根源，乃本乎儒家教育思想而發揚光大之。

三、我國抗戰期間，教育方針爲抗戰建國並重，今日台灣經濟發展教育普及而不感人才缺乏者，因早有人力之準備故也。

四、台灣土地政策之大力推行，亦大有助於經濟之發展，是爲公認之事實。

五、台灣農業方面之進步與貢獻，至為驚人，其功不可沒。
六、台灣電力之供應，超過工業發展之需要，主其事者之遠見卓謀，亦有助益也。
七、經國總統之十大建設，正符合台灣實業發展之所需，其功不淺。

如何以科學方法研讀四書

壹、前　言

《四書》之學，初表章於河南程子，而闡明於考亭朱子。漢時稱《詩》、《書》、《禮》、《樂》、《易》、《春秋》爲六經，宋時則稱《大學》、《論語》、《孟子》、《中庸》爲《四書》，學者必先使之用力於《四書》，然後及乎六經，蓋取其由易而難，由近及遠，知所先後，則近道矣，是故《四書》成爲昔時士人必讀之書，朱子並爲之一定程序如次：「先讀《大學》以定其規模，次讀《論語》以定其根本，次讀《孟子》以觀其發越，次讀《中庸》以求古人之微妙處。」

《大學》、《中庸》，自漢至宋，原爲《禮記》四十九篇中之第四十一篇及三十一篇，司馬光始由《禮記》中提出，作〈大學廣義〉、〈中庸廣義〉；然表章此二篇唯獨立之書，則爲程顥、程頤兄弟。韓愈作〈原道〉，尊《大學》。程頤並謂：「《大學》，孔氏之遺書，而初學入德之門也，於今得見古人爲學次第者，獨賴此篇之存。」由此可見《大學》一書之重要。朱子以《大學》本文有錯簡，依程氏定本，更以己意移易本文，且補傳格物致知一章，分《大學》全篇爲經一章傳十張，以作新定本，即爲今日通行之《大學章句》。《中庸》，除《漢書・藝文志》、《禮記》之外，有〈中庸說〉二篇，其後有東晉之《中庸傳》二卷，梁武帝之《中庸疏》等書，皆已亡佚不傳，其後尊《中庸》者，有唐之李翶，宋之胡瑗、司馬光、范仲淹、周敦頤等，而朱熹分《中庸》爲三十三章，作《中庸章句》。《論語》，爲孔子應答門弟子與當時之人，及弟子間相與議論而親聞于孔子之語，當時弟子各記所聞，孔子卒後相與編次成書，而稱之爲《論語》。朱熹集一生之精力，著《論語集註》，爲宋以來至今通行之讀本，清劉寶楠之《論語正義》，則又《論語》之新疏也。《孟子》七篇，〈漢志〉列入諸子之儒家，其書闡揚儒家大義實多，民貴君輕之義，非孟子即幾乎泯沒不傳。其道性善，養浩氣，明仁義禮智四端，崇王貶霸，亦皆孔門大義，惟孟子乃能使之易知易行也。

《四書》既爲歷朝士人所必讀之書，其原因何在?良以中國文化淵源于《易經》，而《易經》爲闡明宇宙間萬有之生存原理之巨著，更代表　國父所發明之進化論中第三時期之進化，自然代表人類進化時期之生存原則——互助，而以社會國家爲體，以道德仁義爲用，此一文化，爲人類歷史進化之所繫，勢必永久適用而有待乎發揚光大者，五四運動，衹見他人之所長，而忘自身之所長，毀棄自己而未學到他人，遂致兩頭落空，自信一失，國勢更衰，若非　國父之高瞻遠矚，提示吾人以正確之文化政策「將吾國固有之德性智能從根救起，對西方之物質科學迎頭趕上」，使國人增強其自信心，則抗日勝利勢不可得，而重光華夏，亦難期其速成，文化力量之大，有如此者。

貳、《四書道貫》之編著

總統　蔣公雖令教育部以《四書》作爲文史基本教材，而以熟諳《四書》之優良教師不易多得，仍屬有名而無實，余乃於工作之暇，將缺乏系統之《四書》，重加編排，使孔聖之道一以貫之，俾青年學子能易於了解。其起初之構想如下：

一、四者既爲歷代大學問家所共同推崇之書，其內容或有少數不適合於現時代之需要者，惟極大部分仍爲做人之金科玉律，至可寶貴。

二、凡一書籍既經數千年而仍能爲衆人所傳信，任何人不應憑一己之好惡，隨意取捨，故必須一字不缺，全文列入，使之縱貫橫連，成一完整之體系。

三、國父既認《大學》一書爲「中國之政治哲學，爲最有系統之學，無論任何政治哲學家都未見到，都未說出，爲中國獨有之寶貝」，則余自當以《大學》之八目爲分類，格、致、誠、正以成己，修、齊、治、平以成物，人生志業，無所不包，《四書》中原文一切材料，均有處可以納入，每章每句，並以白話註解。

四、《四書道貫》分篇如下：

1. 總論
2. 格物篇

㈠緒言　㈡博學　㈢審問　㈣愼思　㈤明辨　㈥篤行

3.致知篇
㈠緒言 ㈡知天 ㈢知命 ㈣知性 ㈤明道 ㈥明德 ㈦明教 ㈧知人
㈨知物（下分卅目）
4.誠意篇
5.正心篇
6.修身篇
㈠綱要 ㈡目標 ㈢方法（下分廿七目）
7.齊家篇
8.治國篇
㈠緒言 ㈡治國九經 ㈢王道與霸道 ㈣治亂興亡之道 ㈤君臣之義 ㈥施政要務
9.平天下篇
10.結論（問答凡八）

五、讀書貴乎能懂，以其所知及其所不知，爲對學者最有助益者，科學者，爲有組織有系統之學也，余故名之曰「四書道貫」。總統 蔣公嘉余之所爲，爲使此一較深之名稱易以了解起見，特親筆題「四書一貫之道」六字，囑余印於首頁，以明其義，此書遂成爲最暢銷之書。

此書一出，凡幼時讀過《四書》者，均認爲此著有助於我國文化之復興，購以贈與其在國內外之子女者，其以往未曾讀過《四書》者，咸認爲由此而識吾國文化之偉大，進而增強其愛國家愛文化之信心，余所花十數年之心血，尚不虛耗，心爲之慰。此著於一九七二年發行英文譯本由劉師舜博士主譯（商務出售）於一九七八年發行，日文譯本由池田篤紀主譯，在日本發售，韓文本已譯就，正在韓國接洽印行中。

參、孟子之政治思想之出版

由於社會各方對《四書道貫》之科學分類方法，加以讚揚和接納，余又繼續用同樣方法（即一字不少）將《孟子》七篇重行編排成爲一部有系統之「孟子的政治思想」（中華出版）其分篇如下：

㈠前言。㈡吾國傳統之政治哲學。㈢孟子時代之政治環境及社會風氣。㈣以政治正道說時君，期挽頹勢。㈤宣揚革命理論，勉人發憤有爲。㈥闡明王道與霸道之分，及王政實施之內容與方法。㈦王道政治與倫理道德。㈧士——衛道者——修己以救人所應具備之條件。㈨主性善，以明王道之易行。㈩結論。

余觀察今日之世界情勢，正爲孟子之戰國時代之擴大重演，而孟子之不畏強禦，無往而不以孔子之道遊說時君，期能挽狂瀾於既倒，使王道政治能重現於當世。吾人若能以孟子對楊墨兩面作戰之精神與浩氣，駁斥共產主義與資本主義之缺失，而宣揚中國文化於世界，必將有助益於人類也。

肆、《人理學研究》之講授

余在編著上述兩書時，發現孔子雖在《大學》中首先重視「格物」，在《中庸》中謂「能盡人之性則能盡物之性，能盡物之性，則可以贊天地之化育」又在凡爲天下國家之九經中，提示「來百工則財用足」，又在本末之說明中確定「德者，本也；財者，末也」，但並未排除財物，應爲心物並重，亦即說明《易經》中陰陽並存之一例，但由於被儒者之誤解，竟偏重於精神方面之注意，自然科學，遂落人之後，余乃將我國文化之所以重人兼重德，而有異於資本主義文化之重財而輕德與共產主義文化之重物而輕人之原因，加以闡明，發現吾國文化之人文精義可以下列四句代表之：㈠誠以律己，㈡仁以待人，㈢中以處事，㈣行以成物，苟能具此四者，則人格全而可稱之爲中國人矣（誠與中佔《中庸》之大半部書，仁，見《四書》凡二六四次，行，一部《大學》爲成己成物之學，無往而不重行），因此余遂著成《人理學研究》一書，教授師大、政大與文化學院之博士班學員，以明吾國之所長與所重，而使青年學子對外來文化自知其所取舍，亦即以《四書》之精華，以告後代，迄今已有五年矣。知己知彼固爲復興民族文化之先決條件也。

伍、以最簡易之科學方法說明中庸大學之精義

——從小公式與圖表中窺見大道理——

在宇宙間人爲動物之一，而又爲萬物之靈，在進化過程中其所具有之特點爲何？國父有如下之創見：

宇宙進化之時期有三：第一爲物質進化之時期；第二爲物種進化之時間；第三爲人類進化之時期。元始之時，太極（此用以譯西名以太也）動而生電子，電子凝而生元素，元素合而生物質，物質聚而生地球，此世界進化之第一時期也。今太空之天體尚在此期進化之中，而物質之進化，以成地球爲目的。吾人之地球，其進化幾何年代而始成，不可得而知之也。地球成後而至於今，按科學家據地層變動計算已有二千萬年矣（立夫按最近國際各學會用種種科學方法測量計算地球之年齡爲四十五億年）。由生元之始以至於成人，則是第二期之進化。物種由微而顯，由簡而繁，本物競天擇之原則，經幾許優劣敗，生存淘汰，新陳代謝，千百萬年，而人類乃成。人類初生之時，亦與禽獸無異，再經幾許萬年之進化，而始長成人性，而人類之進化，於是乎起源。此期之進化原則，則與物種之進化原則不同，物種以競爭爲原則，人類則以互助爲原則。社會國家者，互助之體也，道德仁義者，互助之用也。人類順此原則則昌，不順此原則則亡，此原則行之於人類當已數十萬年矣，然而人類今日猶未能盡守此原則者，則以人類本從物種而來，其入於第三時期之進化，爲時尚淺，而一切物種遺傳之性，尚未能悉行化除也。然而人類自入文明之後，則天性所趨，已莫之爲而爲，莫之致而致，而向互助之原則，以求達人類進化之目的矣。（孫文學說第四章）

由於上述之進化原則，吾人可得如下之啟示：

一、生物共具之本能——求食、求偶

人類，一如其他動物，具有天賦的生存本能（性），以遂其生，《中庸》所謂「天命之謂性」，即是指此。性既是指先天的知能，當然是生而知之，不待學而能，不待教而知的。生命的維持，最首要的是求食；生命的延續，最重要的是求偶（色），所以說「食色性也」（孟子告子篇）。食與色，無論任何一種生物，大而如巨象猛獅，小而至於幾十萬倍顯微鏡下面的微生物，均能應用此兩種智能，以持續及繁衍其生命。稱之為天賦，乃無疑義。

二、人類獨具之特性——求仁

人既稟賦了生存本能，各自尋求生存之道，禽獸亦然。求食、求偶，各本其所需。苟食物之供應，與男女之數量，足夠所求，自能無所爭奪，並育而不相害。惟供求之相應，未必能恆久保持，而且強者之慾念發達，攫取弱者所應得，以為己有，在所難免，於是有爭鬥。爭鬥之結果，必致殘殺。此為達爾文進化論之根據也。在人獸混戰之階段中，人之體力遠不及獸，行走之速度，兩足遠不及四足之快，官能之感應，亦不及若干禽獸之靈敏，天生之武器——爪牙，亦不及獸類之銳利，然而人類終能戰勝四周一切之敵者，以其㈠能合群，㈡能兩手持武器以加強其攻擊力量，㈢能利用其智慧以築防禦之工事，㈣能創造物以供所需（畜牧及農業之興起），及獸類戰敗馴服以後，人類乃日漸繁殖，然其所經歷之時間，已不知多少萬年矣。由於合群而獲得勝利以及生存之保障，合群遂成人類天性之一部分，不可須臾或離。此即　國父所稱之人類進化時期，而其進化之原則，已從競爭進入互助。此一互助之原則，將永遠成爲人類所共信守，憑理智而不憑衝動。人類順此則昌，不順此則亡。人類具此特性，其體稱之曰仁，其用稱之曰義。在食色兩種本能之外，獨樹光大生命之求仁一幟矣。

三、學問與道德之目的

仁字從二從人，顯然指出不再是爲一個人的私，而進入兩個人的公，換言之，從小我的利益進入到大我的生存，是群性的具體化，亦就是道德的發軔，進而成了人與其他動物的分野，所以《中庸》書裏乾脆地說：「仁者，人也。」孟子更說得清楚：「仁也者，人也，合而言之道也。」（孟子盡心篇）人與人之間有一條路，這就是道（人——道——人）如何行路？這就是德。「行道而得之於心謂之德」（朱子），所以仁，就是道德的存之於人心，義是道德的見諸於行事，都是由合群而愛群的具體表現。若以公式以說明人性，當更易明白如下：

C求仁（義）以光大生命
＋ B)求偶（色）以延續生命
(A ＋ 求食以維持生命
X ＝
性

$X = (A + B) + C$

說明：

一、上面公式之中生存本能X，爲人類與其他生物所共有，不過其他生物幾乎將其全部用之於A及B，以持續其生命，間或有用之於C者，幾乎微不足道，螞蟻與蜜蜂雖爲例外，然其用之於C之目的，仍爲滿足A與B而已。

二、其他生物，其生活僅能受本能X之支配，人類則有理性能支配X，稱之曰「率性」，能控制A與B使之減低至最低限度，謂之「克己」，謂之「忍性」；能發展C使之昇至最高，謂之「盡性」。以求達到人類共生共存共進化之目的，謂之「修道」。

三、人類不獨能支配X，而且能用後天之「教」以擴大X，所以說：「自誠明謂之性，自明誠謂之教，誠則明矣，明則誠矣。」（中庸）在另一講中曾涉及「誠」爲宇宙之原動力，性稟賦之而成者也。先天之性X，得後天之教，如滾雪球然，愈滾愈大。用之於使C比例底增大。

四、世界上一切宗教，均重視人類心與性等問題。儒家主張正心率性，道家主張持心適性，釋家主張明心見性，無非欲將利己的A與B減至最低程度，將利人的C增至最高程度。爲了以身作則起見，牧師、神父、和尚等茹素不婚，而對於愛人助人之工作盡力以赴，都是最顯明的事實，蓋無論X之數値如何，A＋B小則C大，A＋B大則C小，二者固互爲消長也。

五、教育之目的與宗教相同，無非欲使人於己之享受儘量降低，謀他人之福利儘量增高，俾人之智能之高低與其服務之範圍成正比，孔子何以對於弟子顏回最爲稱讚，因爲他一簞食一瓢飲居陋巷而不改其樂，而其公忠爲國可比諸禹稷，所以顏回問仁，孔子以「克己復禮爲仁」（論語顏淵篇）答之，克己復禮者，即將A＋B縮小，縮小A＋B爲增長C，所以爲仁也。

六、人與禽獸之分別，固以C之有無爲準則，人與人之區別，亦可以C之大小爲衡量，重利（A＋B）輕義（C）者爲小人，反之則爲君子。

七、「安貧樂道」爲士大夫本色，安貧者，A＋B雖小亦無所謂，樂道者，使C之大認爲一己之責任也。故曰：「士志於道，而恥惡衣惡食者，未足與議也。」（論語里仁篇）又曰：「君子憂道不憂貧。」（論語衛靈公篇）其意亦同。

八、「從其大體爲大人，從其小體爲小人」（孟子告子篇），此即指知有大我之C者爲大人，祇知有小我之A＋B而不知有C者爲小人。

九、為了大我之生存，而犧牲小我以求之，是即將A＋B降至0%，而使C昇至100%，此乃完成「求仁」的任務，故曰「成仁」，亦稱「取義」。

由於以上之簡單公式，可以瞭解經書中不少道理。知「仁性」即是「人性」，而人性之所以能形成者，乃由於人類不受本能所支配，而有理性以支配本能，謂之「率性」。「率性」之目的，為達致人類共生共存共進化，是謂之「道」，而修道與宏道之功，則有賴於教化，所以《中庸》一書開宗明義就是說：

「天命之謂性，率性之謂道，修道之謂教。」

吾人更進而知學問與道德是相因相成的，而其目的則如下列：

學問之第一目的在管制自己（率性）

道德之第一目的在顧及他人（修道）

管制自己，為的是「仁」，所以說「成己，仁也。」顧及他人，顯然更是為「仁」，二者均為光大人性與生命而已。

上面的一個小小公式，使我們把「中庸」的綱領弄清楚了，若進一步來看大學，就更容易明白了，請看下面的圖表：

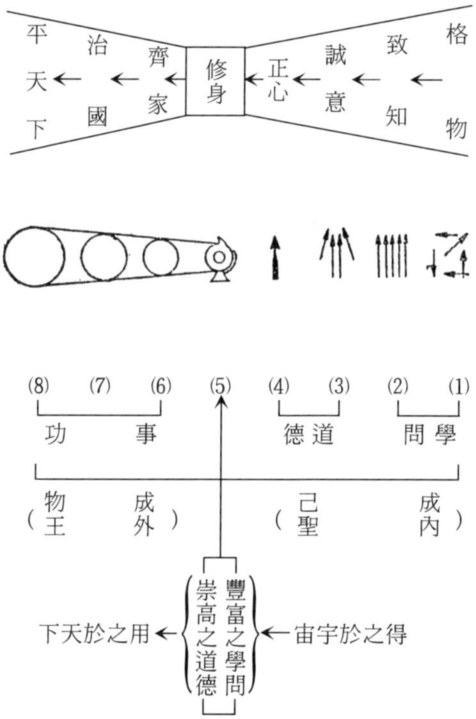

四、成己、成物與內聖外王之真義

上面的圖表，是說明人生之意義與責任，從格物起至修身止，是「成己」之功夫，是爲體，從齊家起至平天下止，是「成物」之工作，是爲用，茲詳細說明如下：

一、朱注：「格，至也。物，猶事也。窮至事物之理，欲其格處無不到也。」又曰：「所謂致知在格物者，言欲致吾之知，在即物而窮其理也。蓋人心之靈莫不有知，而天下之物莫不有理，唯於理有未窮，故其知有不盡也。」季子吳申其義曰：「既格一端，又格一端，久而不輟，則因此驗彼，倫類自通。始也知一隅而已，終則反之三隅；始也知一事而已，終則散之萬事。八牕玲瓏，四面通達，則衆物之表裏精粗無不到，而吾心之全體大用，無不明矣。」朱、季二家之言，蓋就「格物」、「致知」二事籠統言之，《中庸》曰：「博學之，審問之，愼思之，明辨之，篤行之。」（二十章）爲最佳最精密最正確之追求知識之步驟與方法，「格物」初步所得之知，僅及博學與審問兩階段而已，故爲粗淺的，雜亂的。以表之。

二、格物之目的在致知（獲得眞知灼見），故博學審問之後，須繼之以「愼思」、「明辨」之深究、深思、分析功夫，最後再憑實驗（篤行）加以證明，則所得之知，乃有條理的，有系統的，以表之。由博學至篤行，即由格物而進入致知之階段，學問之道進矣。

三、有眞知，則能明是非，別善惡，辨順逆，識本末，進而產生堅定不移之信仰（誠之者擇善而固執之者也），發生偉大集中之力量（至誠不息），以表之。（故曰知至而后意誠。）

四、有堅定之信仰與力量，則能自力調整（中）其心之動向，使之發而中節（和）時歸於正，乃足以應付任何環境，達率性之目的，以↑表之（故曰意誠而后心正）。

意誠與心正，然後力量充沛，方向正確，可供使用矣。二者爲心意之修養，故屬於道德，與前二者之爲學問不同。

五、既有豐富之學問（格物致知），復有崇高之道德（誠意正心），乃可謂人格健全之人，此之謂修身，此之謂成己。個體斯始具備智慧、能力以造福群體，以發動機（motor）例之，其具備之馬力（此處爲人力）愈高，則發動機所能負擔之工作愈重。由家而國，由國而天下，責任一步比一步加大矣。以機器爲例。

六、七、八、成己之目的爲成物，成物之第一步爲齊家，進而治國，更進而平天下。吾人自宇宙取得智慧、知識、經驗，集於個人而成己，當復用之於天下以成物，大公無私，視人如己，且應多學多得，使一己之條件愈爲充實，期爲人類作更大之貢獻，斯乃人生之責任，人生之意義亦即在此。

《大學》三綱領之「明明德」也就是「成己」；「新民」也就是「成物」。成己以做到聖人爲標的，謂之「內聖」；成物以達到平天下（即王天下）爲標的，謂之「外王」內聖與外王，是至善之人生理想，故曰「止于至善」。

這不就是「從小公式中窺見大道理」嗎？這個大道理就是人生的大道理，也就是《人理學》一書中所必須講到的一部份。

陸、編「四書章句速檢」以利查考

凡人當引用《四書章句》之時，常常不能記憶其出諸《中庸》，抑或出諸《論語》，或《孟子》，則可查「四書章句速檢」，任何一句祇需花費一二分鐘時間，定可查得。科學爲人省時間，可以此爲證。（此書由世界書局出版）

柒、結　論

中國《四書》，向不採標點，不講求致序之編排，以首句首二字爲篇名如「子罕」、「堯曰」等，殊不合現代之習慣，其原因或以時代久遠，印刷不普遍，轉輾抄寫，遂多錯誤，惟昔時學子，終身研讀經書子集，時間充裕，不覺其有缺失，今者學生所必須讀者有自然科學以及其他必修之科目，時間有限，若不予以系統化之整理，徒使人浪費時間，而且不易深入了解，此種工作，實爲現時代之所最需求者也。

凡讀過《四書道貫》以後，對於中西文化之異同，自易辨別，茲簡述之如下：

一、政治倫理與宗教倫理之別——吾國向以國與家聯稱，而曰「國家」，故五倫之中三者屬於家（父子、兄弟、夫婦），二者屬於國（君臣、朋友）。家爲道德倫理之訓練所，以備施之於國者，故曰：「孝者所以事君也，悌者所以事長也，慈者所以使衆也。」又《大學》一書，　國父稱之爲最偉大之政治哲學，亦以格物致知以成智，誠意正心以成德，二者兼備，始爲修身。修身之目的，爲的齊家，進而治國，更進而平天下，爲一套完整的成己成物內聖外王之政治倫理體系，而知道德與政治爲不可分者。士之從政曰仕，其有管人教人之責，故必須先有諸己而後求諸人。衆人始能受管而心甘，受教而心服。由此更可見政治與倫理爲密切關聯者。士且有衞道之重任，可以身殉道，故君主時代亦以師士友士爲尙，尊之養之而不敢辱之，道統之不墜者亦賴乎此。試觀西方之講倫理，則全歸於宗教範疇，宗教信仰一旦受科學求證求實之影響，發生困難而有所動搖時，倫理之基礎隨之而減弱，社會道德淪喪，青年犯罪日增，危機日顯，勢所必然，而吾國對於宗教，採信仰自由之原則，而以誠、仁、中、行，爲立身處世之基礎；以四維八德爲實踐之細目，著重人理之所當然，不用神權以警懼國人，故無絲毫迷信，自亦不受宗教盛衰所影響。

二、家族本位與個人本位之別——吾祖先認爲人類中一切組織之堅固持久者，莫過於由血統關係所形成之家族組織。其團結力爲最強，而於安土重遷之農業社會尤爲適合，故採取之。由於農業社會利於聚族而居，故以大家庭制度爲尚，男有分，女有歸，互守貞一之節操，視淫欲爲萬惡之首，孝順爲百善之先，其原因在此。我國經過若干次之外族侵佔，其卒能戰勝之甚或同化之，亦足以證明維護此一家族本位之理想爲無訛。雖有人批評家族本位，難免有循私之弊，惟若配以考試制度，則引用私人之惡習可除。較之西方日漸加深之個人本位思想，其爲私己則遠遜之。蓋個人本位之所以能形成，實始於工商業之發達，以利爲本，致有「德本財末」之倒置，蓋愛金錢之心日增，則人與人間之情愛日減，加以工業方面工作之種類多，人不易固定住在一處，時時需要遷動，故與家人相處之時間，遠不及與朋友相處之時間爲多，故父子不親，兄弟視若路人，夫妻隨時可以分離，朋友之間以利相結合，長官部屬之間缺乏情感。充其極，五倫之人際關係，日形疏淡，其結果誰都管不到誰，成爲一盤散沙，毫無組織與團結，亦即倫理之終被個人本位思想所毀滅。倫理即喪，人類復歸於獸化，民德日下，將爲必然之結果也。

三、義務平等與權利平等之別——在禮儀之邦如吾國者，人人重視倫理，倫理之基本精神在盡其在我，先義後利，故個人只問義務之是否已盡，不問權利之是否能得。父母慈是天性，子弟孝亦是天性，並非爲對方之酬報而爲者，因爲中國文化爲人本文化，人人重修身、重自律，重求諸己而不怨天尤人，所以瞽叟不慈，象不恭，而舜仍然孝父而友弟，成爲孝悌的模範，亦即只問義務、不問權利之最佳說明。西人因工商社會所造成之生活習慣，一切本於生意經，故權利相等認爲天經地義，漸漸衹見到權利而忽略了義務，故父母來往於子女家，亦需付房租，家中開支，盡有預算，多一個人來吃飯，自然超出了預算，非算帳不可；夫婦分立銀行帳戶，一來免得離婚後財務上有糾紛，二來權利可以平等；其基本觀念不同，故義利之辨亦異，加以上項各種因素，上下交征利，更使人的地位降低，甚至人爲物役而不自知矣。

四、重人與重物之別——在西方個人本位與權利平等觀念日益發達，人與人間之相依相助，日見其疏遠，獨立精神，則較爲發達，此爲可取者。惟一旦失業，竟可無處告貸者，於是各種保險事業興起，社會救濟措施不可不有，人依賴物較諸依賴人爲可靠，有財物則生命得保，有親友與否則絲毫無關係，加以各種分期付款制度之推行，有財則有物，而人則爲財物之所役矣。雖有父子兄弟之親，亦無助於財物之己屬，家族本位之觀念相去愈遠，義務平等之責任早已不在，因之重物重財遠勝於重人重德。充其極，遂成爲唯物史觀，資本主義之重財輕德與共產主義之重物輕人，二者之思路雖有不同，然其結果則彼此相差無幾矣。在吾國方今雖受工商業發展之影響，惟人情味仍甚重，爭搶付帳，盛宴待人，厚送人禮，雖缺點亦多，有待改進，惟均足以證明重人輕物之習俗猶存，惟西風之來，已不免使之轉變，若能融合二者之所長，採取恰到好處的中庸之道，則庶幾可已。

五、崇尚王道與崇拜霸道之別——王道與霸道之分，孟子說的最好。他說：「以力假仁者霸……以德行仁者王。」人民對此二者之心理亦有不同，他說：「以力服人者，非心服也，力不贍也。以德服人者，中心悅而誠服也。」西方這一兩百年來，發揮他們的帝國主義的力量，完全靠精良的武器，威脅壓迫殖民地的人民，供其奴役。如果沒有美國的林肯總統，首倡人權平等，解放黑奴，戰勝內戰，西方思想中根本連王道的影子都沒有。我國則因歷史悠久，文明早進，亦曾做過帝國主義者，後來從痛苦經驗中覺悟了，知道若僅憑武力，不足以持久，且不能達成眞正和平之境地，必須從「和諧」與「平等」二者之實現，人們始能和平相處，無分彼此謂之和，無分階級謂之平，而能使此理想實現者，惟道德能之。於是發明了人類共生存共進化之「道」，及其實行之「德」，認定了道德才是人類和平生存的基礎，使子子孫孫，永守弗渝，本此原則以行，謂之體天行道，又稱崇尚王道，「王」字之三畫是代表天、人、地，中間之一直是代表「貫道」之意，貫通了，自然天道人道合一了。因此，她成了世界上公認之「禮儀之邦」，而爲眞正最愛好和平之民族。試觀亞非兩洲之殖民地，天然資源，被帝國主義者予取予求，而對於當地人民即如糧食蔬菜等重要生活必需品，亦毫不助其改進，我國農耕隊到處受他們歡迎，其原因在此。帝國主義者徒知以高壓手段，使之順從，其結果民族主義應時而生，殖民地逐漸恢復自由，霸道不復生效。報復之心滋長，白種人幾乎不復能在非洲居留，帝國主義者一世之雄而今安在哉？總之爲國家民族生存計，可大可久之道，祇有王道，才能達此目的，而非霸道，蓋顯而易見。孔孟之所以崇尚王道，乃爲吾民族圖耳。

證諸以上五點最大之區分，中西文化之最大不同處，爲前者以德爲本以力與財爲末，後者則適得其反，立國之道，貴乎悠久與無疆，一時之逞強，不足以爲貴也。觀乎吾國爲世界上極古老國家之一，她具有五千多年有記載的歷史文化未曾中斷；她擁有七億多的人民，其極大部分在亞洲，少數散播在全世界各地，不但自己能和善相處成爲一家，而且能適應任何環境和其他民族和諧相處；她自己沒有具有形式與組織的宗教，而能具有高尙的道德，且能包容外來的宗教使之並存不悖；她能夠把侵略她的民族同化，而最後成了融合無間的一家人，例如蒙古滿州等民族是也；她能使不易受人同化的民族全部放棄她們自己的習慣傳統，而甘爲中華民族之一部分，例如河南開封城郊移來的猶太民族是也；她對於道統的重視遠勝於政統，而固執不捨；她認爲有德並有智者始有資格作統治者，所以她輕視無德者而反抗之；她認爲可大可久之道，才是安邦定國之至理，武力不足以服衆，自難持久，故不可取，是以崇王道而貶霸道；她相信金錢爲人生所必需，惟爲末而非爲本，惟有德才可稱爲本，故有「德本財末」之普遍信念；她相信國家民族的基本組織是家庭，絕對不可任其破壞，淫欲是破壞家庭的基本因素，故稱「萬惡淫爲首」而摒棄之，以孝悌爲齊家之要道，而崇尙之；她相信樹人是萬事之先決條件，不可絲毫疏忽，故以修身爲人人之天職。凡此均爲衆所周知之事實，爲研究中華文化應首先有自知之明者也。是故復興中華文化，必以倫理爲首，進而言民主與科學，庶幾本末不會倒置，有利而無害，故曰：「研讀四書爲復興中華文化之先決條件。」

肆、策勵來茲

中國文化與世界前途

壹、前　言

世人對於我國文化莫不讚美有加，國人談及本國文化，亦以文化大國自居，但若追問其內容往往僅能舉其優點一二以答，究幾其全盤內容爲何，則未之聞也，良以其所含甚廣，未能以數語以概其全也。

如欲知中國文化之所以優於其他文化者爲何，余試各以五字形容今日世界三大文化之現況如下：

一、資本主義文化——「重財而輕德」，充其極，人爲財奴，德與財本末倒置，宗教日被輕視，各自爲私，各爭其利，人倫日喪，危機日顯。

二、共產主義文化——「重物而輕人」，充其極，人爲物役，宗教擯棄，民無恒產，因無恒心，道德墮落，生產落後，民不聊生，衆共棄之，組織解體，危機日甚。

三、三民主義文化——「重人兼重德」，充其極，人人知替天行道，修身爲先，家族爲重，崇尚倫理道德，互助合作，使家齊國治，以進世界于大同。

貳、人類共生共存原理之發明

吾中華民族之所以能集結十一億餘人民爲一家，持續發展五千餘年之光榮歷史文化而不墜者，以吾祖先發明人類共生共存之原理（或稱大道），垂裕後人，遵守弗渝，此一原理稱之曰「道」，於理而言，稱之曰「公」；於己而言，稱之曰「誠」；於人而言，稱之曰「仁」；以事而言，稱之曰「中」；以功而言，稱之曰「行」，綜合上述五者之應用而言，稱之曰「德」，其見之於日常生活之動作云爲而使恰到好處，稱之曰「禮」，孔子承吾祖先所遺下之偉大發明及其餘資料，而予以全部整理，使之成爲有系統之學術思想及行爲規範，分爲六經：《詩》，所以道志；《書》，所以道事；《禮》，所以道行；《樂》，所以道和；《易》，所以道陰陽；《春秋》，所以道名分，而《孝經》所以道人類生命延續之本，爲聖人顯天心之作，皆所以弘道明德以樹人者也。因此，而知中國文化的所以「重人兼重德」者，蓋有道統之存在焉。

參、天人合一，源于《易經》

吾祖先何以能發明人類共生共存之偉大原理？因我有群經之經——《易經》，此書爲伏羲、文王、周公、孔子四大聖人之集體創作，爲闡明宇宙萬物生存進化之原理，以陰陽五行說明體與用之變化，爲世界包羅最廣之鉅著也，今人知之者已不多矣，惟因取其表面之原理，而得諾貝爾獎金者則已有四人之多，其對於「立人之道，曰仁與義」之定義，則最簡捷了當，如以最淺近之說法，「仁」是愛人，「義」是助人，此言惟能愛人及助人者，才是人，此即
國父所稱人類進化之原則曰「互助」是也。「仁」與「義」亦即「倫理」之所由生也。

《易經》始重天道，凡天干、地支、天文、氣象、季節等均由此出，以配合我國農業社會之需要也，降及孔子，始將天道人道予以配合，因視人爲一小宇宙故也，例如乾卦「天行健，君子以自強不息」，上句爲天道，下句爲人道，其他六十三卦，莫不如此，「天人合一」之說，蓋由此始。

吾祖先憑其高度之智慧與豐富之經驗，從天道中學到下列五字，用之於人道。

㈠天無私覆，地無私載，日月無私照，故「公」所以顯天道之基礎也。用之於人道，則曰「公以顯道」。

㈡天體無時無刻不在動變，惟亦有四時晝夜寒暑之代行可循，萬物生存衰化之代謝可見，故「行」健不息，不息則久，悠久所以成物也，用之於人道，則曰「行以成物」。

㈢行必有動能之來源，此一動能，無以名之，名之曰「誠」，故曰：「誠者，天之道也；誠之者，人之道也，至誠而不動者，未之有也，不誠未有能動者也。」（中庸）又曰：「至誠無息，不息則久，久則徵。」用之於人道，則曰「誠以律己」。

㈣在天體中諸星球，無一不時時在動，亦無一不時時在相互調整，俾能各得其位，各遂其生，此種調整，稱之曰「中」，調整之結果，稱之曰「致中和，天地位焉萬物育焉」，故

「中」者處理事物，使之不偏不倚恰到好處之情況也。以人道而言，曰「中以處事」。

㈤共生共存，在天地而言，曰：「天地位焉」，在生物而言，曰：「萬物育焉」；在人類而言，曰：「仁義存焉」，故以人道而言，曰：「仁以待人」。

由上述而知，如果「公」以顯道，「誠」以律己，「仁」以待人，「中」以處事，「行以成物」之五大天道，用以作爲人道，則「天人合一」，至善至美，自可達致世界和平。

肆、本末先後之重視

《大學》云：「物有本末，事有終始，知所先後，則近道矣。」又云：「有德此有人，有人此有土，有土此有財，有財此有用。德者，本也；財者，末也。外本內末，爭民施奪。」此言凡事均有本末先後之別，則免於爭奪，且有精神（德）與物質（財）兩大條件爲人類生命之保障；錢財能使人類之生活豐富，孰輕孰重，不言而喻，資本主義者之重財而輕德，其錯誤在此，《詩》云：「天生蒸民，有物有則，民之秉彝，好是懿德」，孔子曰：「爲此詩者，其知道乎，故有物必有則，民之秉彝也，故好是懿德。」此言物與理，均供人用而共同存在的，其結果還是爲了「好是懿德」，故「重物而輕人」之唯物史觀，其錯誤在此，亦是本末倒置，自卑人格，以中國文化之觀點而言，二者均不明本末先後之道，走入歧途，勢所然也，是故一九八八年世界各國諾貝爾獎得主在巴黎集會，曾發表共同宣言，其中有云：「人類如果要在廿一年紀生存下去，必須要回到二千五百卅餘年前孔夫子那裏去尋找智慧。」由此可見世界上大學問家對世界前途之憂慮，而又想不出挽救之道，遂有求教之于中國之大聖大耳！

伍、「內聖外王」爲人生最高理想

《大學》是一部最能顯示本末先後之道的一部書，從個人內部講起以及平天下爲止，而樹人則從格物致知以成智，誠意正心以成德，二者兼賅，始能謂之身修，然後以既修之身使家齊，進而國治，更進而天下平，由近及遠，由小而大，步步昇華，先後有序，使每一中國人知：「生活之目的，在增進人類全體之生活；生命之意義，在創造宇宙繼之生命。」修己成聖，善群所以王天下，無個人主義（自私之別稱）與享樂主義（自利之別稱）之產生，此一「內聖外王」之思想，即合乎一切宗教之精神也，故中國自身雖無有形式有組織之宗教，而已具有宗教之實質者，因有孔子之教以代之也。

陸、八德之產生

國父爲使一般民衆能使中國道統易知易行，乃將　蔣公、誠、仁、中、行歸納成爲「忠孝仁愛信義和平」八德，良以「忠」於國，「孝」於親，爲國民人人必須具備之兩大基本德性。擴而大之，由親親而「仁」民，仁民而「愛」物，則情愛所鍾，無所不至，惟若僅空口說愛人，而無事實表徵，則無補於事，故必須言而有「信」，行而合「義」，庶幾內外一致，言行相符。苟人人能具上述六德以相見，則人「和」而事「平」矣，此八德之所以合乎人類進化之互助原則矣。

柒、結　論

「大同」二字，顧名思義，爲「大體相同」，不必亦無法求其全同也，資本主義者與共產主義者雖思路不同，而其欲強人同我者則一，強人同我，私也，非公也。必也，「愛其所同，敬其所異」，忍小異而持大同，則大同世界始可達致，故大同章開宗明義，即曰：「大道之行，天下爲公。」其全文所述，無不合乎大公精神，亦惟有公、誠、仁、中、行之中國文化，始具有此精神及條件也，欲救今日之世界危機，自當求之於中國文化，則二十一世紀，乃爲人類福祉來臨之光明時期也。

中國文化何以能救世界人類

壹、前　言

中國人從天道中，學到了「公」、「誠」、「仁」、「中」、「行」五個字，以形成人道，爲做人做事基礎。傳承數千年，成爲文化道統，是人類共生、共存、共進化的原理。國族之強盛、世界之和平、人類之幸福，均將以其得獲力行實踐而受賜！

貳、天地的啓示

中國歷史久遠，從伏羲氏算起，有六千四百餘年之久。眞正有文獻可考則始於堯舜，至少亦有五千年歷史文化。中國歷史文化比任何國家都記載詳實，由於造紙和印刷術的發明，人類之文明才得以流傳，對世界文化亦有莫大的貢獻。

從孔子、老子所說的話中，足以證明他們思想的深厚、廣大及細密。孔子、老子的觀念雖有不同，前者好比爲應用科學、後者好比爲純理科學，但都是根據《易經》而來的。

《易經》是中國一本最偉大的書。要談中國文化，不能不懂《易經》，其次是《中庸》。

《易經》首先應用於天道，例如天干、地支、天文、氣象、季節等是也，降及孔子，始將人道與天道配稱，例如〈乾卦〉「天行健（天道），君子以自強不息（人道）」，其他六十三卦，都是如此，遂有「天人合一」之稱。就是說明天道和人道是一貫的，人道是根據天道。人如能效法天，每樣事都能達到完美。所謂「順天則昌，逆天則亡」。爲什麼中國自身沒有有組與有形式的宗教？主要是因爲人道根據天道。根據「天道」去做，是不會有錯的。世界上所有的宗教，無非以天道誨人，使人法天。我們祖先對於天地的認識如下：「今夫天，斯昭昭之多，及其無窮也，日月星辰繫焉，萬物覆焉。今夫地，一撮土之多，及其廣厚，載華嶽而不重，振河海而不洩，萬物載焉。」（中庸）所以稱天爲「高明」的象徵而「悠久」，稱地爲「博厚」的象徵而「無疆」，合而言之，是智與德的象徵。天道又給了我們許多啓示，例如偉大、寬容、光明、前進等都沒有絲毫迷信的色彩而合乎科學的，和西方宗教家所說的上帝是天父有所不同。中國人的觀念，不是爲了上天堂而信天，而深信法天配天是做人應該如此的，所以中國表面上無宗教形式，實際上已有宗教實質。中國人對「天」的了解，在《書經》中已得到許多證明。所以對於天文學、氣象學等的了解，非常透徹，過去天文學的資料迄今仍很正確。

日本天文學權威荒木馬就曾批評中國人說：「你們《書經》中所提到的天文，已經講的很高深而正確了，爲什麼你們對自己歷史文化還感到懷疑呢？」我們聽了，十分慚愧。

參、天道與人道

人要配合天、效法天，天地究竟給了我們些什麼呢？歸納起來，人，從天道中學到了五個字，那就是：「公」、「誠」、「仁」、「中」、「行」。

第一、公的真諦

天道給我們的第一個印象就是「公」

「公」就是「公而無私」。所謂「天無私覆，地無私載，日月無私照」。「其爲物不貳，則其生物不測」。可以說完全是天公地道的。天沒有對誰好一點，也沒有對誰壞一點。自己好不好，自己負責，不能怪人。如果自己肯努力，天自然會幫助你。如果自己不爭氣，天也幫不上忙。所謂「天助、自助」是也。故《中庸》有云：「天之生物，必因其材而篤焉，故栽者培之，傾者覆之。」這是很公平和公正的，和外國求神的幫助不一樣。天，是無私的，所以用之於人道，就是「大道之行也，天下爲公。」就是說人能法天行道，則大家自能和平共處。能和平共處，自然可以達到世界大同的目標。所謂「大同」，就是大體方面相同，小體方面可以相異。國與國、家與家、人與人，都不能做到完全相同的，因世上沒有兩個完全相同的人，就是雙胞胎，其智慧、性格，可能都有不同地方，何況是一般人呢？所以強人同己，就是私。「公」才是道德的基礎。

所以人與人相處應抱著「愛其所同，敬其所異」，「存小異而持大同」的態度，「公」才能顯現。今之資本主義和共產主義，都希望別人完全同他一樣，那都是私心的作祟，世界那會有和平可言？

第二、誠的真諦

人從天道學到的第二個字是「誠」。

天地無時無刻不在動，其原動力之曰「誠」，故曰「至誠無息」（中庸），又曰「誠者天之道也」（中庸）。誠就是宇宙的動能。人爲宇宙的一個小單位，亦秉賦此種動能而生，故又曰「誠之者人之道也」。誠用之於人道，爲一切學問道德之根源，故曰：「智仁勇三者，天下之達德也，所以行之者一也」，一者何？曰「誠」是也。至誠乃能感化他人，所以說：「至誠而不動者，未之有也，不誠，未有能動者也。」也就是所謂的「精誠所至，金石爲開」。「誠」可釋爲「信仰」，　國父說「信仰就是力量。」確是眞理。誠也是所有宗教的基礎，沒有不誠的人，可以充任牧師或神父的。所以《中庸》有「至誠如神」的說法，意思是說至誠的人可以如神的先知，「至誠之道，可以前知（中庸）」、可以感動人，必賴仁與誠。蓋所有宗教都是爲「行仁」，中國人神的認識，亦與他人不同，「聖而不可知之之謂神」，最高智慧者僅稱之曰聖，聖人尚且不知，乃稱之曰神。

《易經》：「智以藏往，神以知來。」莊子：「至人無己，神人無功，聖人無名。」《孟子・盡心》：「大而化之謂聖，聖而不可知之之謂神。」都是我們祖先對聖與神所下的定義，所以誠，是天道，也是人道。

如上所說，智、仁、勇三達德的原動力，就是一個誠字，誠又是「擇善固執」（中庸）的信仰，並且是未卜先知者，正如《聖經》所說：「上帝是先知。」

我曾經說《聖經》中的上帝和《中庸》中的「誠」對照作一番研究，發現兩者的意義不謀而合，中國人所謂的「誠」正如外國所謂的「上帝」。

《聖經》上對神的解釋有二十多種，姑舉數例如下：

誠爲信仰，God is faith

誠是智慧，God is wisdom

誠爲仁愛，God is love

誠爲力量，God is strength

誠、能見其眞，God is truth

誠、能成其大，God is great

誠、能通其化，God is power

誠、能盡其性，God is almighty

誠者天之道也，God is the way

上帝爲萬物之主宰，誠爲宇宙間生生不已之原動力，二者之目的均爲修身，爲的是行道。

第三、仁的真諦

人從天道學來的第三個字是「仁」字。

所謂「萬物並育而不相害，道並行而不相悖」。由於天地間每一個單位，不但自己在動，而且和其他星球的單位一起在動，一起存在，這是代表共生共存共進化的意思，但是隨時隨地需要互相調整，始能共同存在。所謂：「致中和，天地位焉，萬物育焉。」

人從這裡推想而了解到，人要共生共存就應該互愛、互助，而從天道的啓示，產生了「仁」字。

《中庸》裡說：「修身以道，修道以仁，仁者人也。」

仁，這個字是從二從人，也就是兩個人互存、互助、互愛的意思。是家庭、社會、國家之所以能形成之凝固力。所以　國父說：「仁義道德爲互助之用。」「人類順此則昌，逆此則亡」。　國父爲求大同世界的理想易於實現，發明了人類進化的「互助」原則，人與人之間互愛，才能互助、互存。無論是君（長官）與臣（部屬）、父與子、兄與弟，夫與婦、朋友與朋友都要互相敬愛。才能共生共存共進化，這就是倫理道德之所由生。

仁愛的思想是要從小培養出來的。也就是始於孝悌。《論語》：「君子務本，本立而道生，孝悌也者，其爲仁之本與！」

《論語》中提到「仁」，有一百零五次之多，其重要可以想見。孟子甚至說：無仁心者，不能算是人。

第四、中的真諦

人從天道學來的第四個字是「中」字。天地間每個單位隨時在行動中自我調整，並須和其他諸單位相互調整，使之不會衝突，各得其所，各遂其生，而恰到好處，稱之曰「中和」，故曰「致中和，天地位焉，萬物育焉。」萬物育，則人道亦在其中矣。

「中」的調整，如何才能達到恰到好處？例如汽車、輪船在行動時其方向盤，駕駛者每秒鐘都在調整，才能不偏不倚地向前行駛。「中」以名詞來說，就是重心點，有此則穩妥不墜，以動詞來說，就是正好打中的中，以形容詞來說，是恰到好處。

凡是過與不及都不好，要恰到好處才好，所以說「過猶不及」。如穿衣，穿太多則熱，太少則冷，要恰到好處。又如流行衣服太長太短太寬太窄，都是短暫的流行，過時淘汰，只有不長不短才能持久。又如吃飯，勿少吃亦勿多吃，適可而止；其菜餚，最好不太甜，或酸、或苦、或辣，則久吃不厭，所以時時事都要恰到好處——時中，才是最好的，而且最能持久。

「中者，天下之正道。」

「不偏之謂中。」

「不偏則公。」「公則悅。」

「允執厥中。」

中庸之道，是中國文化中極重要的美德，因爲中則不偏私，不偏私則事無不平，人無不和，人類的知識愈增進，其對於事物的兩極端觀察得愈清楚，始能了解事事物物時時在變動中。走極端易造成「物極必反」的錯誤結果，凡事要合乎多數人長期間的要，求才是正常現象，此之謂中。

第五、行的真諦

人從天道學到的五個字就是「行」。

天無時無刻不在動而向前進行，乾卦所謂「天行健」是也。這就是教人天天要進步，不可懶惰中止，要「自強不息」。凡是動的東西，都會按照一定的軌道，向前行去，而且都是呈波浪形的進展，如電波、光波、聲波等。天下沒有任何東西是朝直線上升的，而是上上下下的前進的，例如近來的股市，到了頂，必定會跌落下來。所謂「物極必反」、「樂極生悲」，都是從易經得來的智識。天所昭示人類的，就是健行，能健行就會「自強不息」，不斷地向前行進，就是進步，所謂「苟日新，日日新，又日新」是也，懂得健行，一定會有恆。

孔子最討厭的是「坐而言不能起而行」的人。只說不做就是不誠，亦是不仁，所以說「力行近乎仁」、「巧言令色鮮矣仁」，只說不做的稱爲「鄉愿」——僞君子。孟子稱之曰「德之賊也」。 國父的「知難行易」學說， 蔣公的「力行哲學」，均與此相符合。

肆、道統及其形成

以上五個字，是根據天道而來的人道，是中國文化中的做人做事的基礎，傳承下來數千年，就成爲道統。

簡括言之：

於理而言，稱之曰「公」——無私無我之「公」

於己而言，稱之曰「誠」——成己成物之「誠」

於人而言，稱之曰「仁」——立人達人之「仁」

於事而言，稱之曰「中」——不偏不倚之「中」

於功而言，稱之曰「行」——日新又新之「行」

此一道統如何形成？考諸吾國之歷史，在堯舜以前因文獻不足，孔子抱「知之爲知之，不知爲不知」的科學求眞精神，不便寫作，故刪《書》亦從堯開始，堯是一位極偉大（惟天爲大，惟堯則之）、極開明的君主，選擇了一位至孝至悌的（孝悌爲仁之本）大賢才於民間，其名曰舜，使之攝政了二十八年（亦可稱之謂訓政），生前曾以「允執厥中」四字訣傳給他，堯崩，舜受人民之擁戴而繼帝位。舜不幸有一不慈的父親——瞽叟，又有一不悌的兄弟——象，但是他依然對父與弟敬愛不衰，所以孔子稱他爲「大孝」。他治理政事，重視求才，好問而好察邇言，隱惡而揚善，執其兩端，用其中於民。孔子又稱他爲「大智」。他重視人倫，使契為司徒以之教民。其時洪水為災，他選了一位水利專家——禹，讓他攝政了十七年，並且傳授給他十六字訣：「人心唯危，道心（仁）唯微，唯精唯一，（誠）允執厥中」，因為當時人民受水災影響，經濟衰落，人心日壞，前兩句是指此的，惟有誠心誠意治好水患，才能挽救厄運，所以他又加上了三句。允執厥中，乃是依舊應重視的。禹聚精會神的治水，疏濬九河，瀹濟漯而注之海，決汝漢，排淮泗而注之江，然後國人可得平土而居，五穀可登。此一偉大無比的水利工程，得禹之親自督導而最後成功。他在外八年，三過家門而不入，其公而忘私，國而忘家的至誠至仁精神，永垂不朽。（中國工程師學會於民國廿八年由本人提議採六月六日的大禹誕辰為工程師節，經大會通過，與孔子誕辰為教師節合成一案，提經政府採納，迄今每年舉行紀念）。他最愛惜時光，他討厭旨酒，而喜歡聽嘉言，甚至可向人拜受。他最能禮賢下士，他亦效法前輩公天下之禪讓。年老時讓益攝政，惟于其死後，國人咸認為禹之子啓賢於益而擁戴之，傳子而不傳賢，自此開始，此固非禹之有私於其子也。

其後夏桀無道，民不聊生。湯放之，是為商朝之始。距堯帝已五百餘年矣。湯居亳，以七十方里之地，施行仁政，十一征而無敵於天下。拯民於水火，渴望其來拯救，若大旱之望雲霓。其來也，人民簞食壺漿以迎之，所謂仁者無敵是也。其成功在立賢舉才，尤其得賢才伊尹之助最多，而其治政方針，仍秉「允執厥中」之訓示。湯崩，太甲顛覆湯之典刑，伊尹放之於桐，三年，太甲悔過，自怨自艾，於桐處仁遷義三年，以聽伊尹之訓己也，復歸於亳。伊尹放太甲，其目的在訓太甲以政，及太甲知如何治理國政，遂還政于太甲，此種大公無私，勇於負責的精神，實啓訓政制度之榜樣。宜乎孟子尊之爲「聖之任者」，謂必先有伊尹之志而後可，否則將被稱之篡也。

五百年後，紂王荒淫無度，適遂亡于周，文王以方百里之地，以仁聲遠播，天下歸心。其所以致此者，蓋源于文王之德之純。純者、誠也，故孔子贊之曰：「文王之所以爲文也，純亦不已。」文王視民如傷，其發政施仁，必先及於矜寡孤獨四者，蓋哀此煢獨，政府之責也。其子武王，軍事長才，統一全國。其爲政也，「不泄邇，不忘遠」（孟子），誠敬而信，尤能用賢，有十重臣爲佐，使國大治，十人中有女士一人，足徵婦女從政，在我國三千年前已有之矣。孔子稱武王爲「達孝」，謂其能爲其父王繼志述事；能重視序昭穆，序爵，序事，序齒；能踐其位，行其禮，奏其樂，敬其所尊，愛其所親，事死如事生，事亡如事存，故曰：「孝之至也。」孝爲仁之本，禮樂爲德之行，其爲有道之君，又爲文武全才，宜其「治國其如視之掌乎！」

武王崩，其子成王尚幼，周公爲武王之弟，以王叔攝政。憑其文武全才，平亂拓疆，國勢大振，制禮作樂，爲國家奠久遠之德基。孔子認爲惟大德而又有其位者，乃敢作此。周公復採文武合一之教育，使各級政府之首長，必須具備能文能武之資格，始克勝任，故能內修仁政，外抗侵略。周之能歷三十世，經七百年而始衰，豈偶然哉！考諸世界歷史，無可與之相比者，無他，仁政之爲全民所愛戴耳！

天佑中國，有堯、舜、禹三大聖君，連續降生，連續禪讓，爲國家奠了公、誠、仁、中、行之德基，隨後雖稍有變化，五百年後，湯與伊尹，竟復爲之復興。再五百年，歷史幾乎重乎重演，文、武、周公三大偉人又連續降生，連續當政，公、誠、仁、中、行之道，復能以身立教，行健不息。五百年後，孔子降生，雖不得其位，而能使此道愈加弘揚，乃被人尊稱爲萬世師表。

孔子生於周末，其時中央政府名存實亡，諸侯割據稱雄。孔子雖存復興周室之宏願，無奈終未得時君之長久重用。因其理想過高，不願隨俗浮沈，周遊列國，凡十四年，艱險備嚐，有志未伸，乃廣收生徒，從之者三千，精通六藝者七十有二，乃歸魯，刪《詩》、《書》，定《禮》、《樂》；贊《周易》，作《春秋》，將中國以往一千五餘年之文化遺產作一全盤之整理，存菁去蕪，使後人更易了解而樂於實行，故有人謂「有孔子乃有中國文化」。此言實非過譽，其實「有中國悠久崇高之文化，才產生孔子；有天縱聖哲之孔子，中國文化才成其系統而見其偉大」。從上述之史實，可以證明治亂與興亡，必有其道，道得衆則國而治，道失衆則失國而亡，無有例外，綜其要點，爲：

本於大公，發于至誠，歸于求仁，固于執中，成于力行。

果能具此五者，謂之得道，得道者多助，失道者寡助，寡助之至，親戚叛之；多助之至，天下順之。以天下之所順，攻親戚之所叛，則戰無不勝，政無不舉。傳此道之統緒，謂之「道統」，代代相傳，形成了全民之共信，並造成了「大而能容，剛而不屈，中而無偏，正而遠邪」之民族特性。及至　國父孫中山先生，此一名稱，更爲顯著，民國十一年在廣西桂林，國父答第三國際代表馬林之問，說：「中國有一個道統，堯、舜、禹、湯、文、武、周公、孔子相繼不絕，我的思想基礎，就是這個道統，我的革命就是繼承這個正統思想來發揚光大。」（見　蔣公《三民主義之體系及其實行程序》）此乃中國道統之形成也。

伍、八德之演生

國父爲了使一般老百姓易於明白瞭解，把「公、誠、仁、中、行」五個字演繹成爲忠孝、仁愛、信義、和平之八德，亦即中國人傳統的美德。（註）：誠則忠、信；仁則孝、義、愛；中則和、平。其行也必公。

忠孝—忠於國，孝於親，是做人最起碼的條件。

仁愛—由忠孝擴展而來，由「親親而仁民」，到「仁民而愛物」。

信義—由仁愛之實踐而來，若僅空口說仁說愛，而無實際行動，則無補於事，故必需「言而有信，行而合義，」內外一致，言行相符。

和平—由以上六德步步昇華擴展而來。如果人人都能做到忠孝、仁愛、信義六德，自然發揮人類互愛、互助精神，而達到人「和」事「平」。

陸、四維之宏揚

先總統　蔣公在對日抗戰中，倡導新生活運動，以《管子》的「禮、義、廉、恥」四維，助長抗戰之精神動員，遂作爲全國學校的共通校訓，以迄于今。管子雖是法家，和儒家孔子的施政方法不同，但是，道理是相通的。道統都根據「天道」而來，其思想淵源於自然，以順天、愛民，發展爲大公無私。成爲千古不變之政治原則。禮和義是正面的，廉和恥是反面的，都是要求人和而事平的。

禮，就是道德在生活中的表現，有此，則人與人相見以禮，「禮之用，和爲貴」，人人有禮，則社會自能和諧安樂。

義，就是「仁」見於行，互相扶持，互相幫助，人人知義，則守分而能勇爲。

廉，就是不侵犯他人之權益，是指物方面的。人人廉正，則不會互相侵犯，各守其分。

恥，就是不損害他人的名譽，及自己的品德，是指精神方面的。人人明恥，則邪惡之事不生。

如果人人有德，各守本分，各盡職責，團結互助，人和事平，國家那有不強之理？因此，管子說：「禮、義、廉、恥，國之四維，四維不張，國乃滅亡。」這是我國固有的「四個堅持。」

柒、結論——重人兼重德的中華文化才能救世界

中華民族之所以能集結十億餘人民成爲一家，持續五千多年光榮歷史文化而不墜者，是因爲我們祖先發明了人類共生、共存、共進化之原理，此一原理，稱之曰道。其行也，稱之

曰德。人人重視道德，並能不斷進取開展，遂成爲最有系統的做人及政治哲學。中華之所以屹立不搖，是基於此一「重人兼重德」的道理。和資本主義者之「重則而輕德」與共產主義者之「重物而輕人」，完全不同。因此，四維八德最後合併成爲國民守則十二條，中國之文化道統，更見其完善與實用，苟我國國民人人能身體力行，則不獨國族能強，即世界和平，人類幸福，亦將受其賜矣。

中共實行馬列共產主義，其行也，私而不公，僞而不誠、暴而不仁、偏而不中、鬥而悖行，與我國文化道統背道而馳，其不爲人民所厭棄而亡者，鮮矣！

人類不願爲物所役，故共產主義，雖強而行之數十年，終於不到一年而爲世界各國所擯棄。連創始者的蘇俄亦不例外，故惟有「重人兼重德」之中華文化，才爲人類所歡迎，人類亦不願久爲金錢所奴役，故資本主義，若不及早奮起改善，亦必逐漸沒落，可斷言也，世界上大哲學家如英國的湯恩比、美國的杜蘭等均預言，中國文化之未來，將大有助於世界人類之幸，而認爲二十一世紀，爲中國文化之世紀，吾人對於此類預言，其能不努力以求其實現乎？願與諸君共勉之！

中華文化何以將會廣受世人之崇敬，以期能為全人類奠定和平之永基

壹、前　言

我中華民族之所以能集結十二億餘人民爲一家，持續五千餘年光榮歷史而不墜者，以吾祖先及早發明人類共生共存共進化的原理，垂裕後人，遵守弗渝，此一原理，稱之曰「道」（國父稱之曰人類進化時期之互助原則）。於理而言，稱之曰「公」；於己而言，稱之曰「誠」；於人而言之曰「仁」；於事而言，稱之曰「中」；於功而言，稱之曰「行」；綜合此五者的應用而言，稱之曰「德」；其見諸于日常生活的適當言行，稱之曰「禮」。孔子承吾祖先自堯、舜起一千七百餘年所遺下的偉大事功而予以全部整理，使之成爲一有系統的人文科學體系，其原理見諸《易經》及《中庸》，其應用見諸《大學》，其詳釋見諸《論語》，及孟子復從而闡揚之。至于《詩》，所以道志；《書》，所以道事；《禮》，所以道行；《樂》，所以道和；《易》，所以道陰陽；《春秋》，所以首名分；《孝經》，所以道人類

生命延續的大本；皆所以弘道與明德者也。

惜乎由於文字的隔閡，使世人不易了解中國文化的崇高，而列強又利用達爾文的進化論，採強凌弱、衆暴寡的手段，以科學武器的優勢，侵略中國，使中國成爲列強的共同殖民地達一世紀之久，幸天佑中國，誕生 國父孫中山先生，以三民主義領導國民革命，興中華、建民國，使全國同胞恢復民族自信心，宏揚固有文化，以證明中國早已進入「人類進化之時期」，以仁義道德爲用的互助時代矣。於是有世界著名的英國大哲學家湯恩比 Arnold Toynbee 教授，指出西方文化的種種缺點，並有如下之預言：「如果人類之將來，在統一的世界中能達到一個快樂的景象，那麼我敢預言，在舊世界的中國人，將會有一個好前途。」美國近代史哲學大家杜蘭博士(Dr. William James Durant)對我國儒學觀察最深，在其所著的《Our Oriental Heritage》一書中：「中國歷史，可以孔子學說影響來撰述。孔子著作，經過歷代流傳，成爲學校課本，所以學生入學後，即熟讀其書而領會之，此一古代聖哲之正道，幾乎滲透了全民族。中國文化之強固，歷經外人入侵而巍然不墜，且使入侵者依其自身所受影響，而作改造，即在今日，猶如往昔，欲療治任何民族因唯智教育以致道德墮落，個人及民族衰弱而產生的混亂，其有效之方，殆無過于使全國青年接受孔子學說薰陶。」

西方學者和杜蘭博士持相同見解的，尚有其人，即如蘇俄的索忍尼辛，在美國哈佛大學所講的「一個分裂世界」，就有許多論點與儒家思想相通，他主張精神與物質的平衡，以矯正西方社會的物質偏差，正是中國所崇尚的中庸之道，這些都可證明儒家思想的確具有新時代之意義。

一九八八年，世界各國諾貝爾獎得主，集會于法國巴黎，曾發表共同宣言，其中有云：「人類要在二十一世紀生存下去，必須要回到二千五百餘年前的孔夫子那裡，去尋求智慧！」

前清英國駐華大使朱爾典，在他回國時，路過福州，當時曾留學英國的著名斗學家和海軍將領，他的好友嚴復先生，正在福州基地。獲訊後，登艦前往送別，談及國事，嚴復因擔心中國已面臨滅亡關頭，而傷心淚下，朱爾典即答覆說：「中國不會滅亡，因爲中國有一大寶藏，祇要能固守堅持，善加利用，中國不會滅亡。」他更進一步說：「我憂慮的倒是歐洲的前途。」嚴復驚奇的問：「什麼寶藏？」朱爾典答覆說：「《四書》、《五經》。」數千年來我們的民族習尙，不用詞費，盡人皆知，都是「《四書》、《五經》」的智慧和教訓所鑄成的。從朱、嚴二氏的談話中，可以明白一位深思客觀的外國朋友，在以實際和批評的眼光，觀察中國歷史的演變後，都可以得到這麼的一個結論。中華民族的文化道統內涵的一致性，中國的文化文明所經歷的艱難困苦，都證明其光大的卓越性，是在亞洲各鄰國中所獨具的，且常是同化了那些曾征服中國的民族。再回頭看一九七〇年代的歐洲，便顯出這位英國人士的眼光，是多麼的偉大而正確。這一種段話，對於青年是正確的指示，正可說明儒家思想的時代精神。

日本著名學者兒島獻吉郎在其所著《諸子百家考》一書中說：「孔子者，偉人中之偉人，聖人中之聖人也。孔子生於中國，爲中國一國之榮譽，故中國人常稱孔子爲絕代之聖人，並以之誇於其他外國。又孔子生於東洋，亦爲東洋全體之榮譽，我東洋人等常誇孔子爲東洋之大聖人於全世界。若不讚美孔子之盛德，反毀損孔子之盛名，則傷中國一國之名譽，併損東洋全體之名譽矣。天地之大，萬物無不覆載；日月之明，萬物無不遍照；孔子之明，參與日月；孔子之德，配於大地。故在東洋已負盛名之孔子，復爲西洋所景仰，日、韓儒家崇敬爲東洋大聖人之孔子，更爲歐美學者所崇敬之大聖人。」

以上所舉，東西洋數位名家之言，僅見推崇之至意，惟未述其詳，有之，亦僅舉道德方面而言。惟吾　國父則舉宇宙進化的三程序：一、曰「物質進化之時期」，此一時期，地球上尚無生物之存在，一如今日的月球然。二、曰「物種進化之時期」，此一時期，各種生物陸續由「生元」產生，其進化原則爲生存競爭，強凌弱，衆暴寡，正如達爾文所著的天演論所云。三、曰「人類進化之時期」，此一時期，其進化原則爲「互助」，「社會國家者，互助之體也，道德仁義者，互助之用也，人類順此原則則昌，逆此原則則亡。」

國父此一發明，使吾人豁然開朗，《四書》中何以二百五十七個「仁」字，一百三十個「義」字，一百八十七個「道」字與一百零五個「德」字者，以其合乎人類進化時期之需要，並足以證明人類之進化原則，不與動物之進化原則相同，此乃眞正之宇宙進化原則也。我國文化之所以勝於其化文化者在此。梁漱溟先生稱「中國文化爲世界文化之早熟者」，有卓見也。

貳、中華文化之特點

茲將中華文化之特點，爲五點，述之如下：

一、行大道，求大同，天下為公

我中華民族之祖先，憑其豐富的經驗與高深的智慧，其對文化的著眼點，爲人類的幸福與世界的和平，故在《禮記・禮運篇》，已有「天下爲公」與「世界大同」的理念，而其實現的方法，須從大道之行入手，其言如下：

「大道之行也，天下爲公，選賢與能，講信修睦，故人不獨親其親，不獨子其子，使老有所終，壯有所用，幼有所長，矜寡孤獨廢疾者，皆有所養。男有分，女有歸。貨惡其棄於地也，不必藏於己；力惡其不出於身也，不必爲己，是故謀閉而不興，盜竊亂賊而不作，故外戶而不閉，是謂大同。」

我祖先深深了解，各民族國家，各自有其傳統的歷史文化，應相互尊敬，不可強人同我（如帝國主義者然），強人同我者，私也，非公也，必須「愛其所同，敬其所異。」持大同而存小異，始有眞正和平可言，此乃大道之行之始基也。

〈大同章〉之解釋，見諸於《四書》者如下：

賢者在位，能者在職，國家閑暇，及是時，明其政刑，雖大國必畏之矣。（孟子公孫丑）

孟子曰：「尊賢使能，俊傑在位，則天下之士，皆悅而願立于其朝矣。」（孟子公孫丑）

老吾老以及人之老，幼吾幼以及人之幼，天下可運於掌。（孟子梁惠王）

老而無妻曰鰥，老而無夫曰寡，老而無子曰獨，幼而無父曰孤，斯四者天下之窮民而無告者，文王發政施仁，必先斯四者，《詩云》：「哿矣富人，哀此煢獨。」（孟子梁惠王）

由此而知爲政者必使人人各得其所，物物各歸於公，則最爲私之盜竊，亦謀閉而不作矣，天下太平可以見諸事實矣。

二、天道人道合德，同源於誠

中國歷史久遠，文化崇高，從伏羲氏算起，有六千四百多年之久，眞正有文獻可考，則始於堯、舜、迄今至少亦有四千數百年之久。

易經是中國一本最偉大的書，我們要了解傳統的中國文化，不能不懂易經，其次是中庸。《易經》首先應用於天道，例如天干、地支、天文、氣象、季節等是也，後來孔子，將人道與天道配稱，例如乾卦：「天行健（天道），君子以自強不息（人道）。」其他六十三卦，都是如此，遂有「天人合一」之稱。就是說明天道和人道是一貫的，人道根據天道。人如能效法天，每件事都能達到完美。所謂「順天者昌，逆天者亡。」表示違背天理的人，是一定失敗的。人要效法天，配合天，天地究竟給了我們什麼呢？至聖先師孔子歸納起來，認爲人從天道中得到了五個字，就是公、誠、仁、中、行。這就是中華文化特質，也是孔子的儒家思想對中華文化的最大貢獻。

今天我對這五個字，簡釋如下：

㈠人從天道學來的第一個字是「公」。公就是無私，所謂「天無私覆，地無私載，日月無私照」，可以說明完全是天公地道的。天沒有對誰好一點，也沒有對誰壞一點。我們自己不好，自己負責，不能怪別人。如果自己肯努力，天自然會幫助你，如果自己不爭氣，天也幫不上忙，這是非常公平的，這和外國求神幫忙不一樣。人人能法天行道，則大家自能和平共處，自然可以達到孔子說說「世界大同」的目標。我認爲所謂「大同」，就是大體方面相同，小體方面可以相異。國與國、家與家、人與人，都不能做到完全相同，因世界上沒有兩個完全相同的人，就算是雙胞胎，其智慧、性格，可能都有不同的地方，何況是一般人呢？因此強人同己，就是私，不是公。所以，人與人相處，應抱著「愛其所同，敬其所異」，忍小異而持大同的態度，「公」才能顯現。今天在社會上許多人希望別人完全同他一樣，那都是私心作祟，世界上那會有和平可言。

㈡人從天道學來的第二個字是「誠」。天地無時無刻不在動，其原動力，稱之曰「誠」，所以《中庸》說：「至誠無息。」又說：「誠者天之道也。」人爲宇宙間的一個小單位，亦秉賦此種動能而生，故又曰：「誠之者人之道也。」誠用之於人道，爲一切學問道德的根本，所以孔子說：「智、仁、勇三者，天下之達德也，所以行之者一也。」所謂一就是誠，至誠能感化他人，所以說：「精誠所至，金石爲開。」誠是眞實無欺，是智慧，是仁愛，是力量。

我們修身，必先正心；正心，必先誠意。

㈢人從天道學來的第三個字是「仁」。《中庸》裡說：「修身以道，修道以仁，仁者人也。」仁這個字從二從人，也就是兩個人互存、互助、互愛的意思。是家庭、社會、國家之所以能形成的凝固力。反之，不仁便不是人，則與禽獸無異。故凡能以人的道理待人，乃合乎仁。換言之，人類共生共存的大道，就要「仁」來修治，人與人之間互愛，才能互助互存，無論是長官與部屬，父與子，兄與弟，夫與婦，朋友與朋友都要互相敬愛，才能共生共存進化，這就是倫理道德的基礎。

仁愛的思想是要從小培養出來的，也就是始於孝悌。《論語》說：「君子務本，本立而道生，孝悌也者，其爲仁之本與！」僅《論語》一書中提到仁，有一百零五次之多，其重要可以想見。孟子甚至說，無仁心者，不能算是人。

㈣人從天道學來的第四個字是「中」。天地間每個單位隨時在行動中自我調整，並須和其他單位相互調整，使之不會衝突，各得其所，各遂其生，而恰到好處，稱之爲「中和」，故曰：「致中和，天地位焉，萬物育焉。」萬物育，則人道也在其中了。

世間事凡是過與不及都不好，要恰到好處才好，所以說「過猶不及」。如穿衣太多則熱，太少則冷，要恰到好處；又如吃飯，勿太少亦勿太多，適可而止，所以時時刻刻都要調整使之恰到好處——稱之曰「時中」，才是好的，且最能持久。

中庸之道，是中華文化中極重要的美德，因爲中則不偏私，不偏私則事無不平，人無不和。人類的知識愈增進，其對事務的兩極觀察得愈清楚，走極端易造成「物極必反」的錯誤結果，所以《中庸》裡說：「極高明而道中庸。」

㈤人從天道學來的第五個字是「行」。天無時無刻不在動而向前行動，乾卦所謂「天行健」就是叫人天天要向前行進，就是進步，不可中止，要「作新民」自強不息。所謂「苟日新，日日新，又日新」，我們才能生存。

孔子最討厭的是「坐而言，不能起而行」的人，只說不做就是不誠，也是不仁，所以說「力行近乎仁」，「巧言令色，鮮矣仁」。只說不做或言行不符的，稱爲「鄉愿」，孟子稱之爲「德之賊也」。

以上五個字是根據天道而來的人道，是中華文化中做人做事的基礎，自堯、舜、禹、湯、文、武、周公、孔子傳承下來數千年，成爲我們民族的道統。所謂道統就是把中華民族所創造的人類生存原理流傳下來，爲子子孫孫遵守。中華民族珍視此一道統，數千年來代代相傳，自戰國以迄今日，歷代的治亂興亡，難以盡言，有時政統可斷，而道統始終不斷，所以每次大亂之後，重建國家新秩序者，必是確信儒家思想的人，所以孔孟的思想，可以說是人類共生共存的眞理。

我國自漢武帝尊孔以後，以儒家「仁」的教育爲中心，歷代教育皆以明人倫爲主，未嘗稍變。到了清末民初， 孫中山先生爲了使一般老百姓易於明白瞭解，把公、誠、仁、中、行五個字演繹成爲忠、孝、仁、愛、信、義、和、平之八德，也就是中國人傳統的美德：蓋誠則忠、信；仁則孝、義、愛；中則和、平，其行也必公。比較詳細地說：「忠孝」是忠於國，孝於親，是做人起碼的條件。仁愛是由忠孝擴展而來，由「親親而仁民」，到「仁民而愛物」。「信義」是由仁愛的實踐而來，若僅空口說仁愛而無實際行動，則無補於事，所以必需「言而有信，行而合義」，表裡一致，言行相符。「和平」是由以上六德的實踐自然發揮人類互愛、互助的精神，而到人「和」事「平」，大同世界始能實現。

後來，先總統　蔣中正先生倡導新生活運動，又增加《管子》的「禮、義、廉、恥（四維）」以配合八德，加強道德教育的實踐。六十年前，我擔任教育部長時，規定以禮、義、廉、恥四字爲各級學校的共同校訓，當時風行全國，一直到現在，各級學校的共同校訓仍然沒有改變。

外國人看到中國自身沒有典型的宗教，有的如佛教、回教、基督教及天主教等都是外來的，而人民的道德，並不低於其他有宗教的國家，在十四世紀時，中國已被西方人稱爲「禮義之邦」，這因爲孔子之施教具有宗教之實，而無宗教之名。公、誠、仁、中、行五個字，任何宗教，都要傳佈的，而我國之教育以孔教爲中心，已使天道人道合德，同源於誠，「誠者，天之道也；誠之者，人之道也」。

三、修己愛群並重，歸於求仁

《大學》一書，程子認爲是初學入德之門，使學者知人生之目的與責任，修己者乃爲愛群與善群也，如何修己，曰：以學問充實自己——格物、致知；以道德涵養自己——誠意、正心、具此二者，乃稱修身，己身既修，乃可使其家齊，進一步使其國治，更進一步使天下平。由小而大，由近及遠，正如　國父所謂：「人人當以服務爲目的，而不以奪取爲目的。聰明才力愈大者，當盡其能力以服千萬人之務，造千萬人之福；聰明能力略小者，當盡其能力以服十百人之務，造十百人之福。」與《大學》之程序相同也。

總之，中國之施教，修己者，爲愛群與善群也，絕無利己之個人主義之意義存在，而重倫理以求仁爲標的也。

> 仁者，人也，親親爲大。義者，宜也，尊賢爲大。親親之殺，尊賢之等，禮所生也。（中庸）

> 故君子不可以不修身，思修身不可以不事親，思事親不可以不知人，思知人不可以不知天。（中庸）

《大學》一書一開始教人如何明明德，進而作新民，最後以止于至善爲目的。德者，道之行也，道者人與人間通達之路，以達共生共存進化之大道，故曰：「道也者不可須臾離也，可離非道也。」又曰：「修身以道，修道以仁，仁者人也。」又曰：「德不孤，必有鄰。」由此更可了解，維繫人類共生共存共進化之大道，不可片刻離身也。由「修身以道，修道以仁」二語可知修己愛群，均不可以離仁也。

修身以達到君子爲第一步，君子與小人的分野舉例如下：

君子喻於義，小人喻於利。（論語）

君子居易以俟命，小人行險以儌倖。（中庸）

君子中庸，小人反中庸。（中庸）

君子周而不比，小人比而不周。（論語）

君子坦蕩蕩，小人常戚戚。（論語）

君子上達，小人下達。（論語）

君子泰而不驕，小人驕而不泰。（論語）

君子求諸己，小人求諸人。（論語）

第二步則修爲聖人。聖人則道德與學問均達最高峰，及其至焉，則「聰明睿智，足以有臨也；寬裕溫柔，足以有容也；發強剛毅，足以有執也；齋莊中正，足以有敬也；文理密察，足以有別也」。（中庸）

每個人如能修身，而親親，而仁民，而愛物，則社會自呈一片仁愛和諧之風尚，不亦善乎。

四、本末終始循序，允執厥中

《大學》首章，即以「物有本末，事有終始，知所先後，則近道矣」爲教，此乃指導爲人處事之要義，而免本末倒置，先後錯亂，以致浪費時間，使事無成，此爲士人所應道先重視者也。

再讀《論語》一書，首先指出「君子務本，本立而道生，孝悌也者，其爲仁之本與」！《大學》更以先後程序指明曰：「古之欲明明德於天下者，先治其國；欲治其國者，先齊其家；欲齊其家者，先修其身；欲修其身者，先正其心；欲正其心者，先誠其意；欲誠其意者，先致其知；致知在格物。」而又反覆言之曰：「物格而后知至，知至而后意誠，意誠而后心正，心正而后身修，身修而后家齊，家齊而后國治，國治而后天下平。」《孟子》復明白言之曰：「天下之本在國，國之本在家，家之本在身。」

我人既知物有本末，事有終始，則在事之進行中不可使之太過或不及，必須使之恰到好處，乃能使大多數人滿意，此之謂執中，故《中庸》一書曰：「中也者，天下之大本也。」是故堯以「允執厥中」四字傳諸舜，舜以「人心唯危，道心唯微，唯精唯一，允執厥中」十六字傳諸禹，其重要性有如是者。五百年後湯主政，亦以「執中」爲訓。復查孔子的著作，爲人文科學之集大成，處處以執兩用中爲教。固執己見，常有過與不及的錯誤，執兩而用其中於民，始可適合於大衆需求而無誤也。

中字以「恰到好處」爲定義，似爲適當，我們須知天下事的進展均走波浪形，而非一直線前進，出乎自然，故曰物極必反，其原因在此耳。

五、博學審問愼思明辨，尤貴篤行

孔子以「學不厭教不倦」自稱，而以「博學之，審問之，慎思之，明辨之，篤行之」教人，故能成為「至聖先師」，而又畢生將我國以往一千七百餘年（由堯、舜起）之中國文典，予以整理，分成六經，以利後人，故又被尊稱為「大成至聖」，以其集中國文化之大成也。

孔子說：「博學之、審問之、慎思之、明辨之、篤行之。有弗學，學之弗能弗措也；有弗問，問之弗知弗措也；有弗思，思之弗得弗措也；有弗辨，辨之弗明弗措也；有弗行，行之弗篤弗措也。人一能之己百之；人十能之己千之。果能此道矣，雖愚必明，雖柔必強。」（中庸）

孔子教人求學，學雖博仍或有所不知，故必須好問，問而能得，尤貴能慎思，明辨，最後能篤行之，否則「學而不思則罔，思而不學則殆」（論語）。為免遺忘，孔子復教人「學而時習之，不亦悅乎」（論語）！好學不一定成知，故僅曰「好學近乎知」。

孔子自己說：「吾十有五而志于學。」在其三千弟子中僅顏回一人，孔子稱之曰「好學」，不幸短命死矣，孔子哀之。

人的智慧，天生有別，「生而知之者上也，學而知之者次也，困而學之又其次也，困而不學，民斯為下矣」。（論語）

生而知之者能聞一知十，雖千萬人中難得見之，故仍以博學為訓，俾行時而有其基礎焉，故人能多讀書，則其行為可以免過。 國父以知難行易之道勉人， 蔣公以力行哲學，鼓勵國人，蓋均有所感焉。晏嬰以「行者常至，為者常成」勉人者，蓋空言不行，永無見其有成也。國父習醫，對自然科學知之甚深，但勉人對中華固有之德性智能從根救起者，蓋欲以科學方法闡明國學，再以科學方法迎頭趕上西方已成之科學也，如此，則學問不致落人之後，而永作新民而止於至善也。余本此道以辦理教育，首先鼓勵出國留學，故此後我國在自然科學方面，得諾貝爾獎金者已有五人之多，可以爲證。

參、結　論

一、中華文化，以天下（世界）爲著眼點，而以「大公」爲基礎，故易適合世人之所好，而歡迎之也。

二、中華文化，本乎天道，具備了宗教之精神，而無迷信之色彩，故與科學觀點不相悖。

三、中華文化，已早進至人類進化時期進化原則，故崇尙以德行仁之王道，反對以力假仁的霸道。

四、中華文化，重視本末先後之程序，認爲德是本，財是末；人是本，物是末；本末不可倒置，先後不可錯亂。

五、中華文化，崇拜智者、仁者、勇者，立廟以崇祀之。

六、中華文化，不崇拜富有者，惟對富而好施者讚揚之。

七、中華文化，不太崇拜武士，如關公雖爲民間所崇拜者，亦以「尙義」而著稱。

八、中華文化，重視倫理，尤尙孝悌，故民族綿延數千年而不斷，其人口亦繁衍至十二憶之多。

九、中華文化，重視助人，認爲助人爲快樂之本。

十、中華文化是今日中國和平統一的基礎，加強兩岸人士之孔孟學術交流，可以實現中國的和平統一。

有此十者，中華文化勢必爲世人所推崇，吾人其可不自勉乎！最後我以我所知，作一結論如下：

無私無我之「公」，成己成物之「誠」，立人達人之「仁」，不偏不倚之「中」，日新又新之「行」，斯五者，爲中華文化道統之精義亦即世人祈求和平之大道也。

中印文化對世界之偉大影響

壹、前　言

主席、各位先生、各位女士：

今天舉行中印友誼記念座談會，陶主任委員成兄要我來主講「中印文化對世界之偉大影響」，這個題目很有意義，在世界文化史上，在東西文化溝通史上，是個重要問題。祇是範圍太大，似乎還有人做過有系統而具體的研究。（國際東方學學者會議已成立一百年，對中印文化，不知有何種著作）其實在整個近代西方文明的形成期中，西方人對於中印文化並不在意。現代世界上只看到現代科學的效果，已經能登陸月球，於是遂認爲這一切的業績，都是從歐洲開始的，而開山祖師爲伽利略 Galileo 和維沙利 Vesalius，他們的結論說，智慧是由西方誕生。此種觀點，我們中印人士應該好好的研究，予以修正。我認爲人類對於自然的了解和人生的認識，中印民族是有過貢獻，而且是偉大的貢獻，只是西方人對中印文化不曾有過明晰的了解，直到現在恐怕還是支離破碎，一知半解。因此，當貫成兄要我來主講這個專題時，我答允了，一半是由於他的盛意難卻，一半是要爲這個問題貢獻一點意見。

這些年來，我因爲主持編譯過兩種書，一種是《孔子學說對世界的影響》，又一種是英人李約瑟博士的《中國之科學與文明》，前一種因爲資料不易蒐集，只出版了兩輯；後一種已出版了五册，還有五册已譯好正待排印，底下大概還有五六册，只因原書尚未出齊，在等待中。因此，我對於今天的專題略有所知，現在就我所知道的，分爲幾段來擇要說明，請大家指正和補充。

貳、中印文化的關係

在說明中印文化對世界的偉大影響之前，我想應該先說明中印文化的關係。

中印兩大民族生存在亞洲大陸，都已有五千年之久的歷史，世界上五千年的民族，到現在多已衰微，惟有中印兩大民族依舊子孫蕃衍，人口衆多。因爲這兩大民族的文化都是恢弘而愛好和平的，中印兩民族間，似乎從未發生過互相侵略的戰爭，所以中印友誼是值得紀念的。

中印文化的早期關係，由中國史料中所提到的，當在西元前一百多年期間，例如四川的產品輸出印度，早由張騫約在西元前一三零年所認出的，乃是經由滇印路線而到達大夏的，而佛教在中國約在西元七零年至一六零年間已出現。現在已有學者證明，由漢初開始，有許多東西早已經過雲南和印度的阿薩密 Assam 之叢林山嶺，向西運輸。印度人稱中國爲「震旦」Cinasthana，便是由「秦」Chin字而來。至佛教徒相互來往的時代，是從西元四世紀中開始，在西元三八六年，印度和尚鳩摩羅什由中央亞細亞到達中國，努力宣揚大乘教義，影響至大。由中國前往印度的人士，第一個最著名的是法顯，他於西元三九九年赴印，到了四一四年才回國，著有《佛國記》曾經譯成各種文字。第二次赴印的是北魏僧人惠生和宋雲，他們的遊記已散佚，有一部分保存在《洛陽伽藍記》書中。其後最偉大的是玄奘，這是大家所了解的。概略的說，我們可以認定由西元三世紀至七世紀，是偉大的中印時代，兩國的文化交流，互有影響。不過，中國民族在歷史上一向是樂於接受他人的文化，於是哲學方面接受了印度的佛教思想，而另創天臺宗、禪宗；在科學方面，接受了印度的天文、數理、醫學、藝術和工業，以充實自己的科學技術；都是取精用宏，未嘗忘本。至於印度的哲學思想是精神重於一切，惟在智慧上和精神上作修行苦練，希望求得與宇宙同生的善果，而中國文化的中心——孔子學說，是不輕易談天道的，主張敬鬼神而遠之，這是無補於印度人之修鍊，自不能有所影響，而且印度早期受希臘雅利安族的統治，十三世紀回教興起，十五世紀以後又遭受異族侵略，終至淪爲英國殖民地，受西方文化控制達二百年之久。統觀其民族歷史，千數百年中，都是隱忍求生，苟延殘喘而已。他們所受宗教的流毒也太深，如何更能接受中國文化呢？印度政府前總理尼赫魯在其所著《印度的發現》書中說：「中國和印度兩國數千年之交往中，……彼此互相影響發生作用。其中中國受印度文化的影響，可能較印度受中國文化之影響爲多。但因中國根底深厚，且具自信，能將其獲自印度之文化，融合於其生活內，構成中國特有之一體。如佛教與其艱深的哲學，傳入中國後，亦被孔子及老子學說思想所染化。……反之，印度並未學到中國人之人文主義，故未能領會中國人健全處世之常道，用以抑制人過份之幻想，大可惋惜！」這是非常正確的見解。

參、中國文化對世界的偉大影響

中國文化在西元十五世紀以前，可以說在世界各地區一路領先，僅是近代一二百年才是落後。那麼中國文化對世界的偉大影響，究竟是什麼呢？我在這裏祇能舉出幾項最重要的事例。

一、在科學方面，大家所最了解的是指南針、紙、火藥的發明，英國大思想家倍根 Bagon 在其《新方法論》中說：「我們對於各種發明的力量，就是印刷、火藥、和磁石，其結果已把整個世界的面貌和事物狀態全加以改變，第一種是對文學，第二種是對戰爭，第三種是對航海，而跟著這些發明的利用，結果引起無數的變遷。如此看來，世界上沒有一個帝國，沒有一個教派，沒有一個星宿，比諸這些機械發明能夠對於人事發生過更大的力量和影響的。」在李約瑟的《中國之科學與文明》第一册中，作了一個表，列舉「中國傳到西方的機械及其他技術」計有二十六種，其中西方落後的約略時間，以世紀計算，多的是十五個世紀，少的也有四世紀，只有金屬活動字模的印刷一項，就是現在印刷所用的，西方也落後一個世紀。李約瑟說：「爲什麼歐洲在西元後的一千四百年當中，從中國方面取得的技術如此之多，而大家對於這些技術的來源，卻又不甚了解？」又說：「倘若沒有中國古代科技的優越貢獻，我們西方文明的整個過程，將不可能實現。」

二、中國文化對于歐洲啓蒙時代的影響。歐洲十八世紀後半期，由於舊制度的反響，使思想界發生急劇的變化，史家稱之爲啓蒙運動。這種思想重視自然，尊崇理性，相信在政治及宗教方面，也可如科學一般找到自然律和眞理，他們要排斥一切相承的權威與傳統，要建立合理的自然哲學。在政治上倡導天賦人權，在社會上反對階級間的不平等。這種思想的淵源，史家都說是深受中國儒家學說的啓發，因此孔子被推崇爲十八世紀啓蒙時代的大恩人，所以整個十八世紀上半期，西方的學術研究中心，只以孔子爲對象。其中孔子思想最有深入研究的人物，如萊布尼茲 Leibniz、法蘭克 A.H. Frank-Cke、吳爾夫 Wolff，福祿特爾 Voltaire 等，都是當時最有影響力的思想家。

三、中國文化對於西方近代民主政治的貢獻。仁政思想是中國文化的特質，所以在二三千年以前就已有「民爲邦本」、「民貴君輕」的民主觀念。十八世紀中葉，即美法二國大革命前夕，中國文化在歐洲的流行，可謂達於極點，經過福祿特爾輩的闡揚，爲西方思想的新血液，以之爲推倒中世紀以來封建社會與貴族政治的武器。因新思想的鼓盪，終於掀起了美法二國的大革命，天旋地轉，世局爲之創新，這實在是足以大書特書的事情。民國三十一年雙十節，美國副總統華來是廣播演說有云：「中國哲學與其國民心習之趨向民治，對於西洋政治哲學實有重大之影響。美國建國之始，若干賢哲倡導革命，奠定憲政，其信仰與作風，直接挹取于歐洲，間接導源於中國，此種文化姻緣，美國人士現多茫然無知。」又題：「中國文化實爲啓發西洋民主政治之一源泉，亦爲創造西洋民主政治之一動力。」法國革命與美國革命本爲同一潮流，有互相促進的功用，法國革命文獻中以孔子學說爲印證的例子，則更爲顯著。一九九五年法國憲法中關于人民權利義務的條文裏有「己所不欲，勿施於人；欲人施己，先施於人。」這更可證明。

四、中國文化中重要因素對於現代歐洲思想貢獻最大的，據李約瑟所見乃是「自然有機體理論」Natural organism 或「自然的有機概念」Organic of Nature。他明白指出這種思想體系，乃是中國二千多年的哲學思辨之最高綜合，由《易經》發端，直到宋代的新儒學而達到最高峰。其中貢獻最大的當推朱熹。他能把儒道釋的思想融會貫通，完成哲學的綜合。朱熹認爲天地是積氣而成，其間萬事萬物的秩序是靠理的維繫，天地雖非一神所造，亦非一神所統，然並非幻化，乃屬實有，並且天命之謂性，當率性的聖人出現時，天命即表現在最高的仁義道德中。這樣有機的宇宙觀與科學思想是互相吻合的，所以李約瑟認爲現代歐洲科學思想的進展，得力於「有機自然論」者至大，歐洲學者到了十七世紀才開始把「神學的生命論」和「機械唯物論」之對立推翻，這種革命性的工作是受到「有機自然論」的影響結果。現代自然科學到了由機械的宇宙論進步至有機哲學時，世界學術遂突然進入達爾文 Darwin、菲理莎爾 Frazel、巴斯德 Pasteny、斯伯曼 Spewanm、浦朗克 Planck 和愛因斯坦 Einstin 的時代了。李約瑟特別指出這條思想路線，可以發見是由懷德海 Whitehair 回溯到恩格斯 Engels、黑格爾 Hegel，再由恩格斯。黑格爾可以回溯到萊布尼茲，而萊布尼茲的思想則還是來自朱熹，這是西方人士所未知的文化線索，也是中國文化對於世界之偉大影響。

肆、印度文化對於世界的偉大影響

印度文化就是佛教的思想體系，對於東南亞及中國日韓的影響是大家所熟知的，由於通商海路的開發，印度和希臘羅馬間的交通便利，文化交流，希臘的虔誠佛教徒也曾不斷的前往印度取經，所以歐洲人對於印度人的建樹，很早就有了公正的了解。

一、印度佛教思想對於世界影響最大的，可以說是時空無窮的觀念，無窮的空間即所謂三千大千世界，無窮的時間即所謂百千萬億劫。這些觀念對人類表示數字的方式大有影響，尤其是表示很大的數字的時候。印度文化中有「一花一世界」「一沙一國土」之說，這種構想對於哲學給予精微而博大的想像力，西元六世紀的「立世阿毗曇論」主要是討論日月運行，也可以說其所談的就是現代天文學的「光年」。「有比丘問佛尊：從閻浮提至梵處，近遠如何？佛言：比丘，從閻浮提至梵處甚遠，譬如九月十五日月圓滿時，若有一人在彼梵處放一百丈方石墜向下界，中間無礙，將待次年九月月圓滿時至閻浮提地。」這個時空展向無窮的觀念，也許就幫助了伽利略 Galileo 和克卜勒 **Kepler** 打破亞里士多德那一套刻板有限的世界觀。

二、自西元前二世紀間，希臘和印度接觸很多，希臘醫學的氣功說法與古印度的 Prana 學說極接近。僞智主義 **Gnosticism** 和新柏拉圖主義 **New-Platonuim** 都充滿了印度的特質。至於印度文化的形式邏輯和辯證邏輯，中國都接受了，受到影響很大。而在西方，則黑格爾曾特別聲明：他的矛盾對立的邏輯，有印度邏輯的淵源。

三、印度佛教藝術的風格特質，對於亞洲各地區的影響很顯著，尤其是中國畫和塑像雕刻。對於西方，則自從亞力山大在西元三二三年死亡後，希臘繼續支配著大夏和康居幾二百年，其時大夏的希臘人具有偉大的藝術傳統，而由於這種傳統與印度藝術主題和內容渾融之故，乃產生「希臘佛教犍陀羅學派」，對此後西方藝術也發生了影響。而受印度影響的中國藝術形制，於十八世紀時，對於歐洲裝飾和圖案之影響，更爲強烈和顯著。

四、西元前二世紀大乘興起後，因爲注重減輕衆生的痛苦，因而引起醫藥方面的科學研究，印度的藥用植物學等書，在唐以前已譯成中文。其次，中國對於「化石」的認識，在唐代已有，遠比歐洲要早，可能是由於印度之「劫」的觀念使然。佛家認爲世界要一再遭劫，世界經過海翻陸沉至於混亂之後，再慢慢恢復正常狀態，這樣週而復始的循環，有四個階段，即成、住、壞、空。這個理論啓發了中國人對化石學的研究。佛教也把這理論傳播到希臘。因此，希臘思想中也有世界多少年遭火劫的說法，現代天文學家如de Sitler等根據種種理由，認爲我們的宇宙可能確經過一連串的週而復始的擴張和收縮的變化。此外如佛教的輪迴轉生之說，引起了中國人對昆蟲變化的了解，例如青蛙和鳥類化生的理論，從佛教觀點來看，如果鳥可以辨成蛤貝，則作惡多端的人惡業太重，自然也可以下墮畜牲道，甚至會變成餓鬼，這就是生命輪迴的結局。又由此想到生命輪迴的開端，因而研究到胚胎學，這又近似基督教神學理論所謂「靈魂入胎，原罪之遺傳」，對於歐洲胚胎學的影響。

伍、中印文化的現在與將來

總之，中印文化對世界之影響，在過去確是偉大的，可惜近一二百年來，由於西方物質文明的突飛猛進，中印均偏重于精神文明，相形之下，顯然覺得落後了。在政治軍事及經濟上更是失敗，印度曾經淪爲英國殖民地，中國也曾成爲列強的次殖民地，直到今日，中印兩大民族雖不是一蹶不振，但至少還是過著流離顚沛受苦受難的生活。今天我們紀念中印友誼，實在是非常沉痛的，也可說是「患難之交」。我雖數說了我們祖先的一段光榮史實，可是我仍希望大家不要過於懷念過去，應該瞻望將來，努力於「迎頭趕上」的工作。

中華文化復興運動的推行，以倫理、民主、科學三者爲綱領，數年以來，雖然還少顯著的績效，如果全國各機關團體都能依照這個綱領，群策群力來實施，總可望得到成效。當此科學發達的時際，現代的佛教徒更應該要求得信仰與科學的協調，一如當年歐洲基督教與科學的調和，同樣的朝著「迎頭趕上」這方面去努力。

總統說：「須知此次世界大戰最後的效果，無疑的歸結於文化，所以此次戰爭亦可說是文化戰爭，歐美三百五十年來民族主義與社會主義的成敗興亡，皆在此一役；中國五千年悠久的文化及其道德精神之興廢，亦以此役爲試金石。此戰役若不失敗於侵略主義的魔手，則人類文明即將刮垢磨光，而中國文化亦必發揚光大。」中國文化如此，印度文化亦如此，在此文化戰爭中，中印文化聯合起來，自然是世界上最雄厚的主流。我很希望中印兩大民族能遵奉三民主義和甘地主義，並肩前進，則中印文化的將來，必能復興而發揚光大了。

世界新文化之展望

民國六十年冬，美國聖若望大學邀請陳立夫先生赴美講學，除英文講詞已列爲該校《亞洲哲學叢書》第五種外，中文稿亦經紐約中華文化復興運動促進會出版《文薈》第十四期《中國文化四講專輯》，在美流傳，國內人士，反難獲睹，爰經本學報編輯委員會決定，轉載全文，以饗讀者。

原稿中稿篇首，《文薈》編者附有小言，爲全文提挈綱維，作綜合之說明。其言如次：

本市（所指爲美國紐約市）聖若望大學爲慶祝中華民國開國六十周年紀念，特請陳立夫先生於六十年十月十六日至十一月十六日，每星期六演講一次，每次兩小時，共計四次，聽講者均爲在該校亞洲研究中心專攻中國歷史與文化之碩士及博士學位候選人，共約六十餘名。講後自由討論，學術空氣，至爲濃厚。

陳先生在第一講中，指出自然科學極度發展所產生之危機，說明中國之精神文明爲救世良藥，從而闡述人之所以爲人之特徵，以及國父對達爾文、馬克斯學說之批評。第二講在申論中華文化之特質時，演述認識宇宙間生存之原理，人法天地之得以成道統，及先立其本，以誠、信、中、行四者樹人，歸論到以道德倫理爲基礎，民主與科學乃能造福人群。第三講強調西方文明走向歧途之危險，半由於經驗與認識不夠，半由於重商結果。陳先生在第四講中，主張中西文化如能誠意交流，足爲人類謀福利。他特別指出：『西方人由於文字的隔閡，對於中國文化，除少數大學問家著文推崇外，極少有研究，自難了解。對於雙方文化交流，亦未見作有計畫的推進，殊爲可惜。最近英國歷史學權威湯恩比。發表其對世界未來之看法，推測中國文化能平治未來世界。余認爲中西兩方以往在無意中，已盡了分工之能事。一者從事於「盡人之性」之工作，一者從事於「盡物之性」之工作，各有其偉大成就。若能從此「愛其所同，敬其所異」，由分工而合作，必能互補缺陷，造成一世界新文化。人類和平幸福，實利賴之。四次演講，一氣呵成。講詞均用英文。將由聖若望大學出版部印行專册，列爲，《亞洲哲學研究叢書》第五種。茲將中文原稿，披露於下，敬乞讀者注意爲荷。

又立夫先生所著《四書道貫》英譯本，已由國立政治大學及美國聖若望大學合作出版。內容精審，爲溝通中西文化的津梁。欲購者，請函詢紐約 Jamaica 郵區一一四三一郵政信箱二五二號『文薈』經理部。或台北市商務印書館。」

「文薈」所載，每一講各列講題；通讀四次講詞，實脈絡貫通一氣呵成之篇，因請陳立夫先生合四講立一總題爲「世界新文化之展望」。

第一講　孫中山先生發明人類進化論對於世界之影響

壹、自然科學極度發展所產生之危機

二十世紀的下半期，是人類史上變化最大的時候。由於自然科學無論在理論上或應用上，均有突飛猛進的成績，使人類對於大自然的認識益加清楚，控制益加確實，因之人類對於宇宙奧秘的探索，更增強自信。原子能之被控制，是證明人類已掌握著宇宙間最大的動能，可用以建設或破壞；合成化學之種種發明，是證明人類乃有取之不盡用之不竭的資源。人類既能創造或控制宇宙間之動能和物質，還有何事不可爲？唯一可慮者，爲人類壽命有限，難以長享此類成果；但是醫藥方面也借了各方面科學進步之光，加以本身也有不少驚人的發明，使人類死亡率逐漸下降，平均年齡有顯著的延長。將來即使地球上有人滿之患，也可用電腦計算方法、登陸月球技術，移民到其他星球，所以「科學萬能」的觀念，已經深深地印入人們的腦海中央。

不幸地在這個科學時代中，人們忙於研究物質，自己反而在物質文明中被遺忘。科學不斷地在洩漏天機，侵犯了神的境界，在神的庇護下的道德信仰因而動搖。人被物質所誘惑、所陶醉、所催眠，除物質之外，不再對其他感到興趣，結果，人類心靈之產物，而爲普通動物所無者，例如理知性（或稱理解力）、道德性、形而上的神性等，非但無進步，反而較前曚昧起來，正如吾國祖先所警惕我們的話，所謂「良知爲物慾所蔽」、「利令智昏」等。心目中時時念著物、追求物、縱慾以獲取物，就不知不覺地陷入物的陷阱，成了物質世界的奴役，把自己以往已經獲得的自由失去了，於是智慧不再向最高度之形而上領域發展，人生之理想境界不再存在了。於是精神生活從內部腐亂，人格隨之而瓦解。造成人類幸福的物質文明，竟成了人類文明的尅星，使人類生活走向枯燥、厭倦，甚至於恐怖，精神生活終至喪亡而已！不獨此也，人們竟誤認爲人文科學亦應和自然科學一樣地日新又新，因此對於以往數千年教育家、宗教家，本於人類生存經驗，苦口婆心，以身作則所定下來的「人之所以爲人」的種種教條，企圖一律予以推翻，美其名曰「回到自然」；其實是由文明回到野蠻，其結果宗教更失去信仰，道德日愈趨於墮落，人慾橫流無阻，青年意志頹喪，人類之前途，慘淡無光矣。

貳、中國之精神文明為救世良藥

在世界另一方面有一個國家名叫中國，他的精神文明到今天還沒有受到物質文明的壓迫，正在努力對物質科學迎頭趕上。他在兩千五百多年以前，已經重視倫理，不依賴神來維持道德的信仰，他的一切研究，都以人爲中心，他認識了宇宙是一個「生生不已」的大動體，共生共存共進化（道）乃是人類歷史進化的重心，天地間一切物質和法則都是爲民生（多數人共生共存）而開始發生效用的，所以《詩經》裏有如下的說法：「天生蒸民，有物有則，民之秉彝，好是懿德。」他從變動不已的宇宙中發現的一個最大的眞理，作爲傳國之寶，這就是堯帝（二三三〇—二二二〇B・C）開始拿來傳給他所禪讓帝位的舜的四字訣「允執厥中」，這個「中」字，代代相傳，直到孔子的孫子子思才筆之於書，稱爲《中庸》，以授孟子，後儒譬「中」爲「天下之正道」，並譬「庸」爲「天下之定理」（程頤注）。

何以「中」如此的重要？因爲在動變的環境中，時時調整是最需要的，否則失去了平衡，就會影響生存。「中」是調整的動作，也是調整的目的，調整而恰到好處謂之「和」，所以說：「致中和，天地位焉，萬物育焉。」（中庸）

今天人類文明所遭遇之危機，顯然是精神與物質失卻平衡，本末倒置，先後錯亂之結果，使人失去人之所以爲人的特點，而復回到禽獸之林，成爲物質之奴役而不自知，重返認識人之道理，實爲當務之急。

參、人之所以為人之特徵

但是認識人，確是一件極難的事，我們若僅憑科學方法去研究，祇能在物質一方面去衡量他的某些幅度，而其他幅度，則僅能感受，而無法衡量。我們對於一個人的身高、體重、音響、視力、體溫、膚色等等，雖能衡量得之，但無法量出他道德的感召力，人品的高度、理想的深度、愛心的強度等，因爲這些都屬於性，而不屬於質。但是，誰都會承認這些屬於精神方面的特點，對於人之所以爲人的重要性，乃遠勝于物質部分。我們所看見的一個人，在形體方面來說，一切似乎都是定型的，其實無論在生理或心理上，無時無刻不在動不在變，一面在流逝，一面在化育，雖然他的生命是在有限時間中存在，但是他身上卻遺傳下來人類整個的過去，也種因下去人種悠遠的未來。

科學研究至多能抓到他始終在蛻變的一剎那，而無法得到其全貌。他雖然佔領了形體所需要的空間，度過了生命所需要的時間，但是在心理上或精神上，他有他自己的空間和時間，不受牽制於一般所了解的時間，而能超脫或趕上他，而且也不受任何自然力所支配，他在宇宙中是萬物之一，在動物中是動物之靈，自然他和物質世界的一切，息息相通，相依爲命，卻又可以完全不受其支配。他的某一部分官能，可以遠不及某一動物之優越，但是，他憑他最發達的腦，和最靈活的手，能創造物，能發掘能，來控制了大自然的偉大力量，繼續不斷創化他自己的前程。

我們若憑動物學一般分類標準來處理人，是不妥當的。人的特徵若僅從外表來舉例，又屬不少。例如：人的直立姿態，能以手取物，能取火熱食，能手拿刀斧砍物，言語之外能用文字等等。但是這些還不足以作人獸差異的標準，其最足以顯示人爲萬物之靈處爲：㈠人能不憑本能（性）而生活，而能以意識或是理智導引其本能（率性），以達致人類共生共存共進化（修道）之目的，㈡人能發現他比各人生存更崇高更偉大的生命或世界，而能不顧一切向前去追求，甚至於犧牲一己之生命亦所不惜。前者是控制其本能，後者是超越其本能，這才是人之所以爲人的特徵，而具有宇宙之寵兒的資格。

肆、國父對達爾文、馬克斯學說之批評

從十九世紀末葉起，人類的進化，受了嚴重的打擊，達爾文(Darwin, Charles Robert 1809-1882)經過了二十多年用科學方法去研究和觀察，著作一書名曰：《物種由來》(The Origin of Species)（後人譯爲天演論），發明物競天擇之生物進化理論，這不能不算是科學家從物質的研究進一步作生物的研究，他的結論爲優勝劣敗，弱肉弱食，因爲是創作，竟成了風靡一時的眞理。這時候正是帝國主義者逞強欺弱，處處發展他們的殖民地政策，達爾文的理論恰好成了他們的出師表，名正言順底以強凌弱，侈言強權就是公理，不啻替天行道，而不知這一說法，竟將人類進化的原理推翻了，因之使人類進化倒退了一世紀之久，使人類復歸於獸化。國父有兩段話，最能表達達爾文的謬誤。

一、「循進化原理，由天演而至人爲，社會主義實爲之關鍵，動物之強弱，植物之榮衰、皆收之於物競天擇，優勝劣敗，進化論者遂舉此例，以例人類國家。凡國家強弱之戰爭，人民貧豐之懸殊，皆視爲天演淘汰之公例，故達爾文之主張，謂世界僅有強權而無公理，後起學者，隨聲附和，絕對以強權爲世界唯一之眞理。吾人訴諸良知，自覺未敢贊同，誠以強權雖合于天演之進化，而公理實難泯于天賦之良知，故天演淘汰，爲野蠻物種之進化。公理良知，實道德文明之進化也。社會組織不善，雖限於天演，而改良社會組織，或者人爲之力尙可及乎！」（社會主義派別及批評）

二、國父以爲「進化之時期有三：其一爲物質進化之時期，其二爲物種進化之時期，其三則爲人類進化之時期。元始之時，太極（此用以譯西名以太也）動而生電子，電子凝而生元素，元素合而成物質，物質聚而成地球，此世界之進化之第一時期也。今太空之天體尚在此期進化之中，而物質之進化，以成地球爲目的。吾人之地球，其進化幾何年代而始成，不可得而知之也。地球成後而至于今，按科學家據地層之變動而推算，已有二千萬年矣。（按最近國際各學會用種種科學方法測量計算地球之年齡爲四十五億年。）由生元之始生以至於成人，則是第二期之進化。物理由微而顯，由簡而繁，本物競天擇之原則，經幾許優勝劣敗，生存淘汰，新陳代謝，千百萬年，而人類乃成。人類初生之時，亦與禽獸無異，再經幾許萬年之進化，而始成長人性，而人類之進化，於是乎起源。此期之進化原則，則與物種之進化原則不同，物類以競爭爲原則，人類則以互助爲原則。社會國家者，互助之體也，道德仁義者，互助之用也。人類順此原則則昌，不順此原則則亡，此原則行之於人類當已數十萬年矣。然而人類今日猶未能盡守此原則者，則以人類本從物種而來，其入於第三期之進化，爲時尚淺，而一切物種遺傳之性，尚未能悉行化除也，然而人類自入文明之後，則天性所趨，已莫之爲而爲，莫之致而致，而向互助之原則，以求達人類進化之目的矣」。（孫文學說第四章）

國父將人類進化與物種進化兩大不同之原則闡揚出來，使人類別於禽獸，異於物種，而復歸於人。這是在二十世紀學術史上最大的發現，因此在民族主義光芒之下，帝國主義氣餒了，殖民地紛紛起而獨立了，人類之自由平等向前復邁進了一步，今後人類能不能向正當途徑進化，全在於人類能否眞正自覺，具有人的自尊心，而於反「回到獸化」的戰鬥中，永遠不投降。確認一切對於物慾或肉慾無勇氣去制勝，都是摧殘人類精神文明的邪說，妨礙人類進化的罪惡；反之，其能勇敢的在時代之前大步向精神自由、理智復活方向邁進的，都是人類文明的救星，領導大家從肉體和物質的束縛中解放出來。

馬克斯(Marx, Karl 1818-1883)亦以科學方法作長時間的研究。其所得之結論，認定了人類文明史，祇可說是隨物質境遇的變遷史，所以物質是人類社會歷史進化的重心，而階級鬥爭是社會進化的原動力，這一理論，顯然是用以對付對外的帝國主義和對內的資本主義，於是又風靡一時，以後竟成了共產主義者美其名爲解放人民之世界革命，實則用以作奴役人類的理論基礎，將人類蘊藏而不敢發作的獸性復活起來，又將人置諸于物質桎梏之中而不能自拔。這顯然又將人的地位抹殺了，將人的創造能力遺忘了，所以　國父予以批判。其言如下：

三、「照歐美近幾十年來，社會進化的事實看……經濟的社會之所以有進化，是由於社會上大多數的經濟利益相調和，不是由於社會上大多數利益相衝突。社會上大多數經濟利益相調和，就是爲大多數謀利益，社會才有進步。社會上大多數的經濟利益之所以要調和的原因，就是因爲要解決人類的生存問題。古今一切人類之所以要努力，就是因爲要求生存；人類因爲要有不間斷的生存，所以社會才有不停止的進化。所以社會進化的定律，是人類求生存，人類求生存，才是社會進化的原因。階級戰爭，是社會當進化的時候，所發生的一種病症。這種病症的原因，是人類不能生存，因爲人類不能生存，所以這種病症的結果，便起戰爭。馬克斯研究社會問題有所心得，祇見到社會進化的毛病，沒有見到社會進化的原理，所以馬克斯只可說是一個社會病理家，不能是一個社會生理家」。（民生主義第一講）

四、「再照馬克斯階級戰爭的學說講，他說資本家的盈餘價值，都是從工人的勞動中剝奪來的。把一切生產的功勞，完全歸之於工人的勞動，而忽略了社會上其他各種有用份子的勞動。……由此可見，所有工業生產的盈餘價值，不專是工廠內工人勞動的結果，凡是社會上各種有用有能力的份子，無論是直接或間接，在生產方面或者是消費方面，都有多少貢獻。這種有用有能力的份子，在社會要佔大多數。……就令在一個工業極發達的國家，全國的經濟利益不相調和，發生衝突，要起戰爭，也不是一個工人階級和資本階級的戰爭，是全體社會大多數有用有能力的份子和一個資本階級的戰爭，……所以馬克斯研究社會問題，只求得社會上一部份的毛病，沒有發明社會進化的定律」。（民生主義第一講）

國父發明了社會進化的定律，是人類求生存（民生），而不是物資，所以馬克斯以物質爲社會進化的重心，顯然是錯誤的，階級戰爭，更是進化過程中的病症，不能當作進化的動力。生存當然應該包括精神和物質，物質何能單獨成爲進化的重心？他將人類向上向善的人性脫去，而鼓勵向下爲私的獸性復活，無怪乎馬克斯主義的社會中，充滿了仇恨、殘暴、殺戮、鬥爭、恐怖、而無絲毫生氣存在，因爲誤認重心不是生存，而是物質，爲物質而爭鬥，而又忘了爲社會最大多數人的利益著想，徒知一己之私利是圖，上下交征而社會危矣。

達爾文與馬克斯都是在十九世紀用科學方法，費了二十多年的功夫研究進化論者，前者是將人類和禽獸等量齊觀，鑄成大錯，使帝國主義者憑藉其學理，以奴役弱者，自命優者，使全世界弱小民族，受了一世紀多的痛苦；後者是將人類置之於物質桎梏之下，爲爭利而互相殘殺，再度鑄成大錯，使共產主義者憑藉其學理，以奴役人類，「以暴易暴兮，不知其非矣」！若非吾　國父以天縱之聖，指正其錯誤，則人類之浩劫，不知將伊于胡底？而　國父之所以能洞燭其謬誤，則由于其對中國文化之徹底瞭解，而又能集中西文化之大成，故欲挽救今日人類之厄運，必須從中國文化中求得人之所以爲人之至理。

當　中山先生發明此一原理之時，中國正在受世界所以帝國主義者之聯合欺凌，而淪爲次殖民地。滿清政府，內則專制腐敗，外則喪權辱國。　中山先生赤手空拳起而革命，以三民主義爲號召，深信正義必勝強權，眞理永植人心。凡能順乎天、應乎人，適乎世界之潮流、合乎人群之需要，而爲先知先覺者所決志以行之者，未有不成者也。全國志士，咸起而受其領導，深信其思想與主義，不僅可以救國，且能救世界。遂奮不顧身，與阻礙人類生存進化之腐惡勢力，作殊死之爭鬥。於是滿清專制政權被摧毀矣；東亞第一個民主政權被建立矣；

蔣總統繼承其遺志，繼續領導奮鬥，於是軍閥封建勢力被肅清矣；強鄰日本之侵略被擊敗矣；不平等條約幾全被廢除矣；五權政制確立矣；平均地權開始實施矣；所遺憾者，中共勾結蘇聯，使蘇聯以往對中國所強佔之土地，尚未歸還。中共雖聲言必須收回，但迄無事實足徵，僅成爲欺騙人民之口號而已。綜上所述，固無一非此一人思想變成國人普遍之信仰，進而成爲不可抵禦之力量有以致之也。世人昧於強權，忽視道德，而不知道德仁義爲人類生存之所繫，其力量之大且久，豈武力金錢之力所能敵哉？

試觀今日之聯合國，其組成之國家，已逾一百卅個單位，其中大多數曾爲帝國主義者之殖民地，今已享受到平等自由之幸福矣。考其原因，當開端於開羅會議，第二次世界大戰之結束，實爲一轉捩點。蓋若無中國之革命，中國決不敢對日抗戰，則中國之自由平等不可得；中國有獨立自由平等，乃有亞洲各殖民地國家之獨立自由平等；有亞洲國家之恢復獨立自由平等，乃有非洲各殖民地國家之獨立自由平等；程序昭然，無庸置疑。帝國主義者之失敗，實非「以暴易暴」之共產主義者宣傳滲透之功，而爲三民主義實現之示範有以致之也。今日之聯合國，苟不明其本身基礎何在，而唯力是視，唯利是尙；其會員亦不知其立場爲合，亦不爲生存原理（道德）作保障，則聯合國必蹈國際聯盟之覆轍而解體，可以預卜也。

美國承受開國遠視諸祖先之餘蔭，其國機雖以商業爲中心，尙不循「惟利是圖」之路線以定其國策，故能與吾國站在同一之奮鬥目標，並維持與吾國傳統之友誼。不幸最近受姑息主義者之影響，竟擅自放棄其盟友，向惡勢力低頭，牽引聯合國會譴責爲侵略者之中共爲會員，誤認其可以代表大陸七億之人民。如此黑白不分，原則放棄，其將何以領導自由世界組織奮鬥耶？是無異投降而已。聯合國即引狼入室，將從此多事，重心一失，圖存爲難矣。中共勢必討好弱小國家，擺佈于美蘇兩大之間，成舉足輕重之勢，世界之黑暗時期將復來臨。吾人固不必因此灰心，仍一秉不移之信念，根據人類進化之至理，繼續奮鬥，最後勝利，終必屬於吾人也。

第二講　中華文化之特質

上講余曾闡述　孫中山先生之偉大發明，以證明人類進化應循之途徑。惟欲了解　孫先生何以會有此發明，不得不研討中國文化之特質。

中國是世界極古老國家之一，她有五千多年有記載的歷史文化而未曾中斷；她擁有七億多的人民，其極大部分在亞洲，少數散播在全世界各地，不但自己能和善相處成爲一家，而且能適應任何環境和其他民族和諧相處；她自己沒有具有形式與組織的宗教，而能具有高尚的道德，且能包容外來的宗教使之並存不悖；她能夠把侵略她的民族同化，而最後成了她的一部份，例如蒙古滿州等民族是也；她能使不易受人同化的民族全部放棄她們自己的習慣傳統，而甘爲中華民族之一部分，例如猶太民族是也；她對於道統的重視遠勝於政統，而固執不捨；她認爲有德並有智者始有資格作統治者，所以她輕視無德者而反抗之；她認爲可大可久之道，才是安邦定國之理，武力不足以服衆，自難持久，故不可恃，是以崇王道而貶霸道；她相信金錢爲人生所必需，惟爲末而非爲本，惟有德才可稱爲本，故有「德本財末」之信念；她相信國家民族的基本組織是家庭，絕對不可任其破壞，淫欲是破壞家庭的基本因素，故稱「萬惡淫爲首」而摒棄之，以孝悌爲齊家之要道，而崇尚之；她相信樹人是萬事之先決條件，不可絲毫疏忽，故以修身爲人人之天職等等。

吾人如果承認自己是一個科學家，就應該對于以上所列舉的事實，作一番研討，以明其何以致此，不可如一般無知之人以「中國之謎」作爲答案，而放棄責任。所可惜者，中國文字自成一體系，即藝術而又科學，不容易爲西人所了解，因此使之對中國文化非常隔膜，亦就是因爲這個原因，我願意爲諸君作一簡單扼要的敘述。

要了解中華文化的特質，必須先了解中華民族精神與文化傳統之哲學基礎，然後才能知道「道統」之所指，文化的特質才能顯現出來。《易經》及《中庸》兩書，是最低限度應該讀過的。

壹、認識宇宙間生存之原理

吾國祖先在悠長的歷史中，憑其高明的智慧，和豐富的經驗，對於宇宙的眞理，有如下的創見：

（一）宇宙是一「行」健不息時時在變（易）的大生命，人不過是這一大生命中的一個小生命單位，其生存原理是相同的。其動力亦是同一來源，稱之曰「誠」，「天人合一」之理始於此，所以說：「誠者，天之道也；誠之者，人之道也。」

（二）「上下四方之謂宇」，是指三進向的空間；「往古來今之謂宙」，是指第四進向的時間，所以宇宙就是時空。在此時空中的萬有，莫不有其長短久暫不同之生命。生命的先決條件，是質與能，由乾元（陽）與坤元（陰）二者之配合而形成其體，由時間與空間適應，以完成其用（易稱陰陽時位），前者以「致中和」爲歸，後者以「致中正」爲尙，二者均須時時調整以遂其生，故「中」之用大矣。

（三）在天，其表現爲「高明」而無所不覆；在地，其表現爲「博厚」而無所不載，以時空言則爲「悠久」與「無疆」，是爲「公」而無私，即「大」且「久」，生生不已的象徵。

（四）無數生命共同存在宇宙之間，集體在變動，個體亦在變動，一經「行」動，勢必難免有所衝突。如何才能各得其所，各遂其生，必須各別自動調整，以達共生共存共進化之效，其互助之義曰「仁」，其調整之功曰「中」。（致中和，天地位焉，萬物有焉。）

（五）此種不斷調整（時中）之「行」動，有時須向上（以「火」有炎上之性作代表），有時須向下（以「水」有潤下之性作代表），有時須伸展（以「木」有向四方伸展之性作代表），有時須收斂（以「金」有凝集結晶之性作代表），有時須中和（以「土」有平而不傾之性作代表）稱之曰五「行」。合五行而言成一正弦弧。(Sine Curve)

（六）凡一切可以命名的事物，都是相對的，故均可以陽（⚊）陰（⚋）二符號代表之，例如：天地、剛柔、動靜、老幼、質能等二者雖有相互盈虛消長之變化，終屬相依而存在。如一方面完全失去存在，則相對一方亦難單獨生存，所以說孤陰不生，獨陽不長，一陰一陽才有生命，二者之間才有了「道」。

（七）相對的任何一方面極度的發展，可能走向相反的一方面，例如連續三次向左轉，就向了右，繼續不斷向東飛會往西去，所以說「物極必反」，「否極泰來」，若欲求廣生與長生，須得無過亦無不及，而以「中庸」爲貴。

（八）相對之事物，雖云同時存在，須有本末之分、先後之別。舍本逐末、必有礙於生存。

（九）組成集團（多）的單位稱爲個體（一），二者雖似相對，實爲具體而微大小不同的並存體，不容分立，所以說天下之本在國，國之本在家，家之本在身，而修身爲的是齊家，進而治國，更進而平天下，故無「一」與「多」之爭論。

（十）由太極而兩儀，而四象，而八卦，而六十四卦，是說明一切事物在生命過程中由簡而繁所經之各種可能的變化情況而示人以應變之方針。

貳、人法天地之德以成道統

由於上述諸點之認識，人類爲生存計，須得配合天地生生之「德」，而以天地萬物爲一體之「仁」，大公無私，遵循共生共存之大道，奠定倫理之基礎，並發揮天賦的生命原動力之「誠」，隨時率性與修道以達成己（正心修身）成物（齊家治國平天下）之效，而以無過無不及之「中」，以調整其「行」健不息之動，使之恰到好處，各遂其生。誠、仁、中、行，遂成爲宇宙之生存原理，人類法之，以達其生存之目的。

堯帝法天以成其大，而以「允執厥『中』」傳諸舜帝，舜以大孝著稱，而以「人心惟危，道心（仁）」惟微，惟精惟一（誠），允執厥『中』」傳諸禹，禹以致「誠」不息公而忘私之精神，使洪水平，湯執「中」，文武施「仁」政於民以示範於後世，周公爲文武全才外膺夷狄內修禮樂（德教），爲國家奠統一之基業，及孔子而集吾國文化之大成，以「誠」、「仁」、「中」、「行」，爲立教之中心，成爲數千年來吾民族之道統，並形成大剛中正之民族特性，亦即　孫中山先生所欲繼續發揚之歷聖所遺傳下來的正統精神。

因此，吾人可以瞭解所謂道統者就是將人類生存之大道（原理）流傳下來，爲子子孫孫所遵守。孔子與　孫中山先生均爲闡揚此一大道的時代繼承者。我們才知道中國文化何以能一脈相傳，而其他文化則中途而斬，是因爲中國文化是代表人類生存之眞理，祇要人類不斷要求生存，則中國文化亦能永久生存。中共企圖用文化大革命方法來打倒他，是與生存原理爲敵，無異以卵擊石，自取滅亡，絕難有成，其一切作爲，僞而不誠，暴而不仁，偏而不中，行而悖禮，尤其與中國文化精神完全背殊，不亡何待。中國文化不但重視人類生存，而且進一步求達致優生廣生與長生，所以中國能集結七億人爲一家，持續五千年光榮歷史而不墜者，其原因在此。中國文化特別著重本末先後之道，何者爲本，則固執之不使去，何者爲末，則兼顧之而不使之本末倒置，這是特點。其對於相對之事物，因時因地制宜，而雙方兼顧，免走極端，以免適得其反，這是又一特點。所以可以說中國的文化是以人爲研究對象的文化，所有發明與成就，均偏向此一方向。對於物的方面，以往創造發明甚多，後來不免疏忽了些，雖然吾祖先說「惟天下之至誠，爲能盡其性；能盡其性，則能盡人之性；能盡人之性，則能盡物之性……」又說「誠意、正心」始於「格物」。並在治國平天下之九經中，特列「百來工」之一經，以此爲能使「財用足」，以示精神與物質不宜偏重，不料仍有此一疏忽，終致其文化停留在盡人之性，而不作進一步之功夫以盡物之性，自然科學因此落後了兩百多年，陷國家於貧弱若此。前者　孫中山先生認爲要從根救起，後者認爲可以迎頭趕上。這就是文化復興運動在臺灣推行之目的也。

參、先立其本，以誠、仁、中、行四者樹人

中國文化即以人如何能共生存爲研究主題，則下列數問題自然要首先著眼並求得結論：

一、人與人的關係可分爲幾類？每一類的關係應如何維繫？

（答）大致可分爲五類，稱之爲五倫，或人倫，或稱之爲五達道，即一父母與子女，二兄姊與弟妹，三夫與婦，四長官（君）與部屬（臣），五朋友與朋友的五大類。其各種關係之正確維持爲一父母慈子女孝，二兄姊友弟妹恭，三夫婦和，四君仁臣敬，五朋友信。此之謂倫理。

二、人與人共生共存的基礎爲何？

（答）相愛——仁，相知——智，相助——勇。三者則以仁爲中心，稱之謂三達德。

合以上五達道三達德二者而言，乃知「道德」二字之眞義。其定義應爲「道德者，人類共生共存之原理（或大路）與應用也」。人類循此則存，捨此則亡，故曰「有德此有人。」中國文化之所以重視道德與倫理者，其義在此。人之成敗，家之興衰，國之存亡繫焉。中國人認爲人之所以異於禽獸者，以其能弘道明德而重仁義（「仁者，人也」、「人之所以異于禽獸者爲知義也」），故寓宗教于教育之中，不必藉宗教之力以達德育之效也。

三、道德即以「仁」爲中心，其實踐應從何處著手？

（答）應由小而大，由近而遠，故應從仁愛之源之「孝悌」著手，故曰：「君子務本，本立而道生；孝悌也者，其爲仁之本與！」（見論語）因此中國文化重視家庭，重視孝悌，其順序爲親親而仁民，仁民而愛物，先奠其基礎，則本末無倒置之虞。

四、共生共存之實現，雖責任在雙方，要亦在各人能先盡其我，究如何能使智仁勇三達德之見諸實行？如何使自己先成爲一個完人？

（答）「誠」而已矣。誠則無自欺，誠則擇善固執，誠則自強不息，誠則成己而又成物，故誠意遂爲修身之前提，不誠則無物能存（誠者物之終始，不誠無物）。人能誠意與正心，則身自修，身修則小而爲君子，大而爲聖賢，是謂成己。更以德智兼修之身以齊家，進而治國，更進而平天下（即王天下），是謂成物。此即「內聖外王」之道，是爲人人應具之人生最高理想，而以擇善固執之「誠」（信仰）求其實現，中庸對於誠之種種說明，與西方聖經對上帝之種種說明完全吻合。

五、人與人共處需相知與相愛，但必定隨時隨地有事有物之待解決者，應根據何種原則以解決之？

（答）爲使雙方滿意，必須不偏於任何一方面。不偏之謂中，故「中」爲處理及整齊事物之最高原則。換言之，合理而恰到好處之謂中，故中國文化崇尚中道，不喜走極端，從易理認清物極必反之原理，欲求事物存在之可久，中庸之道爲最宜，故稱之爲「天下之大本也」。

至誠則行健不息，近仁有貴力行，知兩極乃得其中，亦貴能行，故成物立業，惟行爲先。

綜上所述，中國文化是人本文化，以仁義道德作基礎，故每一個人必須使之具備下列四大條件：

一、誠以律己，二、仁以待人，三、中以處事，四、行以立業。

具此四者，則人與人間各能相敬其所異，各知相愛其所同，共向「博厚配地，高明配天，悠久無疆」之偉大人格標準而努力。存小異而進大同，既和諧而又平等。人既處於愛海之中，無有不被其同化者，和平基礎因之建立，自然無自私的個人主義可以產生，無自利的唯物主義可以存在。修身爲的是齊家，齊家爲的是治國，治國爲的是平天下。爲人之責任既明，努力之方向乃定。人類之幸福，世界之和平，唯中國文化之復興，始可達致。蓋唯眞理必能永存，能救人必能自救。此爲中華文化之特長，有待吾人闡揚以拯救世界人類之厄運者也。

最後，中國文化明明指出，財是末。（德者本也，財者末也，外本內末，爭民施奪。）謂財是爭奪殘殺之源，非解決人類生存之道，此爲對今日資本主義國家一種警告。其缺點已在諸位目睹之中矣，又明明指出德是本，力是末。（以力服人者，非心服也，力不贍也。以德服人者，中心悅而誠服也）。力可鎭懾一時，絕不能持久，吾祖先之所以崇王道而貶霸道者，其理在此，爲廣生長生計，不足取也。此爲對今日共產主義國家一種警告，中共政權僅憑暴力，終必崩潰，將可爲佐證。唯道德能使強扶弱，智助愚，富濟貧，使不平漸趨於平，蓋人類間之爭，莫不源於不平也。凡能集結具有誠、仁、中、行、四德之民，以成民族，則此民族自必大而能容，誠而能化，仁而愛衆，中而無偏，行健不息，且能親仁善鄰，其命維新矣。

肆、以道德倫理為基礎，民主與科學乃能造福人[55]

總之，凡以道德倫理爲重心之文化，如建屋之有其堅固基礎，不易動搖，房屋雖不美觀，可以改造。以財或力爲重心之文化，如建屋在沙灘之上，隨時有傾倒之虞。一旦宗教信仰一失，道德失其憑藉，則崩潰尤速。吾人若能以倫理道德爲子孫奠其基礎再進而以「民主」與「科學」之良好材料，建成良好美麗之房屋則必能使全世界人類享受其幸福，此爲中國文化之特質，而可以爲人類服務者也。

第三講　西方文明走向歧途之危險

中國祖先訓示後人曰：「以人爲鏡，可以知善惡；以古爲鏡，可以知得失。」良以中國有五千餘年悠久之歷史，其所經歷之種種不同變化，均有詳盡之記載，足以爲後世所借鏡。故今日世界之千變萬化，無一不可在中國歷史中尋得類似之史實，以作比較。其演變之結果如何，亦可預測。若再以第二講中之易理以測度之當更準確矣。

今日之世界情勢，與吾國二千三百餘年前之戰國時代，極爲相似。當時七雄各以武力爲憑藉，擴展疆土，戰勝四鄰爲要務。兵連禍結，民不聊生。社會一般風尚，亦以唯力是視，唯利是圖爲當然。政客從中撥弄，促使他國互相火拼，從中取利，爾虞吾詐，不以爲恥。思想龐雜，毫無中心。個人主義與唯物主義同時發展，達於極點。人欲横流，不知所屆；仁義道德，幾被全部遺棄；倫理被毀，人與禽獸無分矣。其時幸有孟子出，闡揚孔聖之道，雖一時未收績效，而道統幸而中興，雖經秦火，而無礙於漢唐之治。今世之所不同於彼時者，交通工具與戰爭武器因科學之進入原子時代，而飛速進步而以。以人之性能而言，則並無絲毫進步，唯見其更較愚妄耳。

西方人對於自然科學之研究進步，爲時不到兩百年；其成績之輝煌，爲世人所公認。由於自然科學之被應用到人類日常生活之所需，人們獲得了極豐富之物質享受，即認爲其自身之文明，高過于其他民族。加以利用機器殺人之有效方法，以侵略及壓迫其他弱小民族而見績效，是以更自視不可一世。達爾文之弱肉強食，優勝劣敗之天演論，更助長其兇焰與自信；尼采之「強權即公論」之學說。更中其下懷，強取豪奪，遍地殖民，認爲天經地義矣。惟強弱固可以別之以財與力，優劣則必須判之以德與理，而不公乃爲人類一切禍亂之根源。凡不能平其所不平，或和其所不和者，均非解決世界問題之道，而難期和平之實現也。

夫求眞求實，原爲自然科學之基本精神。凡涉及迷信之事均與科學相違背。而其最顯著之功能有二：（一）能以極少量之物質，發揮最大量之能力；（二）能以極短促之時間，控制最廣袤之空間。誰能先掌握這兩大功能，誰就能以大量機器力量，代替人力，無異增加其國家之人口，建造極富強之國家，及極豐富的人民生活。譬如說：一顆「高爾夫」球大小的原子彈，可以發出一至大的爆炸力。在數分鐘的時間內，一火箭可以放射到幾千英里外，炸毀其目標物，一「加侖」的汽油，可以行駛農耕機，其效力勝過一百個農民的勞力，人可以不費力地拿起電話筒和千里外的親友通話，一二分鐘就解決了事情，否則非數星期或一個月不成。諸如此類，科學節省了人們之生命。由此觀點來看，人類之光明前途，似已顯露其曙光矣。

但是，人類這些偉大成就，不能使道德觀念，同時進展，而且反而自大起來，認爲科學萬能，凡是帶有迷信色彩的事物，都在打倒之列。因此宗教信仰動搖，道德所憑藉的最高象徵——上帝，亦被懷疑。社會的維繫力量漸失，人們心理上日趨惶惑。道德隨之而沒落，人類文明之進展，爲之阻滯不進矣。

一般不加深察的人們，認爲人類今日在物質方面之偉大成就，純出自科學而與道德無關，殊不知科學發展最迅速及最成功的國家，原來都是對宗教極虔誠的國家。因爲他有了這一基礎，才有今日之成就；因爲精神與物質之善爲配合，始能享廣生與長生。否則平衡一失，危機立現。英國握海上霸權，不可一世，今則何如？美國富強甲全球，科學工業之進步，世無與倫比。兩次世界大戰，本土未受絲毫損害，人民豐衣足食，理應其社會道德，足爲世人所示範；而今日全國牢獄無處不感人滿之患，少年犯罪，與日俱增，其故何在？余敢爲之作答曰：「德本財末」之至理未明，遂至本末倒置，自誤誤人耳。

何以道德之重要性有如此之大？余以爲惟有以中文說明，最易見其眞義。道德在中文中以二字組成。TAO 與 TEH 是也。「道」釋爲二人之間相連繫的路（精神的）。「德」是行此路之正當方法。人的四周盡是人，亦即盡是路，然則能否歸納之爲若干類？曰：可歸納五大類。故《中庸》曰：

「君（長官）臣（部屬）也，父（母）子（女）也，兄（姊）弟（妹）也，夫婦也，朋友之交也。五者，天下之達道也。」（中庸）

人與人相處，必須相知（智），進而相愛（仁），再進而相助（勇）。此之謂德，亦即道之行也。三者以仁爲重心，智與勇輔之，故曰：

「智仁勇三者，天下之達德也。」（中庸）

君臣與父子爲上下之關係，兄弟姊妹爲前後之關係，夫與婦爲左右之關係，朋友與朋友則爲左右前後之關係也。此類關係，有屬于血統的，有屬于政治的，亦有屬于社會的。公私關係，均謂之道，盡在於此。以圖㈠示之如下：

此種三進向之關係，爲每一人所應具有者。若將每一人之三進向關係連結起來，則如一網，如圖㈡。由此可知，道德者人類共生共存之原理（或大道）與應用，不可須臾離也。有道則人與人間之路通，自能團結而凝固。（如圖二）

無道則人與人間之路斷絕，成爲一盤散沙，散漫而無力，易于被外力所摧毀也。（如圖三）

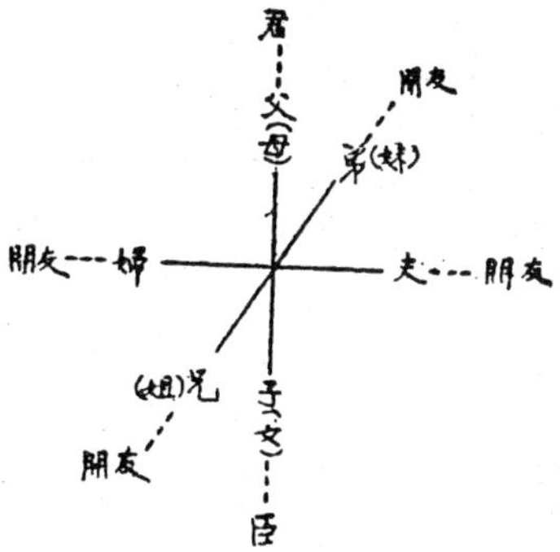

圖一

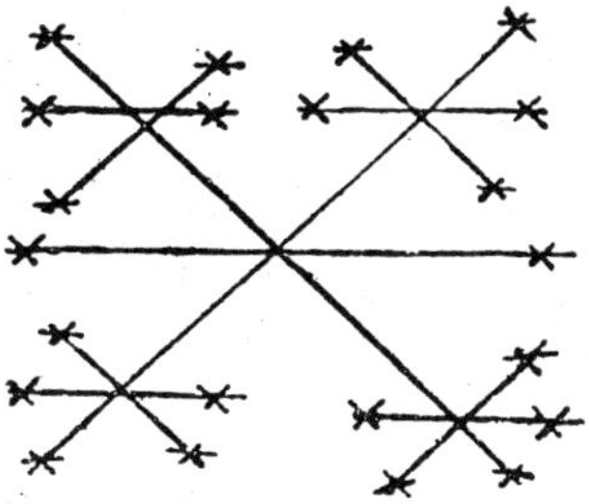

圖二

圖三

君仁臣敬，父慈子孝，兄友弟恭，夫婦和順，朋友信義，是之謂倫理。

吾國祖先，認爲倫理爲道德實踐之表徵，爲人與禽獸之分野。其重要達于極點。遂有如下之訓示：

「有德此有人，有人此有土，有土此有財，有財此有用。德者，本也；財者，末也。外本內末，爭民施奪。」（大學）

此言德居先，則人類的共生共存，始有了保障，此爲本。有了保障，土地才能供人安居，財物才能供人享用，此爲末。本末千萬不可倒置，先後千萬不可錯亂。否則爭奪殘殺，必難避免，生存將受威脅，更難談到生活享受了，所以人不論貧富貴賤大小，必須一律以道修身，以仁修道，以達致人之所以爲人之條件，故又曰：「仁者，人也。」

當一國道德沒落之時，亦即個人主義及唯物主義熾烈之時。個人要求極度自由，充其極，則君不能管臣，父母不能管子女，弟妹不知敬兄姊，夫婦同牀異夢，隨時可以離異。朋友之間，祇有利害關係，而無道義之存在。在三進向的情愛毀滅殆盡之時，其唯一可以倚靠者，唯有金錢。於是每人心目中，充滿了拜金思想；強取豪奪，勢所必然。個人之力不足，則以大衆合力之組織以代之。於是教師可以要求加薪而罷教，置學生課業于不顧；護士可以要求加薪而罷工，置病人之生死于不顧；清潔夫可以要求加薪而罷工，置全城人民陷於污穢而不顧，其他如交通、郵政、運輸等，亦可要求增加工資而罷工，置全國交通癱瘓於不顧。眞所謂上下交征利，社會人情愈薄，雖父母子女之間，亦無別於路人。本末倒置，頹勢難挽矣。

惟此種情勢之造成，火上加油者爲商人。商人唯利是圖，罔顧道義，故凡商業繁盛之港口，往往爲道德最低落之地區。美國祖先有鑒於此，故省會之設置，都在小城，俾政治遠離商業之繁華，免受污染。不無遠見。唯今因科學之發展，大衆傳播事業，無孔不入，此種消極之隔離方法，已不復見其有效矣。由於科學與工業之發展，人口集中于都市，成爲必然之趨勢，男女接觸之機會大增，家庭之破裂機會隨之而增多。商人利用女子爲廣告，爲爭取營業之種種方法，成爲家常便飯，男女之「貞」一觀念，不復被人重視。爲推銷商品計，新聞事業十分發達，爲吸引觀衆注意其廣告，輒以美女爲材料，妖豔醜態最易動人者爲先選，黃色新聞，最受歡迎。隱善揚惡，罔顧道德，書刊之內容之誨淫誨盜者，到處銷售而無禁，電影電視之節目非充份具有性感刺激者，即不受歡迎。誨盜教殺，則有專門節目；誨淫之歌舞，已視爲家常便飯。商人飽受其利，青年則種毒彌深。是以煙酒不離，吸毒成癮。凡此怪象，無非欲達到縱慾之結果，一旦囊空如洗，則展其竊盜之手段以遂其慾。是故首富之國，盜竊劫奪之風日熾；基督之邦、少年犯罪之案日增。無他，一經公開縱慾，女子誤慶解放，男女奢求無盡，美其名曰前進，實則自圖掩飾其罪惡而已。縱慾之結果，其基礎首先被動搖者爲家庭制度。夫婦之一倫，原爲五倫之造端，即可隨時離異，其直接受害者爲子女之乏人教養。未來之一代無人管，國家其尚有將來乎？父母各爲個人之自由與享受，分手而走，子女目睹並身受父母之不慈行爲，父母子女之間，已無情愛可言，則父子之一倫不存，孝道淪亡，誰之過歟？查少年犯罪者，大都爲失去家庭溫暖之人，事實足證。及至男女之「貞」一觀念喪失而至人盡可夫，與人盡可妻之境地時，兄弟之一倫隨之而亂，人類之情愛基礎（仁），照吾祖先所訓示，應建築在「孝悌」二字之上，勢必摧毀殆盡，人與人間即無情愛之存在，其不同于禽獸者又在何處耶？

由上所述，可知西方文明所走向之歧途，半由于經驗與認識不夠，半由于重商結果。遂至造成如下之錯誤與危機：

一、極端個人自由主義是「自私」的別稱；物質享樂主義，是「自利」的別稱。自私自利，與道德之基本精神相背馳，社會組織解體，秩序無法維持，勢所必然。

二、法原基於禮，禮基於德，德基于道。故法律若無道德爲之維護。難以自存。無禮無義之社會，法律之效力有限，加以惡律師爲罪犯作庇護，曲解法，玩弄法，法律之尊嚴，逐漸蕩然無存矣。

三、人惟知高唱法律與秩序，而不知毀壞法律與秩序者，爲倫理道德之沮喪。不揣其本，而齊其末，以有工作有錢，即可減少罪案，是視人類如家畜，其要求惟物質而已，不易謬乎！

四、以商業爲中心之社會，勢必造成「財本德末」之錯誤心理，巧取豪奪，視爲當然。此一心理的擴展，將造成國與國之爭戰，故欲從此種制度中尋求世界和平，無異緣木求魚！

五、在西方宗教爲保障道德之堡壘，此一堡壘必須固守。科學之求眞求實精神，雖向宗教進攻，以擊破其迷信之一部份。惟宗教所重者，爲做人之基本道理，宗教家仍有其回擊之力量，不必自餒。蓋智識之範圍無窮，科學不能盡爲解答也。宗教家若向罪惡低頭，是導引人走向自殺之路，其罪不赦。

六、個人極度自由主義之發展，其影響首先及于家庭。家庭組織必須兩人，故首在夫婦二人之相敬相愛，形同一人。若不以終身伴侶相期許，而可隨聚隨分，是視倫常之始基如兒戲，爲毀壞道德之最有效方法。夫婦間不誠，對子女不仁。將以何爲人範？家庭破碎之痛苦，恆不可爲人道，勢必造成無數之神經病者。

七、享樂主義之結果，必致縱慾。慾壑難塡，愈縱愈難滿足。必至人人抱怨，雖生活有著，總覺比人有差，無饜之求，惟商人蒙其利，而社會受其害。其最大者爲青年之喪志享樂，不願結婚，不願從軍，爲必然之結果。其甚者，厭惡物質生活，而爲嘻皮，此理之所必然也。

八、重利而輕是非者，必重報復，唯道德能消泯輪流報復之罪惡，民族間或黑白間之仇恨，不宜滋長。基督教義中，重視此點，宗教信仰一失，此一危機，即難消滅。加以共黨從中煽惑，其害無窮！

以上爲說明倫理道德墮落之原因，及其所造成之危機，苟不及早覺悟，大力挽救，國家無論如何富強，崩潰極易。文明無論如何自詡崇高，終將沒落。美國爲自由世界之柱石，其成敗關係全局，余以此言，全出至誠，決非危詞聳聽。補救之道，當於下講述之。

第四講　中西文化如能誠意交流乃能爲人類謀福利

余在第一講中曾揭出　孫中山先生之發明，人類別于禽獸，出於物阱，而復歸于人類進化之正途；在第二講中證明　孫先生之思想係淵源於中國固有文化，並擷取西方文化之所長；在第三講中，更以中國人之歷史經驗及觀點指出西方文化走入歧途之危險。余茲試述今後世界之趨勢，藉以推測中西文化應如何合力，爲人類服務及爲人類造福。

中國祖先在二千五百餘年前，早已對于世界（天下）有一最高理想。當時以爲亞洲就是世界，但其構想，並不因範圍大小之不同而有所欠缺。他看出了人類紛爭之主要原因，是由于「不平」二字所造成，　孫先生亦做同樣的結論，所以欲求世界的和平，必須從「和」與「平」方面入手，而「平天下」遂爲每一士人之最高努力目標。吾祖先素重實際，不尚空談。對於一切，必須先注重其本末先後之道，使事物之進展或長成，無本末倒置與先後錯亂之虞，所以在《大學》中首先提示曰：

「物有本末，事有終始，知所先後，則近道矣。」他對於一與多，不認爲他們是對立的；他認爲凡所欲求全體者，應先從求之於個體。從個體下功夫，才合科學方法的，所以說：

「天下之本在國，國之本在家，家之本在身。」

欲使天下平，先使造成天下之每一國，其人民均得享和平之福，這稱爲「治」；欲使國治，先得使造成國之每一家，其份子得享和樂平安之福，這稱爲「齊」；欲使家齊，先得使造成家庭的每一份子，其自身德智兼修，心平氣和，這稱爲「修」。若能這樣由小而大，由近及遠地做去，那末以每一個身修的人，來組成家，進而組成國，更進而組成天下，這個天下自然是和平的天下了，至于如何齊家，如何治國，如何平天下，吾祖先則均有詳細指示。我們都知道，如果把一塊大如拇指的石英結晶，打成200 Mesh粉碎後，用放大鏡看來，其每一粉粒具有六角形狀與整大塊的石英完全一樣。其他礦石，亦莫不如此，我們也知道，造成任何一種生物的精卵或細胞，其構造之複雜，並不亞於生物之本體而極類似，俗稱「麻雀雖小，五臟俱全」，亦就是說明這個道理罷了。至於人，何以可舍本逐末耶？

因此，我們不欲求世界和平人類幸福則已，否則「修身」應成爲萬事之首要，絲毫無疑矣，所以《大學》又說：

「自天子以至于庶人，壹是皆以修身爲本，其本亂，而末治者否矣；其所厚者薄，而其所薄者厚，未之有也。」

然則如何方能修身？《中庸》與《大學》有完美的方法與步驟，其指示如下：

「修身以道，修道以仁，仁者人也……」（中庸）

「物格而後知至，知至而後意誠，義誠后心正，心正而后身修……」（大學）

簡言之，仁——愛人，是修身的基礎。凡人必須好學，從仰觀俯察，博古通今（格物）中得到眞知灼見（致知），從眞知灼見中產生信仰，發生力量（誠意）。然後才有力量管理自己（正心）。這算是有了學問，並且有了力量來幫助他人；這算是有了道德，有學問又有道德，才完成了人格的條件，才可稱爲修身，而學問與道德，又是相因相成的，所以　孫先生訓示後人，謂人的智識能力之大小，應與其對人類服務的範圍大小成正比，這與《大學》中齊家、治國、平天下、一步進一步的人生責任，完全相合。他又說：「有道德始有國家；有道德始成世界。」（民國二年二月十三日　國父在日本對日本留學生講話。）蓋學問有高深，而道德之前，人人平等也。

中國士人之能深深了解其本國文化者，對於人生意義和責任，都有一個相同的觀念，即「窮則獨善其身，達則兼善天下」，而於自身人格之修養，亦有一個相同之偉大理想。即「博厚配地，高明配天，悠久無疆」，而認爲天地有好生之德，配天地之德，所以成其偉大也。中國人個個有宗教信仰之實，而無宗教信仰之名。其原因在此。

夫要保持一個大國，必須每一國民，其量度大而能容，公而忘私。否則錙銖必較，和氣不存，平等難保，國治尙難求，何以望天下之平乎？天下之平，必須人人崇道明德，然後「大道」乃行。故《禮記》中對於平天下有一較具體之說明如下：

「大道之行也，天下爲公。選賢與能，講信修睦。故人不獨親其親，不獨子其子。使老有所終，壯有所用，幼有所長，矜寡孤獨廢疾者，皆有所養。男有分，女有歸。貨惡其棄於地也，不必藏於己；力惡其不出於身也，不必爲己。是故謀閉而不興，盜竊亂賊而不作，故外戶而不閉，是謂大同。」

這個理想的全文，是　孫先生親筆所書。吾政府接受余之建議，將他鐫諸大理石上，送給聯合國作爲禮品。二千五百餘年前，吾國祖先對於世界之理想，至今猶能適用，不亦眼光遠大之可欽佩乎？中國文化之境界高超，於此亦可見之。

這篇全文，冠以「天下爲公」，以說明大道之行之基本條件，在一「公」字，且看以下各句：

選賢與能——對國內而言，道德高能力強的，應被選舉出來爲公家服務，顯爲民主精神之所宗。

講信修睦——對國外而言，應與他國崇尚信義，保持和睦。

故人不獨親其親，不獨子其子——愛人如愛己，推己及人，公而無私。

使老有所終，壯有所用，幼有所長，矜寡孤獨廢疾者，皆有所養——使人人各得其所，各得其養。

男有分，女有歸——使人人有家室，使民族能延續，無曠夫怨女爲社會病。

貨惡其棄于地也，不必藏于己；力惡其不出于身也，不必爲己——一切人力資源，供全人類享用，不必私藏，不必爭奪，一切爲公。

是故謀閉而不興，盜竊亂賊而不作，故外戶而不閉——人人向善爲公，不肯作損人利己之行爲，自可路不拾遺，夜不閉戶。

是謂大同——這一個世界，稱之謂大同世界。

何以吾國祖先對這一世界特別採用「大同」之名稱？這是他的最高明處，茲特申述之如下：世界上沒有兩個完全相同的人，雖然由同一父母所生，而其智慧性格體力所以完全不同，夫婦更無論矣，所以人與人相處，第一件應該認識的事，是不能使對方變成和我一樣，正如不能使我變成和對方一樣，存小異而持大同，乃能順乎天理，應乎人情。因此下面兩句話是天經地義，是道德的基礎：「愛其所同，敬其所異。」有此則五倫之維持，才有把握，人與人固然如此，家與家，國與國。何獨不然。今日世界思想上最大錯誤，是要「強人從我」。資本主義者共產主義者其思路雖相反，然其自大自暴則一，人從則奴役之，不從則力攝之，鮮有眞正平等之觀念與大同之認識，以此而言世界和平，無異癡人說夢，難期其實現耳！

「人類生而平等」，是林肯的名言。這是從道德及權利之觀念而立言的，若從智慧觀點而言，則未必正確。 孫先生認爲這種差別之補救，惟有道德有此能力，從「互助」原則之信念，才能使強扶弱，智益愚，富濟貧，使不平漸趨於平。蓋所謂人類文明者顯然從一、從憑力進步到憑理，二、從任性進步到「率」性。三、從有道進步到「修」道，四、從役於物進步到役物。換言之，人類憑其理智與經驗能控制其本能。互助合作，走向更高的人生境界，爲全人類謀優生、廣生與長生耳。

今日世界有三種潮流，是無法抵禦的；一、民族間的平等，二、人民在政治上之平等，三、人民在經濟上的平等。這就是 孫先生的三民主義基本理論。凡是一個民族企圖以武力、經濟力或宗教力強迫他一民族屈服，是違反世界潮流，勢必失敗；凡是企圖靠金錢或武力取得政治上之特殊勢力或地位的，一定會被人打倒；凡是企圖利用土地、機器或資本奴役或搾取他人勞力或金錢的，亦一定被打倒。因爲科學的大衆傳播工具的飛速發展，已將少數人用來愚矇多數人的欺騙方法，全部失敗。人與人的智慧雖有差別，但先知後知的時間距離縮短了。「誠」還是最好的政策；「仁」還是最好的反應；「中」還是最好的解決；「行」還是最好的收穫。不平則鳴，不和則爭，即平且和，和平之基礎奠矣。

中國文化偏重於對人的研究，對於家庭制度與家庭教育均有不少創見，而行之有特別績效，其所以重視人者，因爲一切事是靠人來處理的，一切物是靠人來利用的，人終究是事物的中心，人不像人，還有什麼事物可言？有了無比威力的核彈而不敢投者，是道德的力量，使之不敢冒天下之大不韙。這更足以證明「有德此有人」之至理了。

西方人對於物質方面之研究創造，已盡其極大之能事，其對於組織管理之方法，亦有獨到之經驗。惟對於人的研究方面，則遠不如中國，由於文字的隔閡，對於中國文化，除少數大學問家著文推崇外（詳見余所著《孔子學說對世界之影響》一書），極少有研究，自難了解。對於雙方文化交流，亦未見作有計畫的推進，殊爲可惜。最近英國歷史學權威湯恩比，發表其對世界未來之看法，推測中國文化能平治未來世界。余認爲中西兩方以往無意中，已盡了分工之能事。一者從事於「盡人之性」之工作，一者從事於「盡物之性」之工作，各有其偉大成就。若能從此「愛其所同，敬其所異」，造成一世界新文化。人類和平幸福，實利賴之。英人吉丕林有曰：「東方自東方，西方自西方，二者永難相遇。」此爲慨嘆之詞。以今科學之進步，交通之改進，以人力補救天然之缺陷，應爲每人之責。科學與道德，爲人類文化進步兩翼。互助互成，企予望之矣。

國家圖書館出版品預行編目資料

陳立夫先生孔孟學說論叢 / 陳立夫著;蔡信發主編. -- 初版 -- 臺北市：文史哲, 2010.09
頁;　公分
ISBN 978-957-549-927-3(平裝)

1. 孔孟思想 2.儒學 3.文集

121.207　　99018683

陳立夫先生孔孟學說論叢

著　　者：陳　立　夫
主　　編：蔡　信　發
出 版 者：中華民國孔孟學會
印 行 者：文史哲出版社
http:// www.lapen.com.tw
e-mail：lapen@ms74.hinet.net
登記證字號：行政院新聞局版臺業字五三三七號
發 行 人：彭　正　雄
發 行 所：文史哲出版社
印 刷 者：文史哲出版社
臺北市羅斯福路一段七十二巷四號
郵政劃撥帳號：一六一八〇一七五
電話886-2-23511028・傳真886-2-23965656

實價新臺幣四二〇元

中華民國九十九年（2010）九月初版

ISBN 978-957-549-927-3　　12121